经典战史回眸　抗战系列

攻城血路

衡阳会战中的日军第133联队

刘海丰　著

WUHAN UNIVERSITY PRESS
武汉大学出版社

图书在版编目（CIP）数据

攻城血路：衡阳会战中的日军第133联队/刘海丰著.—武汉：武汉大学出版社，2015.10（2020.8重印）

经典战史回眸·抗战系列

ISBN 978-7-307-16927-2

Ⅰ.攻… Ⅱ.刘… Ⅲ.侵华日军—战争罪行—史料—衡阳市—1944 Ⅳ.K265.606

中国版本图书馆 CIP 数据核字（2015）第 245592 号

责任编辑：王军风　　　责任校对：鄢春梅　　　版式设计：马　佳

出版发行：**武汉大学出版社**　　（430072　武昌　珞珈山）

（电子邮箱：cbs22@whu.edu.cn　网址：www.wdp.com.cn）

印刷：武汉中科兴业印务有限公司

开本：720×1000　1/16　印张：14　字数：292 千字

版次：2015 年 10 月第 1 版　　2020 年 8 月第 3 次印刷

ISBN 978-7-307-16927-2　　定价：40.00 元

出 版 说 明

　　日军步兵第133联队是1944年衡阳攻防战中日军第一线的具有顽强战力的主攻部队，面对中美战机的空袭、给养不济以及中国守军第10军巧妙而英勇的抵抗，第133联队不计损失，冒着中国军队的猛烈炮火发起了一波又一波凶猛的强攻，致使伤亡惨重，战损人员达90%以上，作为一个作战单位实际上已被消灭。

　　时光荏苒。而"知己知彼，百战不殆"这句古训则不会过时。

　　本书主要根据日方的相关资料，从纯军事的角度，客观、具体而生动地讲述了日军第133联队在惨烈的阵地争夺战中其主力被歼灭的作战经过，折射出中国守军高超的军事技能和保家卫国、视死如归的英雄气概，同时也提供了当时日军基层部队作战能力的丰富的第一手参考资料，可供抗战史研习者及对之有兴趣的读者参考。这类日方资料带有其固有的倾向性和局限性，希望读者在阅读和参考时能有所鉴别。

　　本书使用了一些当时日军所用的地图，为了尽量保持其历史原貌，凡其中一般读者看得懂的繁体汉字，就保留了；其他做了适当处理。

武汉大学出版社编辑部

目 录

自　序

衡阳与我的家乡相距遥远，我以前从未想过自己的生活会和衡阳紧密关联，但一切似乎都已在冥冥中注定。从儿时起我就对战争故事极为着迷，对于和战争有关的影视剧、游戏、图书等均兴致盎然。记得大约在上小学五年级时，我在书店中看到一本名为《落日孤城》的书，大略翻过之后觉得内容必定值得一读，便果断用自己那少得可怜的零花钱将此书买下。书中讲述的正是1944年的衡阳保卫战，这是一段对我来说完全陌生的历史。我立刻就被书中的故事深深地吸引住了。从此，衡阳、方先觉、葛先才、张家山、虎形巢等地名人名就在我的记忆中挥之不去。

很多年后我才知道，这本书名义上是"纪实文学"，实际上应该归类为"历史小说"，书中有些情节属于"合理想象"。当然，大体上它还是忠于历史的，作为一本军事历史题材的文学读物，它对我实际上起到了启蒙的作用。只是，单靠这一本书，远远不能满足我对历史的求知欲望。从这以后，我又在另外一些书中读到了衡阳保卫战的故事，但大部分内容都互相雷同，并不能看到很多新东西。不仅如此，在大学学习期间，

我曾问过来自衡阳的邻班同学关于衡阳保卫战的事情，结果发现他对此一无所知，只知道历史上有个"衡宝战役"，对于我提到的张家山、虎形巢、五桂岭这些地名他也茫然不知。一时间，我似乎再也无法发现更多的细节了。难道衡阳保卫战距离我们竟然如此遥远吗？

不可思议的是，原本对外语头疼至极的我，竟然在大学学习期间做出了一个前所未有的决定：通过自学学习日语。这一学就学到了结束大学生活、走上工作岗位之后。学习日语让我开阔了眼界，逐渐能够从更加客观的角度来看待历史和现实中的各种问题。不过，日语仍然只是为我的业余生活增添乐趣的工具，我从未想到自己会写一本关于衡阳战役的书，更不用说利用日文资料写作。

后来由于偶然的机会，我开始接触到记录中日战争历史的日文资料，发现日本方面的历史资料竟然十分丰富，可以填补许多历史空白。我开始想到，我是不是可以利用这些资料来还原衡阳保卫战的历史呢？正巧，我通过网上认识的朋友张雄就是土生土长的衡阳人，他和我有相同的爱好，并且热爱自己的家乡，他曾经在《突击》丛书第16、17

辑中发表过题为《喋血衡阳：衡阳之战》的文章。正是在他的热切鼓励下，我才最终决定拿起笔来，利用日文资料来写一本关于衡阳战役的书，于是才有了这部作品。张雄不仅为我提供精神上的支持，还向我提供了一些历史资料，甚至亲自为我拍摄实地照片。如果没有他的帮助，这本书恐怕很难写成。

写作的过程是艰苦的。之前我从未公开发表过历史著述，日语也完全依靠自学，起初每一步都十分艰难。需要使用的日文资料中存在很多文语痕迹、军事术语、生僻词语，有的资料读来晦涩之极，简直就像天书一般。幸运的是，在我写作本书过程中，身为日语外教的大竹郁生老师向我提供了宝贵的帮助，为我解释了许多难以读懂的日文字句的含义，这对于本书的完成是极为重要的。我在此特向大竹先生表示深深的谢意。

在写作本书的过程中，我始终以真实为最基本的原则，对于书中所涉及的事件和人物言行均如实描写，既不溢美，亦不丑化。日本的侵略战争曾经给中国造成深重的灾难，但是这么多年过去了，我们应该已经可以冷静客观地看待那场战争，尤其是客观地看待交战双方的作战过程。遗憾的是，与以日军暴行或战争遗留问题为题材的著作相比，详细记录和研究中日战争军事史的国内著作实在太少，优秀著作更是凤毛麟角，与这场战争的巨大规模和牺牲极不相称。令人欣慰的是，武汉大学出版社策划的《经典战史回眸·抗战系列》中出版了像《铁血荡寇》、《赣北兵燹》、《血战衡阳四十七天》这样的优秀作品，国内也逐渐涌现了一些着重利用日文资料研究抗战历史的民间研究者，不仅推动了抗战史的研究，也为我树立了学习的榜样。我希望这本书不仅能为抗战史的研究尽一些绵薄之力，也能帮助国人记住在悲壮的衡阳保卫战中洒下热血的中国将士所付出的巨大牺牲和所建立的不朽功勋。

说　明

1. 本书主要根据日文资料写成，书中出现的时间除引用中方人员回忆外，均为日本中央标准时间，比中原标准时间早一个小时。

2. 书中对中美空军的飞机一律称为"盟军飞机"。

3. 二战时期美军尚无独立的空军，但书中依照习惯仍将参加中国抗战的美国陆军航空兵称为"在华美空军"。

4. 书中除附录中的参考文献外，对白天霖编著的《抗日圣战中的衡阳保卫战》一书一律简称为"白天霖书"。

5. 对于日方出版的《战史丛书·一号作战（2）湖南会战》一书，书中一律简称为"《战史丛书》"。

6. 书中出现的重要人物之一松川文吉在工兵第116联队第三中队任小队长时仍姓泷本，战后才改姓松川。书中提到他本人时均使用"松川"姓氏，但对其所在小队仍称为"泷本小队"。

7. 本书地图均来自日文资料，地图中出现的军事符号和记号的含义统一放在附录中解释，除个别图片外不再一一注明。

8. 日本人名所包含的文字（汉字或假名）中，有一些在日文中写法不同的文字在译为中文时习惯上也可以写成相同的汉字，如"沢"、"澤"都可以译为"泽"。但笔者为了避免中日互译上出现混乱，在遇到这样的情况时一律采取严格对应原文的原则，译作不同的汉字，如对上面提到的日文汉字"沢"、"澤"分别写为"沢"、"泽"，而不是都写成"泽"。又如对于日本人名中出现的"円"、"まどか"，笔者也分别写作"円"、"圆"，而不是都写成"圆"，等等。

9. 本书为历史实录而不是历史/军事小说，书中所有内容均依据史料记载，无任何自行虚构情节，亦不会进行任何"戏说"。存在虚构情节的中日文著述也已被完全排除出参考文献之外，对本书写作无任何影响，这类作品包括：大森茂著《36万人的进击》，张和平著《落日孤城》，张子申、薛春德著《历史的耻辱柱（一）——171名侵华日军将帅毙命全纪录》，等等。

10. 由于笔者缺乏写作经验，在写作本书过程中不可避免地遇到了重重困难，虽然最终得以成书，但笔者还是自认写得有些仓促，不满意的地方尚有很多。书中如果出现内容上的错误或疏漏，完全由笔者本人来负责。

序章　幻之重庆作战

1944年初，身在汉口（中国派遣军第11军司令部所在地）的日本随军记者矶田勇频频听到这样的消息：重庆作战好像要开始了。据说在前线的师团参谋室里，重庆、万县等四川省的地名被频繁地提起。这让人预感到一场大规模的作战即将开始。

进入三月份，又传来了有关重庆作战和老河口作战的传闻，而且像是真有其事。虽然矶田想反驳说："开什么玩笑，以第11军的大约七八个师团就能打到抗战中国的牙城重庆吗？"然而关于重庆作战的传闻确乎极有根据。听说日军陆续从长江下游地区北上，连南京（汪精卫伪政府的政治中心）周边的部队也出动了。看来盼望已久的重庆攻略已经近在眼前了。

攻占重庆是中国派遣军最大的，甚至可以说是唯一的目标。军参谋一直在认真地考虑以相当兵力占领重庆，将其烧光后撤回。

不管怎样，未能触及重庆对日军来说总归是十分遗憾的事情。尽管战局已经发生重大变化，美军反攻愈加猛烈，但从前线分社传回的消息仍然不断提到重庆、万县、恩施等地名。

然而，矶田很快便得知重庆、万县分别是桂林和衡阳的代号。这样总算是搞清了作战方向。果然是非同一般的作战——抱着这样的想法，矶田给东京本社发去了紧急电报："盛大的节日将至，请速发来稿件。"

所谓的"稿件"实际是指特派员。电文的意思翻译过来就是："大作战将至，请速派来特派员。"

即将到来的的确是一场名副其实的大作战，但却绝对不是什么"盛大的节日"！恰恰相反，等待日军官兵的将是一条用尸骨铺就的地狱之路。

第一章　湘桂作战

1944年6月中旬，隶属于日军第116师团的步兵第133联队兵不血刃地占领了美丽的莲城湘潭。根据以往的经验，日军进攻所到之处，住民往往早已逃跑一空，所留下的只有空荡荡的住房和院落。然而当第133联队官兵接近湘潭时，当地的中国人好像不认得日军，看到日本兵也并不逃跑，甚至还在街头向他们兜售香烟。类似地，当时作为第116师团直辖部队而在株洲转战的第133联队第一大队官兵也遇到了奇怪的事情，他们看到中国妇女在桥畔设茶招待日军，女人还问道："你们是美国兵吗？"……

但这种奇遇只不过是短暂的梦幻罢了。到这时为止，第133联队官兵已经在湖南流下了大量鲜血，而不久之后他们还将在南方的雁城衡阳经受史无前例的磨难，那里的中国守军不仅熟悉东洋鬼子，而且已经下定决心拼死一搏。

他们做梦也想不到位于遥远南方的这座城市会成为他们一生的噩梦——如果可以生还下来的话。

事情要从湘桂作战说起。

1943年11月25日，从江西遂川起飞的驻华美空军（美国陆军第14航空队）的B25轰炸机袭击了台湾新竹机场，使日军蒙受严重损失。在此之前，日军大本营已经预定从中国派遣军抽调12个师团用于守备"绝对国防圈"及作为大本营的总预备兵力，这将使第116师团成为中国派遣军所剩唯一的甲师团（甲装备编成）。然而美机空袭新竹表明空袭日本本土已进入实行阶段，而不再仅仅是美方的宣传。此一事态使日军大本营受到很大刺激，由此大本营开始检讨以消灭驻华美空军基地和打通中国大陆纵贯铁路为目的的进攻作战。1943年11月28日，大本营向中国派遣军传达了作战计划大纲。12月末，大本营举行了"虎号兵棋"演习，在检讨太平洋方面战略指导方案的同时，也检讨了中国方面打通大陆作战的必要性和可能性。

1944年1月24日，大本营下达了一号作战命令（大陆命第921号）：

一、大本营企图摧毁位于中国西南的敌空军之主要基地。

二、中国派遣军总司令官应攻占湘桂－粤汉及南部京汉铁路沿线要域。

三、南方军总司令官须协助中国派遣军之上述作战。

四、有关细节由参谋总长提示之。

根据同时下达的"一号作战纲要"，这次作战的目的为："击破敌军，占领并确保湘桂、粤汉及南部京汉铁路沿线要域，摧毁敌空军之主要基地，遏止其窜扰。"

一号作战由两方面作战组成：占领并确保南部平汉铁路沿线的京汉作战和占领并确保湘桂、粤汉铁路沿线的湘桂作战，其中湘桂作战是一号作战的主体部分。

日军一号作战的目的是为了摧毁在华美空军的B29基地以防止其空袭本土和确保从朝鲜、中国东北、平汉线到湘桂线及粤汉线间以铁路构成的陆上交通线，不过中国派遣军以及第11军也期望趁此机会歼灭中方第九战区、第四战区、第六战区等地区的中国军队，为实现中国战场的最终目标——攻占重庆——造成有利的军事态势。

当时侵华日军的实力不仅仍然十分强大，而且为了实施一号作战还得到了进一步加强。整个一号作战日军共投入陆军兵力50万人以上，作战时间亘七个多月，纵贯打通中国大陆1500公里，其规模之大，在日本陆军历史上堪称空前。单以湘桂作战而论，日军动员兵力约362000人、马匹约67000头、汽车约一万辆、火炮约1300门。

中国抗日战争由此进入了最黑暗的时期。

1944年4月17日，华北方面军强渡黄河，发起京汉作战，至五月成功地打通了平汉线，并先后占领了郑州、许昌、洛阳等地。在进行京汉作战的同时，日军也完成了湘桂作战的准备。5月27日，第11军发动全线进攻，湘桂作战正式开始。

第11军的作战计划原本由该军高级参谋武居清太郎大佐制定，但后来岛贯武治大佐接替武居并对作战计划进行了根本性的更改。武居的计划是以长沙攻略为重点，并未将衡阳攻略列入第一期作战计划。但岛贯的计划却将衡阳攻略置于重要地位，并预定将在衡阳周边同第九、第六、第四、第七战区的中国军队进行主决战。

横山勇于1889年出生于日本千叶县，1909年毕业于陆军士官学校（第21期），1939年晋升为陆军中将，1942年12月任第11军司令官，1944年11月任西部军司令官，在战争结束时任第16方面军司令官兼西部军管区司令官。在战后因涉及九州大学医学部活体解剖美军飞行员事件而被判刑，于1952年病死于巢鸭监狱。

▲日军第11军司令官陆军中将横山勇。

湘桂作战初期，第11军进展十分顺利。在第11军司令官横山勇中将指挥下，日军分两线进击：第一线以第3、第13、第68、第116和第40师团等部队并列于华容、岳州南、崇阳一线约100多公里的正面，分三路南向突击，其中第3、第13师团位于左翼，第68、第116师团位于中央，第40师团等部位于右翼。第二线兵团的第58、第34、第27师团则随后跟进，准备投入决战并担负扫荡残敌及修补道路等任务。日军于6月6日进至捞刀河一线，15日占领浏阳，18日占领长沙，22日占领萍乡。长沙陷落后，日军企图以第116和第68师团一举突进至衡阳，同时又令第3、第13师团向万洋山系南下以应对来自第三战区的侧击。

衡阳战役随即拉开序幕。

日军在攻占长沙时，以第58和第34两个师团用了一天多时间即攻克了由3个师防守的长沙。而负责攻击衡阳的日军部队最初也是约2个师团，即第116和第68师团。根据日军掌握的情报，防守衡阳的中国军队为2个师，实际上有4个师参加守城，但人员严重不足，仅有不到两万人，与日军情报相去不远。

若以长沙战役的情形来看，则日军以如此兵力攻击衡阳似乎应该绰绰有余。然而，令日军意想不到的是，衡阳攻防战竟然持续了40余日，使日军死、伤、病数以万计，也成就了守城部队国民革命军第十军战史上最辉煌的一页。

在衡阳战役中，战斗最激烈的战场是在衡阳西南部阵地。而主攻衡阳的第116师团正是在此处大量失血，隶属于该师团的步兵第133联队所付出的代价尤其惨重。

本书即以步兵第133联队为主角，主要利用日本方面的记录来记述该联队在衡阳战场上的作战行动。

参加湘桂作战的第11军主要部队代号

部队番号	代号	本作战所用代名	备 注
第11军	吕	旭	
第3师团	幸	山	
第13师团	镜	鹿	
第34师团	椿	健	
第40师团	鲸	成	后改为"宫"
第58师团	广		
第68师团	桧	佐	后改为"堤"
第116师团	岚	岩	
第27师团	极	竹	调自关东军
第37师团	冬	光	
第64师团	开		

第二章　虎狼之师

根据第11军的作战计划，在湘桂作战正式发起前，为了隐匿作战目标，第116师团将首先从汉口经应城、皂市、沙洋镇、荆州向沙市周边进行假集中，然后再转进到岳州南方集中。

1944年4月中旬，第116师团的主力部队（不含步兵第109联队、炮兵及车辆部队）先行转进至荆州附近，然后从五月中旬开始向岳州行动，5月20日在岳州北方渡过长江进入集中地。炮兵和车辆部队则于5月13日从武昌出发，经嘉鱼、蒲圻向岳州东侧地区集结。步兵第109联队则作为泷支队行动，以舟艇从另外的路径行动。

4月18日傍晚，第133联队以第一大队为先导从葛店出发，开始了佯动行军，为进行湘桂作战而迈出了第一步。

佯动行军开始后，第133联队从汉口经应城、皂市、沙洋镇、荆州，经过了350公里的行军后于5月1日在沙市东方20公里的岑河口附近完成了集结。

4月29日，第116师团长岩永汪中将在汉口的军司令部受领了横山勇颁发给第133联队的感状（即"嘉奖状"），以表彰该联队在去年的常德攻略战中立下的战功。5月10日，该感状被转交给时任第133联队长的黑濑平一大佐。

步兵第133联队（岚6214部队）是一支以久历战阵的老兵为核心的精悍部队，堪称能征惯战，其兵员主要来自三重、滋贺、福井等近畿府县，其中绝大部分士兵为三重县出身，因此从地域特点来看也可称其为"三

▲第133联队长黑濑平一大佐（1942年5月—1944年8月）。

重联队"。第133联队自1938年5月15日在三重县津市编成以来，先后参加了武汉攻略战、冬季攻势反攻作战、春季皖南作战、秋季皖北作战、淮南作战、皖浙作战、浙赣作战、常德作战等战役。从1943年11月26日至12月3日，第133联队在常德城下及城内连续苦战八天，表现突出，而其第一线步兵部队亦受到很大损耗，横山勇在感状中称赞黑濑所率部队"武功超群"。常德作战后、湘桂作战发起前，第133联队得到了一些补充兵，从人数上说实力已经恢复，不过有一些老兵在常德作战中受伤后再未返回联队，所以常德作战给联队留下的创伤并不能算是已经完全愈合。

三重县在古时为日本伊贺国所在地，也是伊贺流忍术的发祥地，堪与服部半藏和百地三太夫等的甲贺流相匹敌。1579年，战国时期的日本大名织田信长之子织田信雄领兵一万攻打伊贺国，结果在伊贺国人的袭击战术和铁炮攻击下遭到惨败，织田军在三天内就损失了三千人。1581年织田信长发兵四万五千人再次进攻伊贺国，终于将其平定，并对当地居民和僧侣进行了大屠杀，伊贺国全境化为焦土，昔日的忍者故里此时变得血流成河，惨景满目。由于这场战争留下的悲惨回忆，当地人从此十分忌讳提到"血"字。

虽然遭此劫难，但伊贺忍术仍在当地留下了深深的烙印。在三重县伊贺地方至今仍可见到用于防御功能的土垒，受到土垒防护的民房内外还设有各种机关。当地还分布着一些古代要塞的遗迹。伊贺地方保存的土

垒和要塞遗迹竟然在六百处以上。在食物方面，作为当地一种有代表性的点心，伊贺地方至今还在出产过去作为忍者的携带口粮而传下来的"かたやき"（一种硬煎饼），这是以面粉为原料制成的硬点心，质地十分坚硬，并不能轻易掰开。这种食物过去常常被拿给牙齿没长全的娃娃和卷煎饼一起吃，孩子们也常常在柱子或桌子角上把它撞碎成小块吃掉。

另外，在三重县伊贺地方和滋贺县江州出产的"日野菜"也是一种富有地方特色的食品。"日野菜"是一种红紫色的芜菁，和叶子一起做成腌菜，具有特别的味道。当地人大约在晚秋时大量购入这种腌菜。根据腌制方法的不同，味道也会不同，各家都想尽办法互相比赛谁家的味道更加美味。

伊贺地方出产的牛肉品质上乘，并不输给松阪牛肉。晚春树木发芽时的田乐豆腐（酱烤豆腐串）也是伊贺地方有代表性的传统美食。当地山中的农村在冬季狩猎期还有名为牡丹锅（野猪锅）的料理。

20世纪30年代，东亚上空战云密布，生长在三重县的日本青年也被卷入了昭和时代的动乱中。

后来作为第133联队第一大队的辎重兵参加了衡阳战役的老田诚一于1921年10月14日出生于三重县阿三郡府中村大字佐那具（现三重县伊贺市佐那具町）。他出生那年日本正处于大正民主主义时期，平民和工人的权利意识正在觉醒。生活在伊贺偏僻山村的老田的幼儿时期是十分平静的。但在他已经懂事的少年时期，日本却已经进入了动荡

的昭和时代。由于发生了关东大地震和世界性的经济大恐慌，日本社会变得极为萧条。世界性大恐慌的冲击波也到达了伊贺的深山里。那时大米极为缺乏，不时耳闻有人饿死或者卖掉女儿、公司倒闭的事情。就是在这种背景下，日本日益沦为军国主义国家。老田在学校中也不得不接受军国主义教育，不断受到"天皇陛下万岁"的灌输，还要学习历史上的忠臣和战史上的军神的事迹，等等。在这种教育下成长起来的三重县的青年们也和其他地方的日本青年一样，为了家族和村庄的名誉，作为皇军的一员奔赴中国战场一直战斗到日本战败，对于曾受过的教育始终不曾产生怀疑，只有到了战后才可能冷静地思考和反省。从战争中幸存下来的老田诚一在战后成为日中友好协会的活动家，为维护中日两国间的友好关系做出了贡献。

在军国主义教育的熏陶下和严酷的军事教育的培养下，三重县的青年们也被打造成了可怕的战争机器。第133联队在中国战场历经多次战役，为侵华日军立下了汗马功劳，与此同时也犯下了累累罪行。第133联队曾长期驻扎在铜陵地区，在此期间有很多平民被日军杀害。此外日军在占领常德时，曾屠杀大批中国伤员，第133联队官兵可能也参与了对俘虏的屠杀。

第133联队是师团长岩永汪中将所倚重的中坚兵团，联队官兵也确能做到在战斗中"不屈不挠"，然而在湘桂作战开始后不久，这些令人生畏的杀人机器即在中国军队的防御阵地面前撞得头破血流，付出了过多"尊贵"的牺牲。

在结束了佯动任务后，第133联队于1944年5月12日从岑河口出发，经郝穴、监利、上车湾、尺八口、白螺矶、云溪、岳州，经过了240公里的长途行军，于5月24日到达新开塘，在其附近集结。在此之前的5月20日，第二大队长足立初男和第八中队长山田晃为了侦察新墙河渡河点而先行到达新开塘，稍后第三大队长栗原明治也从汉口取直路到达此处参加侦察。

另一方面，留在葛店未参加向沙市的佯动行军的由松林嘉门中尉指挥的马匹部队和担任护卫的前田隆治第11中队也从葛店取直路追赶联队主力，于5月25日到达新开塘，联队全体人员于是在此处完成集结。第11军已于24日命令第116师团从27日开始行动，突破新墙河。

5月27日夜，第116师团开始行动，企图突破从铁路线至新墙河的正面后，继续突进至汨水（汨罗江）之线。师团的部署为：右第一线为步兵第120联队，左第一线为步兵第133联队，攻击重点指向右第一线方面，步兵第109联队第一大队为预备队。野炮兵第122联队第一大队及工兵第116联队第三中队配属给第133联队。

27日（阴），第133联队于日落时从集结地新开塘出发，以足立第二大队为右第一线、栗原第三大队为左第一线在新墙河岸展开后乘夜暗渡河，于黎明时驱逐了对岸的中方警戒部队，占领了台地。在这次战斗中，第11中队中村正治见习士官等数人战死。

28日（阴转小雨），黑濑令第二大队作为追击队即刻出发，联队主力从12时左右开

▲参加湘桂作战的第133联队将校（将校即少尉以上军官）。

始前进，在途中令西村第一中队作为右侧卫与主力并进。13时左右，第二大队以山田第八中队独力向八仙桥附近的中国军队既设阵地进行攻击，由于阵地颇为坚固，守军亦顽强抵抗，至黄昏战况仍无进展。昨天晚上第133联队官兵在渡河时被水浸及腰部，在阴天中被服未干，加上又下起小雨，部队颇感疲劳，黑濑只好下令暂时中止攻击。

29日天亮后，第133联队将第三大队配置于第二大队左侧展开，在仓成炮兵大队（野炮兵第122联队第一大队）的支援下再次发动攻击。在第一线中队突击下，中国军队于正午前开始退却。第133联队遂以大须贺第一大队为前卫向汨水之线追击。

而作为右侧卫的第一中队在这天于八仙桥西方地区受到中国军队的顽强抵抗，中队长西村桃太郎中尉在部队最前方突入中方阵地，结果胸部受到贯通伤，后于6月8日不治身亡。此外在八仙桥附近的伤亡人员中，包括第五中队长玉森修中尉受伤住院、第六中队曾我敬次少尉等战死。

步兵第133联队将校职员表（1944年4月20日—10月2日）

本部	联队长 现大佐（少将） 黑濑平一		副官 现中 小山长四郎 （预中 铃木义雄） 旗手 预少 沢田耕介 （预少 堂彻正）	附 现大 小野秀男 （师团联络） 预中 铃木义雄 预中 松林嘉门 （情报） 预少 山中和哉 （兵器） 少 尾坂一磨 预少 小寺弥作	军医 现中 佐藤诚治 主计 现中 渡边平 见士 山本茂 兽医 现中 服部孝 少 进藤纯 （行李） 曹 石崎直治
直辖		通信中队	中队长 预中 大田繁城	小队长 预少 伊藤信一	小队长
		步兵炮中队	中队长 预大 桑田一雄 （预中松林嘉门）	小队长 预少 小田武夫 预少 成濑	小队长 曹 久保田早苗
		速射炮中队	中队长 预中 角田和夫	小队长 预少 田口宗雄 预少 川村孝雄	
		骑马小队	独立小队长 预中 加藤英一		

第一大队	大队长 〇特大　大须贺贡 （关根彰） 副官 　　预少　藤村利二 （小寺弥作） 主计 　　少　　前山隆 军医 　　少　　中村重幸 　　少　　黑川登 　　见士　浜地环 兽医 　　少　　森敏夫	第1中队	中队长 〇预中　西村桃太郎	小队长 　预少　铃木齐 〇预少　松田启资	小队长 　军　山本定夫
		第2中队	中队长 〇预中　黑川启二	小队长 〇预少　小熊幸男 　预少　堂彻正	小队长 　曹　大下捨三郎
		第3中队	中队长 〇预中　塚本助夫 〇现中　小山长四郎	小队长 〇预少　衫丸六郎 　预少　丰田光雄	
		第4中队	中队长 〇预中　米井高雄	小队长 〇预少　金子光雄 〇预少　嶽山芳树	小队长 〇准　田中清
		第1机关 枪中队	中队长 〇特中　藤田贞明	小队长 　预少　田畑治郎 　预少　深田荣一	小队长 　准　安腾旭
		第1步兵 炮小队	独立小队长 预少　山下金之助		
		作业队	独立小队长 〇预少　藤本格也		
第二大队	大队长 〇现大　足立初男 〇（现大　东条公夫） 副官 　　预中　堺靖男 附 　　预少　石田庄一 军医 　　现中　安田基隆 　　见士　安井广和 　　见士　坂井达郎 主计 　　预中　平岩广吉 兽医 　　少　槙重夫	第5中队	中队长 〇（预中　加藤英一） 　　特中　玉森修	小队长 　预少　石松三男 〇预少　山下芳信	小队长 〇准　村上实
		第6中队	中队长 　预少　奥山勇	小队长 〇预少　曾我敬次 〇预少　板谷夏生	小队长 　曹　中村小三郎
		第7中队	中队长 〇预中　吉川五郎	小队长 〇预少　藤森日出男 　见士　高山成雄	小队长 　军　小久保忠次
		第8中队	中队长 　预中　山田晃	小队长 〇预少　小林泰造 〇见士　森中茂	
		第2机关 枪中队	中队长 　预中　佐藤香	小队长 　预少　尾藤逸雄 〇预少　鸳野昇	小队长 　见士　户屋谦二
		第2步兵 炮小队	独立小队长 　预少　久保村卓二		
		作业队	独立小队长 〇预少　上地光久		

续表

		中队长	小队长	小队长
第三大队 大队长 现少佐 栗原明治 ○（现大 小野秀男） ○（现大 迫八郎） 副官 　预少 西村安太郎 （预少 山崎严） 附 　预中 西口克己 军医 　预中 奥野正良 　见士 荒田耕三 主计 　少 志水英雄 兽医 　少 小栗敬一	第9中队	中队长 ○预少 福原贞幸	小队长 ○预少 池崎觉 　预少 三浦纪行	小队长 军 中山清一
	第10中队	中队长 特中 长谷川勇次	小队长 ○预少 糸井三夫 ○预少 佐藤晃雄	小队长 预少 脇田次郎
	第11中队	中队长 预中 前田隆治	小队长 预少 山口吉郎 ○见士 中村正治	小队长 ○见士 山口正晴
	第12中队	中队长 预中 铃木安太郎	小队长 ○预少 西井大二 　预少 坂井熏	小队长 ○预少 樋口皓
	第3机关枪中队	中队长 预中 大桑达雄	小队长 预少 辻村茂 预少 寺村信郎	小队长 预少 中川觉男
	第3步兵炮小队	独立小队长 预中 间宫善一		
	作业队	独立小队长 ○预中 福田敬助		

○表示战死，（ ）内为后继者。

现：现役，预：预备役，特：特别志愿者，见士：见习士官，大：大尉，中：中尉，少：少尉，准：准尉，曹：曹长，军：军曹。

第三章　血　河

1944年4月30日晨，第133联队第一大队经彻夜追击到达了汩水北岸的兰市河边的村落。中国军队的前进阵地位于兰市河与汩水河岸之间的独立高地。黑濑立即命令第一大队夺取该高地，第一大队遂从8时左右开始攻击，步兵炮[①]和炮兵大队提供了支援。但中国军队在对岸主阵地的迫击炮的支援下进行了顽强抵抗。经过第三和第四中队的突击，中国军队终于放弃了阵地。在兰市河附近的战斗中，第三中队长塚本助夫中尉、第四中队第一小队长金子光雄少尉等数人战死，第三中队的丰田光雄见习士官等负伤。

金子光雄少尉是在第四中队第一小队追击退却的中国军队突入汩水北岸一处村庄后受的致命伤。当该小队突入村庄后，村内已无一名中国士兵，对方似乎已经退到对岸，对岸的村庄内有不少中国军队。对方也注意到了这股日军，子弹开始从对岸猛烈飞来。金子少尉见久居此地无益，便下令全员返回。金子少尉又拿出双筒望远镜从民房的一角观察中国军队的情况。这时，只听得

"乓——"的一声闷响，金子少尉在这一瞬间身体骤然向前扑倒。队员们马上跑到少尉身旁。鲜血正从少尉的腹部大量涌出，虽然用绑腿和三角布进行了包扎，但仍无法止住流血，只能眼看着少尉的脸色愈加苍白。大原伍长咬牙说道："不行了吗？"金子少尉终于在临近黄昏时死亡。少尉死后，他的尸体被放在门板上，由大原伍长、中村一等兵、伊藤一等兵及某一等兵（姓名不详）扛走后送，当他们刚从村内走到小河边的道路上时突然踩到地雷，立即"咚——"地响起了剧烈的爆炸声，待尘烟落定后，中村一等兵已经被炸飞，其躯干躺在小河对面。伊藤一等兵也说眼睛看不见了，意外的是大原伍长和某一等兵倒是安然无恙。金子少尉的尸体也被炸飞，在民房的屋檐下被发现。大原伍长和某一等兵扛着金子少尉和中村一等兵的尸体冒着被敌弹击中的危险拼命从泥田中赶路离开……

当天，速射炮中队留在后方待命并未参加战斗，但德田上等兵受到盟军飞机扫射而

---

① 1943年5月第116师团进行改编时，第133联队的步兵炮由旧式的三一式山炮换成了性能更加优良的四一式山炮，新设的步兵炮中队拥有四门该型山炮。另速射炮中队拥有速射炮两门、曲射炮两门，在黑濑平一的要求下还增加了两门平射炮。各大队的步兵炮小队则有曲射炮两门。

受伤，后不治身亡。随着兰市河附近战斗的结束，第133联队即将在汨水展开渡河战斗。

当时汨水的河幅约为120至130米，经过数日的降雨水量已有所增加，河水很深。河的对岸（左岸）是四米左右的断崖。中国军队就以此断崖为前线设置主抵抗阵地，在左岸构筑了堡垒、鹿砦和纵深的网形阵地。后方的狮形山也设有独立的阵地，从汨水北岸至狮形山附近一带埋设了无数地雷和陷阱。

第116师团决定以第133联队的正面作为攻击重点实施渡河。于是黑濑决定在充分准备之后，从6月1日傍晚开始以步炮火力摧毁敌阵地要害部分之后，在当夜实施渡河。第133联队在此一方针下进行了各项准备。在准备期间，第三大队长栗原明治少佐以下干部在天井山上视察敌情时，手持炮队镜的栗原少佐突然遭到中国军队狙击，致使大腿骨折，身负重伤。30日夜，栗原少佐由小野秀男大尉接替职务后被后送。

也是在这天夜里，第三大队第一线的第十中队从代理大队长小野大尉处受领了为明日的渡河作战做准备、对汨水附近的敌情地形进行侦察的命令。当时，第三大队已在天井山西南侧展开。长谷川勇次中尉随后带领第一将校斥候（侦察）糸井三夫少尉以下数人和第二将校斥候胁田见习士官以下数人这两组人员连同指挥班数人一起利用星光从面向敌方的斜面下山。当时除了中国军队的零星枪声之外，双方都保持着瘆人的寂静。长谷川在山脚处送走了前述的两组人员，后者

前进了大约百米之后（从天井山麓到河岸之间约有150米，为水田和沙滩地形），突然从糸井少尉的方向传来轰响，这是地雷爆炸了。爆炸十分剧烈，以至于长谷川等数人也被气浪冲击得身体向后仰。长谷川一时间愣住了，在原地站了好一会儿。森本宇助、浜口久七两名上等兵连滚带爬地回来了，他们浑身是血，全身都为破片所伤，并用悲怆的声音告诉长谷川："小队长大人和老兵大人[1]一瞬间就没影了。"由于这次触雷，第十中队的糸井三夫少尉、山村义一兵长、水谷敏一上等兵、铃木重卫一等兵死亡，森本宇助和浜口久七上等兵受伤。胁田斥候则得以平安完成任务，长谷川将他的报告上报给了大队长。小野大尉已将各名队长招集过来，他听完报告沉思片刻，然后开口道："如果我有什么万一，就由长谷川中尉代理，第一线能否交给前田中尉？"前田中尉一边看着长谷川一边答道："是，请务必交给我。"长谷川马上提出："为了祭奠糸井斥候，请交给我。"小野大尉说道："好，明天的第一线就由第十中队承当。"然后一边笑着一边同各名队长紧紧地握了手。

长谷川的自告奋勇险些害自己丢掉性命，而小野大尉也没能活到衡阳战役结束。

第八中队也多次派出将校和下士斥候侦察渡河点附近的地形和敌情，为此导致稻垣菊一兵长战死、臼井又三郎兵长被地雷炸成重伤。

31日（晴），第116师团根据第十一军

---

① 日语原文是"小隊長殿"、"古兵殿"，"殿"接在人称后面用于表示敬意。

的整体态势，决定将攻击时间提前，下令于本日下午实施渡河。于是第133联队加紧进行攻击准备，将第一线大队展开于从兰市河南侧高地山脚至天井山西南麓之线。右第一线为第二大队，左第一线为第三大队，攻击重点为左第三大队。

渡河之前，黑濑曾将配属给联队的工兵第116联队第三中队的栗冈芳郎中队长和各小队长召集过来，在听取了关于敌阵地情况的说明后说道："现在我们可以看到，到河岸之间有二三百米刚插完秧的稻田，其中到处都有坟堆。正如诸位所见，右岸（日军一侧）是沙滩，敌方岸边则是断崖，敌军利用断崖设置了抵抗阵地，并在其后构筑了纵深阵地。联队预定将在本日下午实施白昼强行渡河，工兵中队长对此有何意见？"

片刻之后，栗冈中队长陈述了自己的意见："对如此坚固的阵地进行昼间强行渡河在战史上闻所未闻，如有可能，希望在夜间秘密渡河。"

然而黑濑却说："虽然贵官希望秘密渡河，但是对这样坚固的阵地若不能加以破坏和压制，则渡河将无法取得成功。联队将会以所拥有的全部火力，以及师团炮兵的山炮共约数十门火炮进行支援射击，无须担心。"强行进行了说服，毫无改变余地。

按照常规，敌前渡河应在友军以炮击轰炸对敌阵地加以破坏压制后，在夜间或黎明时进行。而且汨水渡河的危险性不仅在于河中，日军在到达河岸之前还要暴露在大片的水田地带中，光是将舟艇运到河岸就是个难题。此外日军还要面临水面上的斜射、侧射。所以白昼渡河无疑大大增加了日军所面临的危险。然而也许是出于对中国军队的轻视或者对自身过于自信，这一次竟然决定采取白昼渡河，未免过于鲁莽。而且由于渡河器材不足的缘故，第133联队第二大队的突击中队只能以游泳渡河。

工兵第三中队原隶属于第40师团（代号"鲸"，于四国善通寺编成），中队士兵基本都是四国人。该中队在常德作战开始前转属于第116师团，当时第116师团已由扬子江岸的警备师团改编为装备强化了的作战师团并转隶于第十一军。

根据中队命令，从右至左依次由冈光、金泽、泷本（小队长松川文吉见习士官，当时仍姓泷本）三个小队担任渡河任务，西田小队为预备队。

会谈结束后，松川文吉从工兵第二中队

▲原工兵第116联队第三中队长栗冈芳郎。

武冈小队处受领了一艘折叠船。之后他对小队全员介绍了先前会谈的情况，详细说明了今日的渡河绝非易事。然后松川指挥小队将用具集中放在天井山山脚处，各人留下步枪仅携带一颗手榴弹，穿上胶底布袜，等待战斗时刻到来。

第133联队第八中队长山田晃中尉于31日受领了大队命令，即：第八中队为大队之右第一线，第七中队为左第一线；渡河后应向狮形山前进。山田中尉马上通过各小队长招募擅长游泳的下士官和士兵，有许多人报名，从中挑选出精通游泳者编成了小林泰造少尉、森中茂见习士官以下数十人组成的敢死队（两人各指挥15人）。冈三雄伍长则奉命指挥中队的轻机枪和掷弹筒进行支援射击。不久，山田中尉下达了命令和指示：今日傍晚以"黑龙信号弹"（发出黑烟的信号弹）为号，联队将以全部火力进行支援射击；支援射击结束的同时以敢死队、步枪队、指挥班、轻机枪及掷弹筒班的顺序前进；集合场所为对岸一棵松之丘；对岸敷设有许多地雷，前进时应注意要在前面的战友身后行走。下午15时左右，第八中队前进至接近汨水的一处小村庄，进行攻击准备并等待突击命令。在到达村庄之前由于受到中国军队的猛烈射击，中队里有一人被击伤足部。敢死队员们赤身裸体，只携带步枪、刺刀和手榴弹，普通的步枪队也轻装上阵。负责指挥支援射击的冈三雄伍长则集合中队的轻机枪手和掷弹筒手指示各人之射击位置及目标，然后便令他们向各自的指示地点散开，自己也利用靠近河岸的草丛隐蔽起来，

等待信号弹升起。不久，系着白色（太阳旗）缠头带并背着军刀的小林少尉也来到冈三雄伍长所在的草丛中隐蔽起来，其他敢死队员们则在后方散开等待小队长的信号。

31日下午3时，第十中队在天井山山麓集结。队员们除携带步枪、手榴弹一颗和刺刀外便再无他物。长谷川中尉向列队的队员们训示道："右第二大队以两个中队为第一线。左第三大队以我中队为第一线。这场战斗关系到继承了先辈传统的第十中队的荣誉，也是为了祭奠糸井斥候。即使只剩下一兵一卒，也一定要在敌岸坚守不退！"

当天，速射炮中队到达汨水右岸，为协助一线部队渡河而在汨水右岸台地上选好了阵地，其中速射炮小队以第一分队（分队长前田军曹）在左侧、第二分队（分队长本重正彦伍长）在右侧各自进入阵地，两分队相距约30米，于正午左右完成了各项准备。小队长田口宗雄少尉刚喘了口气，就召集本重分队长和前田分队长对敌情特别是对岸的枪眼情况进行仔细观测，指示了各分队的射击目标，完毕后三人在火炮附近稍向下方的地方对坐着，在晌午的太阳暴晒下一边擦汗一边连声说"好热"、"好热"，同时就此后的战斗进行着商谈。突然，一颗迫击炮弹落在田口少尉和本重伍长的正中间猛然爆炸，田口少尉全身都落满了灰土。本重伍长当时正边抽烟边躺着，只竖起一只膝盖，突然他抱住右腿"啊"地喊了一声就蹲坐在地上。田口少尉问道："本重你怎么了？"本重痛苦地答道："腿被击中了。"田口随即下令："前田军曹，去叫卫生兵和担架。"前

▲日军正利用地物掩护屈身前进。

田军曹马上向下方飞跑过去。田口察看了本重的伤腿，发现大腿根部似乎被破片击中，血如泉涌，好像是大动脉被切断了。现场很快就淌满了鲜血，本重的脸色越发苍白起来。田口焦急地等待着担架的到来，不久中西卫生上等兵终于带来了担架，立即进行了应急处理并放到担架上予以后送，但很快即传来本重伍长死亡的消息。田口立即向中队长报告了本重分队长战死之事，分队长由水谷军曹继任。

31日16时左右，黑濑向第二、第三两大队下达了攻击前进的命令。随着信号弹从天井山上升起，部署在各处的日军火炮一齐开始射击，继之响起重机枪的射击声。霎时间炮声隆隆，天地也为之震动。中国军队的阵地笼罩在硝烟飞尘之中。两大队在步炮的支援火力下冒着猛烈的敌火逐次向河岸逼近，为突击（渡河）进行准备。配属给联队的工兵第116联队第三中队也冒着枪林弹雨扛着折叠船向河岸突进（当时有三艘船只分配给第三大队使用），进到了最前方。

第十中队在长谷川中尉带领下冲向河边，利用坟堆在插着秧苗的水田中前进，同时在一线指挥的小野大队长也跑到最前方，长谷川等人赶紧从后面追上去。在弹雨中，扛着折叠船的工兵队一边大声喊着"哇咻哇咻"一边从他们旁边经过。

当工兵扛着折叠船（分队长则持橹和长竿）在水田中前进时，工兵们虽然试图奔跑起来，但双脚却陷入泥中，步伐十分缓慢。而且中国军队瞄准船只射击，并有迫击炮弹在前后左右爆炸，工兵很快便出现了伤亡。

系着缠头带的工兵们每六人扛着一只船，并有换班人员在旁边散开。扛船的工兵一倒下，旁边的人员立即上前接替。越靠近河岸，中国军队的射击就越猛烈。虽然后方的师团山炮进行了连续掩护射击，不断在对岸掀起沙土，仍不能有效压制对方火力。工兵们时而卧倒在泥田中，时而冲向坟堆，渐渐到达了河岸的芦苇丛中。正是稻田中的坟堆和岸边的芦苇丛为日军的移动提供了宝贵的遮蔽，才使其避免了更大的伤亡。

工兵泷本小队的小队长松川见习士官也手持军刀同部下一起向河岸前进，这时忽然有人喊道："被打中了！""是谁？""是○○！""谁？"当松川再问的时候已无人回答，只听到有人在喊："卫生兵！卫生兵！""是！""快来看看！"就这样叫个不停。

泷本小队进到立着坟堆的预定地点后，好歹喘了口气。这时子弹噗噗地打在坟堆上。考虑到停留时间一长就会成为迫击炮的活靶，于是两三分钟后他们又向前面的坟堆冲去，不时在泥田中卧倒，好不容易在弹雨和迫击炮火中到达了河岸。在此期间有三四人受伤。

到达河岸后，工兵在芦苇和杂草的掩护下迅速将船只装配起来。岸边到处埋有地雷，工兵好不容易才开辟了前进道路。

松川文吉到达岸边后带着分队长侦察河岸情况时，差一点踩上地雷。幸而旁边的藤田军曹及时提醒他："有地雷！"松川这才赶紧躲开。松川问道："在哪里？""在这里。"随后松川顺着藤田军曹所指的方向

▲第133联队正在进行敌前渡河。

看到了草丛中的地雷引线。接着，走到前面的越智上等兵也说道："小队长，这里有地雷。"原来这一带到处都埋着地雷。于是松川赶紧指挥部下清理地雷，好歹清出了一条通道，等待步兵前来会合。

右翼的第二大队方面，第七、第八两中队也在第二大队全部武器的支援射击下，寻机开始向河岸前进。在中国军队的交叉火力中，两中队官兵利用少量遮蔽物匍匐前进。大队的支援射击和中国军队交叉火力的激烈枪声响彻天空。

在最右侧的第八中队方面，自黑龙信号弹发出、支援射击开始后不久，小队长小林少尉向前一挥手并喊道："上！"发出了前进的信号，紧接着飞快地向河滩跑去，突击队员们也跟在后面。在中国军队阵地上，之前一直保持着肃静的枪眼同时吐出火舌，冈三雄伍长见状也加强了支援射击。他无意中看见在左方二三百米处的第七中队长吉川五郎中尉等数人，只见系着白色缠头带的吉川队长赤裸着身子并背着军刀，正手持门板向河中前进……

第一线大队完成渡河准备后，约在17时左右，随着信号弹的升起，突击支援射击开始了。日军火炮齐声轰鸣，轻重机枪、掷弹筒也一齐开始射击。第一线部队随即开始渡河。不久河面便被双方炮弹的爆烟所遮蔽，能见度甚低。

还在第十中队长长谷川中尉正在部署已搬运至河岸的三只平底船时，代理第一小队长宫木四郎军曹就向他提出："先头的船只请务必交给糸井小队。"船只已被工兵放

入水中，步兵开始登船。步兵跳上船后便紧紧靠在船底。船上有系着白色缠头带的两名工兵在前后拼命摇橹。清澈的河水很深，流速约为每秒一二米。渡河时船只遭到守军射击，但对方火力一时不甚精准，损失较为轻微。船上的步兵将头低下的同时，工兵则直立着拼命摇橹推动船只前进，终于顺利到达对岸。作为中队先锋的宫木小队攀上断崖，踏过铁丝网确保了阵地一角。由于工兵的鼎力协助，长谷川中尉以下30多人中仅有一人负伤，但以后的战斗却并没有这么轻松。当长谷川控制部下准备攻击第二线阵地时，百余名中国军队吹着军号挥舞大刀或端着刺刀发动了逆袭，在投掷手榴弹的同时逼近过来。30多名日军也迎头杀了过去。双方混战多时，在此期间畑山正一上等兵战死、岩田上等兵重伤，第十中队经过激战总算击退对方逆袭，随后队员们立即在弹雨中匍匐前进。不久，长谷川突然"啊"地一声就和指挥班的一名士兵一起掉入了黑暗的地下深处，原来是遇上了守军设置的陷阱。地洞靠近河边，洞中水深齐腰，向上望去可以看到弦月高挂。两人试图用骑在另一人肩膀上的方法爬上去，但手却无法够到上面，他们只好不停地大声喊道："喂——！"而在地面上，传令兵势力菊男上等兵也在寻找消失了的中队长，他在越发激烈的弹雨中到处爬来爬去地寻觅着。洞中的两人听到了势力上等兵的声音，感到一阵激动……

另一方面，工兵中队长栗冈芳郎大尉看到步兵登陆后不久即遭到中国军队的猛烈反击，正在考虑如何进行第二拨渡河时，第

133联队第三大队长小野大尉却对他说道："不能对已经登陆的部下见死不救。"强行要求工兵驾着返回的船只继续摆渡。于是驶回的船只又开始进行第二拨渡河。这时中国军队火力全开，弹雨如注，日军损失骤增，船上的工兵（船长与橹手）和步兵相继死伤。工兵中队的冈光小队受到很大损失，泉道春伍长以下多人战死。据说泉伍长当时下身穿着红色兜裆布、头上系着缠头带，就以这身打扮在船上指挥。河水也被日军的鲜血染红了。这时红色夕阳刚刚在西边沉下。

正是由于工兵的辛劳和以死相搏，虽然在渡河时受到猛烈阻击，第133联队第三大队的损失却意外地少。继第十队后，前田隆治中尉指挥的第11中队也渡河完毕，并超越了一时前进受挫的第十中队加入攻击，向纵深逐次扩张战果。第三大队损失虽少，但工兵第三中队却有12人战死。

而在右第一线的第二大队方面，作为突击中队的第七、第八两中队不得不自己利用门板和竹椅等游泳过河，在水中成为守军集中射击的靶子，蒙受了重大损失，许多人被打死在河中，鲜血从日军赤裸的身体中流出来染红了河水。仅正在下游架桥的工兵第二中队所在的地方就漂过来十具尸体（这些尸体被工兵打捞上来交还步兵）。左第一线的第七中队损失尤重，但高山成雄见习士官以下终于突入守军阵地。右第一线的第八中队由小队长小林少尉和森中见习士官各自率领敢死队员游泳前进，在付出了惨重代价后也终于突入对岸。

原野炮兵第122联队第六中队长小泉正

美中尉于第二天早晨从步兵第120联队渡河地段通过工兵架设的桥梁过河时看到河滩上有很多日军尸体，还有来自上游的尸体手里仍然握着枪，正翻滚着被冲上浅滩。这无疑是第133联队渡河时出现的战死者，渡河时的惨状可见一斑。

在两中队渡河时，身在后方的第六中队第三小队第四分队长小川雄司兵长看到当日军游过河流中间时突遭猛烈射击，有些人在水中时沉时浮地向下游流去，其数量似乎在逐渐增多。小川感到急躁不安，在盼望己方尽快到达对岸的同时，不断发出掷弹筒的射击命令……不知过了多久，突然有人叫道："啊，到对岸了！"只见日军一个又一个地陆续登岸。不久，先前如暴雨般一直怒吼着的守军炮火渐渐安静了下来，日军随即转入追击。在此期间，工兵队也忙着用平底船搭建桥梁。

第二大队虽然终于渡河成功，但无数的地雷和向纵深延伸的网形阵地使日军伤亡不断增加，不时有人被地雷炸得血肉横飞，肢体残缺。进入傍晚以后，右翼渡河点方面仍不时响起地雷爆炸声。

两个大队突入对岸后逐次排除阵地内的抵抗，在日落后到达网形阵地后端，第三大队并到达了南方一千米的台地。河边一带的枪声大约在日落时停止了。

天黑后，第八中队的冈三雄伍长也指挥全体人员在工兵队的协助下渡过河去。他一边注意地雷一边向"一棵松之丘"走去。到处都有地雷爆炸的声音传来，他心里想："不知道又是谁触雷了，真是可怜。"同时

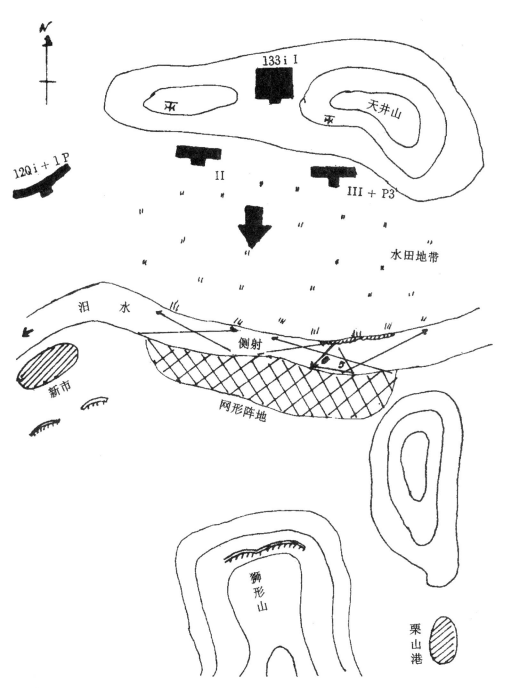

▲汨水渡河战斗要图。

攻城血路 衡阳会战中的日军第133联队

▲ 正在汨水河边等待渡河的日军。

自己也更加小心翼翼起来，就这样好不容易到达了集合地点，但是小林少尉以下的游泳突击队及步枪队的一部分却终于未能归队，此后再也未能见到。

晚上，工兵第三中队在渡河点和对岸的两处地点起火来进行"三角漕渡"，整夜都在忙于协助后续部队渡河。在这期间时而会听到地雷爆炸声。有人嘟哝道："唉，又有人挨炸了。"渡场上也有人在喊"小心地雷！"使人感到这里充满了杀气。第二天早上，在对岸崖下有马匹因后脚踩上地雷而被炸飞，而牵着马匹的士兵却意外地安然无恙。如果这名士兵的前脚踏上地雷的话，必

然也同马匹一样下场。在战场上生与死之间往往只有一纸之隔。

由于只有三艘折叠船用于渡河，第133联队在第二天早晨之前只有战斗部队过了河。

在汨水渡河战斗中，第133联队仅战死者就达到84名，包括将校四名、下士官七名、士兵73名（不包括配属的工兵第三中队）。第七、第八中队的战死者最多，其中第七中队有中队长吉川五郎中尉、小队长藤森日出男少尉、指挥班长三田卓马曹长以下39人战死，第八中队有小林泰造少尉以下28人战死。

工兵第116联队第三中队战死的12人

中，已查清姓名的包括：泉道春曹长、柿坂甲寅军曹、黑田义雄伍长、井上伊太郎伍长、小田登伍长、木村房吉兵长、坂本登起兵长、山田德太郎兵长。以上死者均被追晋两级。

松川文吉在战后回忆这次战斗时评论说，当工兵在水田中扛着船只前进时，如果中国军队以速射炮或山炮直接瞄准射击的话，工兵们将在瞬间被炸飞。幸而对方只有曲射弹道的迫击炮，不能准确地捕捉运动中的日军目标。而且当炮弹落地时，其爆炸被泥田所吸收，未能完全发挥出威力。此外对方在河岸的第一线阵地用步枪和捷克式轻机枪向日军射击时受到杂草的妨碍，使准确度有所下降。工兵的损失几乎都是由河中水面上猛烈的斜射、侧射所造成的。另外在日军登陆后，守军便有所动摇向后方退去，如果他们一步也不后退、坚持顽强抵抗的话，己方的损失恐怕会更加惨不忍睹。对工兵来说遗憾的是，虽然步兵已在前一天晚上的侦察中发现岸边布有地雷，但却未能传达给工兵，使工兵对此一无所知，以至于松川本人也差点触雷。

6月1日（晴），第133联队以第二、第三大队为第一线，从13时左右开始攻击狮形山的中国军队阵地。狮形山是如狮子一般形状的约三四百米高的石山，中国军队在山顶附近挖掘了"缠头带状"的战壕，在数个要点处构筑了坚固的堡垒。防守狮形山的是军官学校的学生队，他们斗志昂扬，抵抗顽强，迫击炮的射击亦颇为巧妙，因此日军的攻击极不顺利，作为尖兵的第九中队第二小

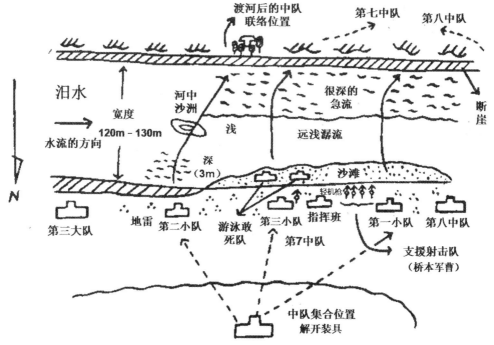

▲第133联队第七中队汨水突击图。

队在敌前数十米处被猛烈的火力钉住而动弹不得达数小时之久，第三小队亦陷入困境。最后第一线的两个大队在接近薄暮时实施突击，终于占领了狮形山。

第五中队在5月31日夜的渡河战中有中井清上等兵、村田登上等兵、藤山理一等兵三人战死，中队长玉森修中尉以下数人负伤，中队的指挥由石松三男少尉负责，中队被编成了两个小队：第一小队长为山下芳信少尉，第二小队长为村上实准尉。第五中队在夜间一边避开地雷一边前进，于6月1日天刚亮时进入了攻击目标狮形山的前方约三百米处的台地。中国军队的迫击炮命中率较高，当迫击炮弹带着独特的恐怖啸音飞来并轰然炸响后，常常会有伤员出现。京八十八上等兵于10时左右、随后还有世古宗男一等兵被炸身亡。

此外，中国军队到处都布置了狙击兵，还测量了要点和距离并使用了标定设施。这些狙击兵看起来训练有素，射击准确。上午某时，第五中队第二小队第四分队（掷弹筒）的七人正在台地斜面下各自歇息，其中第二筒手濑上诚一一等兵在斜面的稍高处正叉开双脚坐在地上，当时他身上背着背囊，脖子上还挂着掷弹筒。掷弹筒分队长国枝光雄伍长笑着对他说道："我说丘比特啊，你待在那么高的地方会被一枪干掉的。"（国枝和濑上是同年兵，濑上身材娇小，两只大眼睛水灵灵的，所以战友们这样称呼他）但濑上却笑着回应道："没关系，没关系，敌弹是飞不到这种地方来的。"然而就在这一瞬间传来了异样的声响，国枝伍长回头一

看，濑上已经向前垂下了脑袋一动不动。原来他被狙击弹从颈部贯通到肩膀。刚才的声音应该是钢盔的帽檐撞到了挂在脖子上的掷弹筒所发出的。不大工夫之后，濑上一等兵约在11时断了气。

在此期间，中国军队的马克沁重机枪、捷克式轻机枪和步枪子弹也在交错乱飞。石松少尉从棱线探出头用双筒望远镜仔细侦察敌情，国枝伍长也稍稍爬上斜面观察中国军队阵地。国枝伍长用肉眼清楚地看到戴着白帽子的中国士兵正在东奔西跑，很可能是因为觉察到日军的总攻近在眼前，正在为应战准备而奔走中。突然有一名日军仰面倒下，从斜面滑落下来。原来是正趴在石松少尉旁边在棱线上架着轻机枪的机枪射手大日川松男上等兵。时间大概是在12时半左右，他被子弹从正面击穿头部而死。

17时左右，第五中队受领了攻击狮形山的命令。山下小队从右侧登上山脚、国枝伍长所在的村上小队则从中央成四列纵队，陆续从台地的棱线跑出，飞快地穿过水田向狮形山山麓突进。中国军队发射的迫击炮弹在前后左右炸裂开来，子弹密如雨降。当国枝伍长拼命地在田间小道上奔跑时，突然被伪装网绊住脚，栽倒在水田的中央。他马上起身向狮形山方向一看，看到背部缠着太阳旗的村上小队长已经挥舞着军刀冲上山腰一带，自己也赶紧追了上去。村上小队长以下进到了山顶近前，右方的山下小队也正在拼命地向山上猛冲。山顶是半径约20米左右的圆形台地，紧接其下掘有"缠头带状"的战壕，正由数十名中国士兵防守。当村上小队

正要登上山顶时，从右边山上的堡垒中一齐射来侧防机枪弹，使日军无法占领山顶。不久村上准尉瞅准时机大声喊道："突击！"冲入了山顶，但此时他受到来自右边堡垒的机枪扫射，当场向前栽倒在地。跟在小队长后面登上山顶的数名日军也被侧防火力所瞄准，在猛烈的火力下只能趴在地上动弹不得。潜伏在国枝伍长前方约十米远的壕中的中国士兵也露出头来掷出手榴弹，日军也抓起手榴弹在爆炸前反投回去，这样的战斗在山顶上持续进行着。然而中国军队终于放弃阵地后退了。日军发觉前面安静下来后便起身前进，再向山下一看，数十名中国士兵正在从山脚通往村落的道路上逃走，很快就消失不见了。日军以轻机枪向退却的中国军队射击，随后扫荡了空无一人的战壕。在山顶的战斗中，村上小队的小泉忠次一等兵和山本荣一上等兵于20点半左右相继战死。

战斗结束后，国枝伍长从山顶返回一看，村上小队长正横躺在地上，人已经断了气。小队长的右下腹部有个拇指大的弹洞，有少量血液渗出来，肠子也露了出来。死亡时间据说是20时10分左右。小队长的尸体被埋葬在距离山顶数米下方的山腰处。

6月1日东方开始发白时，已经渡过汨水、正在水田中强行军的第六中队到达了中国军队兵营后面的丘陵。中国军队很快从兵营中逃走，第六中队在兵营中发现了中国军队留下的大锅，里面盛满了刚煮好的豆饭。不久第二大队在预定地点集合完毕，随后第六中队再次开始行动。该中队向阵地右前方约二百米处狮形山北侧的中国军队阵地发动

了攻击，该处阵地上配置有捷克式机枪，阵地周围一带则是水田，缺乏可资利用的遮蔽物，只能通过田埂前进。行动开始后，第三小队第四分队长小川雄司兵长奉小队长中村军曹之命指挥分队向前方的一座小秃山前进，顺利冲上了山顶。从这里可以清楚地看到先前一直向日军吼叫着的机枪。小川立即命令掷弹筒准备向该目标射击，当时的第一筒手是服部上等兵，弹药手是仲村楠太郎一等兵和绳手一等兵。服部筒手发出"装弹"的信号后，仲村弹药手随即填入弹丸并向后退去。这时，小川兵长因看到有松枝挡在掷弹筒前方而觉得危险，因为掷弹筒弹是瞬发引信，发射后无论碰到什么东西都会在瞬间爆炸。因此小川兵长在将要发射的一刹那下令道："暂停射击！"急忙向前奔去想要折断树枝，但就在此时他忽然"啊！"地一声，被中国军队的狙击兵击中了左腿，感到好像被铁棒狠狠地打了一下似的，瞬时向后弹出约六米。当时腿上并无痛感，只是有种麻木的感觉。他用手轻轻地摸了一下，发现腿上开了一个洞，心想"被打中了"，但是出乎意料，并没有血流出来。再向前看去，发现仲村一等兵正俯卧在地上，已经断气了。命中小川腿部的子弹也击中了正卧倒在地的仲村一等兵的咽喉。小川兵长抱起仲村并不断喊着他的名字，但他再也没有苏醒过来。小川兵长受伤后被绳手一等兵背着送到后方，分队长之职由服部上等兵担任，服部在衡阳战死后又由奥村上等兵接替，后者不久亦战死……

5月31日夜间，第九中队在第三大队渡

河成功后也渡过汨水,沿着地雷密布的道路向集结地点前进。

6月1日晨,第三大队以第九中队为先导从所占领的阵地出发。作为尖兵中队的第九中队在狭窄的山路上走了不到两公里(这一带的丘陵上松树繁茂),突然遭到来自狮形山的射击。位于中队左第一线的中山第三小队由于地形不利,在山上的中国军队瞰射之下出现了若干战死者,陷入危境。中国军队又射来迫击炮弹,猛烈打击着在松林中散开的各队。这一带转眼间便化为修罗场,被迫击炮弹击中的日军发出哀鸣声,护理伤员也十分困难。在此期间,山本上等兵由于触雷而被炸飞丧命。在前方约一公里处的狮形山上,中国军队的机枪和迫击炮正毫不留情地向日军施以猛击。

小野大队长为了挽救正处于困境中的中山小队,多次呼喊中队长下令尽快后撤,但是位于仅40米前方的中山小队位置上的中队长由于为敌弹声音所干扰而无法听到。大队长遂向第九中队的命令受领者池田幸雄下令:"从现在起赶到福原中队长处,通知他将小队撤到后方的安全地带。"池田立即回复道:"是!"但随即又想到:"这一次大概不能活着回来了。"随后他对两名传令兵说道:"你们留在这,你们去的话必死无疑。"决心独自冒死前去。为便于奔跑,池田用绑腿扎住了私制的衬衣和衬裤,并别上刺刀。虽做好了行动准备,但如何完成任务却是个问题。脚下有一条宽约50厘米、距离约30米的直路,但该条道路上却敷设有大量地雷,而道路左边是沟渠,右边三米下方则

是水田,不论从哪边走都会暴露于狮形山上中国军队的视野中。池田觉得从水田中快跑过去比较有利,便在弹着声停止的一刹那冲向下方的水田并一直竭尽全力快跑过去,平安完成了任务。

在返回之前,池田幸雄考虑到沿着同一条道路回去的话必死无疑,在左思右想之后,认定稍稍绕远利用后方的坟堆和茶园中的沟渠为最佳方案。他首先斜着跑到30米远的坟堆,接下来又斜跑向约20米远的茶园内的沟渠,顺利到达其中。这条沟与中国军队相平行,比他预想的要深一些,可以保护身体而无中弹之虞。池田在其中爬了约三米远,然后又斜跑进后方的沟中。这条沟比较浅,勉强能容下身子。池田正在想"好浅",突然间从头到脚都受到射击。子弹打在沟渠边缘扬起尘土,弄得背上沾满了泥土。射击持续进行着,子弹不断从背上掠过,掀起了阵阵土烟。池田忍不住扭头看向土烟,就在这时身体忽然晃动了一下,这是左脚中弹了。

不久机枪扫射终于停止,池田不顾伤势暂且伪装已死。从沟中前行约十米即可进入安全地带,因此他缓缓匍匐前进了约四米远,然后猛然立起跑入安全地带。

之后池田解下绑腿查看伤情,这时血已经止住了,虽然绑腿已经被染红,但可行走无碍。池田因想到自己终于平安完成了传达命令的任务而感到满足,并沉浸于生还的喜悦中,以至于忘记了伤痛,向狮形山上方的蓝天凝望了好一阵。

在中山小队遇险的同时,一线的三浦第

二小队也在中国军队火力下受阻，虽立即散开转入攻击，但由于缺乏支援武器，该小队在敌前数十米处被钉住，奉命在可以得到重武器支援之前中止攻击。虽然停止了攻击，但中国军队的火力依然旺盛，队员们身体动弹不得，为敌火困住达数小时之久。下午，较晚渡过汨水的重武器终于到达，在其支援下第九中队终于突破了对方阵地。在这场战斗中，第九中队有中队长福原少尉等十多人伤亡。

除了中国军队的抵抗，这一带的地雷也给日军造成了不少伤亡。狮形山陷落后，中国军队虽已后退，但各处仍不时传来地雷爆炸声。附近有一座两米多长的石桥，从小山上下来后走过石桥就可踏上田间小路。晚间，第133联队本部官兵成一列纵队经过了这座石桥。当时在本部担任分队长的园田正治正跟在包括黑濑平一在内的十多名本部人员后面，身后有数人正在过桥。就在这时，在园田身后突然响起了震天动地的爆炸声。刹那间，园田等人在冲击下猛然趴到地上，紧接着闻到了一股火药味，并有土块或泥块落到头上和背上。片刻沉默之后，四处传来了呼唤战友名字的喊声，大家在感到惊恐的同时互相查看着是否还在人世。园田也马上向后面一查看，原来的石桥已经被炸得形迹全无。园田陆续喊过分队中各名部下的名字，确认了分队并无伤亡。但对岸通信队的士兵中却出现了死伤者，有人在不断呼唤着战友的名字，听起来颇为悲凉。

关于究竟何人触雷，此时尚不得而知，园田正在为此感到困惑，下意识地将目光移向了河中的浊流，就在这一瞬间他忽然看到河中漂着一个奇怪的块状物体，觉得那或许是个人……园田立即命令分队中的两名士兵进入河中予以查明。两人摸了一下那东西之后马上说道："是人。"随后死者被捞了上来，只见身上衣服已经被炸飞，手脚也被炸掉，大腿悬在赤裸的身躯的边缘。从死者的面庞可以辨认出他是田中光郎军曹。他身上的血液已经流尽，脸上呈现出一种惨白的美。田中军曹原是一名红颜美男子，深受官兵喜爱，不少人亲昵地称他为"小光"，园田也为他的惨死而泪流不止。田中军曹本来刚刚结束了到后方的联络任务正在返回途中，当他刚刚过完石桥的时候，因为急于向前赶去而向队列右边仅仅踏出半步，结果右脚竟踩上地雷，瞬间丧命。在当天傍晚，园田正治和畑军曹奉副官之命前去侦察地形，为此曾在这里往返，算上这次已经是第三次经过了，却都能平安通过，园田在庆幸的同时也感到脊背发凉。

在狮形山战斗中，第133联队有第九中队长福原贞幸少尉、第五中队的村上实准尉、第八中队的森中茂见习士官、第11中队的山口正晴见习士官等22人战死，第十中队长长谷川勇次中尉等多人负伤。第十中队虽然在战斗期间作为预备队散开，未参加攻击，但也暴露在迫击炮的轰击之下。长谷川中尉就是在这时被近距离爆炸的破片击伤，被迫离开中队。

到当天为止，第133联队的第七、第八、第十和第十一中队的小队长都已伤亡，均由下士官代理。作战开始以来还不到十天，联队的伤亡就已如此之多，令黑濑感到痛心不已。

黑濑平一是陆军士官学校第26期毕业生，只比师团长岩永汪中将晚了2期，是第11军高级参谋岛贯武治大佐的老前辈。他在指挥作风上强硬果断，命令严厉，富有攻击精神。有资料批评他不尊重部下官兵的生命，作为第一线步兵的领导者却不向师团长和司令官要求延期攻击或者更改作战计划，以部下的大量战死为代价在衡阳战役后荣升少将。不过，原步兵第120联队旗手星野博却听说他是一个胆怯心软之人，见不得部下

的尸体。看起来，黑濑是一个将魔鬼般冷酷与妇孺般软弱集于一身的具有矛盾性格的军人。

从师团长岩永汪到联队长黑濑平一，都不惜驱赶下级官兵投入无谋的白昼渡河作战而使部队遭受重大损失，正如日后衡阳攻城部队在军参谋长岛贯武治的顽固指导下陷入崩坏状态。

从这个意义上说，汨水－狮形山战斗可以视为衡阳攻略战的缩小版本，第133联队的厄运在这里显现出某些前兆。

步兵第133联队汨水河畔战斗经过要图
（5月30日至6月1日）

第四章　从栗山港到保革亭

　　6月1日，工兵第116联队第三中队在汨水南岸附近看到了中国军队的兵营，在运动场上还有用于打篮球的设施。晚上，第三中队在新市附近宿营，并得到命令将从明天开始进行机场的建设。小队长松川（泷本）文吉见习士官想不明白以一个中队如何能够建

▲第133联队从汨水出发进行追击。

成机场？他就在这样的困惑中，拖着疲惫的身体钻进稻草中睡着了。

6月2日，第133联队根据师团命令于16时在栗山港周边集结完毕。当天，联队副官小山长四郎中尉被任命为第三中队长，联队附铃木义雄中尉被任命为联队副官。

当天天气晴朗，工兵第三中队从早晨开始就拿着军锹和十字镐挖掘排水沟，累得大汗淋漓。金泽少尉嫌樟树个头太大十分碍事，想要利用中国军队留下的地雷从根部炸掉樟树。他挖开樟树的根部，把三四个地雷塞了进去。随着"咚哄——！"一声巨响，巨木果然倒下。冈光、金泽两名少尉还拆开别的地雷看了看，并开玩笑说："这个地雷的盖子可以用来吃火锅了。"他们卸下引信的螺丝、取下盖子一看，发现里面装着卡利特炸药（高氯酸盐炸药）。

6月3日，工兵第三中队仍然在从事机场建设作业。但在下午，一架日机飞来投下了信号筒，给中队送来了上级的指示："此处不适合用作机场"，但并没有说明理由。夜间，中队开始向第133联队的集结地栗山港前进。由于道路状况很糟，夜行军并不顺利，甚至走进了第133联队的后续部队中，和步兵的队列搅在一起。凌晨4时左右，中队在山谷中的村落进行大休。房屋里面到处都是马粪，前面的马匹部队好像已经在这里进行过大休。松川文吉只好找到房子里面的一个房间，直接躺在泥土地面上休息，在两小时后出发之前不得不一直在这里忍受臭虫的骚扰。

6月4日12时，第133联队作为第116师团的右纵队从栗山港出发，沿栗山港－福临铺－青山市道路前进。

6月5日，第11军为了在靖港附近湘江东岸地区捕捉歼灭中国军队第99军（位于铜官东方的达摩山一带）而下达了有关的军命令，对各部行动进行了重新部署，其中第116师团奉命以有力一部沿湘江东岸向靖港对岸北上以防止中国军队逃脱。当天下午15时左右，第133联队接到师团电令："你联队应速向长沙北方、捞刀河与湘江汇合点北侧的王山急进。"第133联队遂改变前进路线，在泥泞中进行强行军。前卫第二大队于6日2时左右到达王山，联队主力随后也在这一带集结。

7日11时左右第133联队接到师团电令，内容为第二大队留在王山归师团直辖，联队主力则向铜官急进，捕捉歼灭由第34师团正面退却之敌。第133联队主力遂从15时向铜官出发。当天下午，工兵第三中队突然接到命令应进至湘江河岸的铜官附近，于是开始冒雨进行艰苦的强行军。在行军期间，中队的初年兵开始陷入极度疲劳。为了防止体格较弱的初年兵掉队，老兵不断申斥或激励着他们，并帮他们拿东西。在战场上掉队几乎等同于死亡——除了中国军队，当地的居民也充满了敌意。不过，尽管老兵硬着心肠不断叱骂初年兵，但还是出了事故。行军途中，泷本小队的吉居一等兵失去了踪影，当时附近敌情不明，山谷中建有一座民房。正在大休中的小队推迟了出发，对附近进行了搜索，但终于未能找到，只好就这样出发离开。

8日8时，第133联队前卫到达铜官，期待中的中国军队并未出现，但日军得知对岸的靖港有汽船来往。下午日军用步兵炮和速射炮向汽船轰击并毁伤一艘汽船，其后中方的汽船便停止了活动。9日正午稍前，中国军队的山炮从靖江市街向第133联队的步兵炮阵地射击，后者的步兵炮立即还击，发射数发炮弹后，中方炮声即告沉寂。之后铜官和靖港地区即不再有中国军队的踪影了。在第133联队到达铜官前后，第四十师团也在湘江对岸将中国军队向乔口压迫，该师团自己也受到盟军战斗机的猛烈攻击。

9日半夜，第133联队接到应即折返以赶上师团的命令。10日晨联队从铜官出发，于11日晨到达捞刀河的渡河点，利用盟军飞机活动的间隙进行了渡河，然后于12日傍晚到达了浏阳河畔的渡头市（长沙东方约20公里）。

工兵第三中队也从10日晨开始沿原路返回，在渡过捞刀河后向渡头市前进。一路上甚为难走，人和马都在雨中淋湿，从背上冒出热气。在向渡头市前进途中，松川文吉想起日军曾在长沙作战中攻城失利的旧事，他也知道长沙对岸的岳麓山易守难攻。老兵阿部一行上等兵曾用独特的四国方言向他讲起第40师团时期的往事，诸如敌将第九战区司令薛岳、岳麓山上的重炮，以及被敌军尾追等等。

第133联队到达渡头市后，在这里受领了师团命令，其内容如下：

一、师团正在攻击株洲附近的中国军队。

二、步兵第133联队长派遣一个大队归师团直辖，并使其向株洲方面前进。第二大队在易家湾附近渡过湘江，攻占湘潭并确保和修补该地的机场。第二大队目前以攻占湘潭为目的，正在为易家湾渡河做准备。

第133联队根据此一命令，将第一大队派往株洲，其余部队则在日落时从渡头市出发，以夜行军向易家湾前进。配属于第133联队的工兵第116联队第三中队也再次踏上行军之路，开始向易家湾进发。13日晨，黑濑到达易家湾，掌握了第二大队，着手准备渡河。

此时长沙攻防战正酣，从远处传来了隆隆炮声。日军看到中国军队的汽船载着伤病员等在小雨中频频往来于湘江，附近的居民也有将日军误认为中国军队而亲切地招待以茶水的，这都是因为日军的进攻十分迅速，中国人一时未能警觉所致。

这一带的湘江河幅达1200米，江水滔滔流过，无法徒涉过去，渡河用的民船也很不好找，到了15日早上才收集到六只民船。14日夜，第二作业队小队长上地光久少尉在率部下到对岸搜索民船时战死。作业队受领了搜集民船的命令后，上地少尉以下十多人在晚上7时30分乘夜暗分乘两只民船在对岸登陆。这时天色阴暗，没有一丝星光，有时还下起小雨来。白天时日军可以望见对岸有四五只民船。但这时对岸的民船已全部凿出洞来，无法使用，于是他们又去搜寻别的船只。当他们正在堤防下移动时，突然从堤防上的草丛中掷来手榴弹。四五颗手榴弹在河滩上爆炸，作业队员们全部退向河中躲避。稍后中村春华军曹小声点名时发现队长不见了，立即集中半数士兵留在民船上，自己带领其他士兵前去搜索队长，结果发现队长在先前登陆地点附近死去，死时刀已出鞘。中村军曹马上背起队长，将找到的民船用渔网栓在一起，用来时乘坐的民船拖曳，和其他队员一起乘坐这两只民船回到易家湾。上地少尉战死后由中村曹长代理队长。

配属于第133联队的工兵第三中队也在15日派出人员收集民船。其中泷本小队派出一个分队的兵力在藤田军曹带领下出发寻找船只。事先松川文吉已发给藤田军曹相关地图，向他们严格规定了返回时间，并说明即使找不到船只，也要按时开始渡河。藤田等人出发后，在午前某时，突然从空中传来爆音，随后响起爆炸声。松川文吉清楚地听到了爆炸声，房子也发生震动，屋内落满了尘土（当时泷本小队宿营在小河旁边的三间民房中）。松川赶紧跑到爆炸声响起之处，看到藤岛一等兵被直接命中，已经奄奄一息（不久后死去），还有值班士兵前山一等兵头部受伤。原来盟军飞机发现地面的炊烟后扔下了伞投炸弹。松川喊来卫生兵进行应急处理，将伤员送进了附近开设的野战医院。前山一等兵是一个非常细心的人，松川来到中国后一直受到他的照料，对他很有感情，现在却不得不与他分别，这使松川感到异常痛苦。后来松川对当时的情况进行了反思，认为宿营地的选择大有问题。位于台地正中间的民房对敌机来说必定是极好的目标。虽

然从长沙附近开始盟军飞机的活动便愈加频繁，然而为了能让士兵们早点休息，松川在选择地点时没有注意到存在的危险，为此他悔恨不已。

黑濑平一经过种种考虑后，决定于15日夜间实施渡河。当时黑濑判断对岸的中国军队力量较弱，但到湘潭为止的地区马匹将难以通过，火炮必须用人力来搬运。因此黑濑发布了要点如下的命令：联队以第二大队为第一线，于15日日落后渡河，炮兵的山炮一门和步兵炮一门以人力搬运渡河，其余之各队马匹在速射炮中队长角田和夫中尉指挥下向湘潭对岸移动，在我军占领湘潭后渡河。

15日14时左右，第133联队接到师团的电报，其要点为："湘潭附近有敌军三个师，师团刚接到军司令官电报，指示黑濑部队之渡河攻击可暂停实施。"但黑濑和各大队长研究之后，仍然决定实施渡河。

当天下午4时，藤田军曹仍未返回泷本小队。16时30分，松川文吉命令小队集合，等待藤田等人归来，但终于还是没有回来。中队也通知小队快些过来。于是松川留下联络兵出发了，途中藤田军曹终于追上他们，向松川报告说："没有找到船只。"因为先前已经命令他必须严格遵守时间，松川忍不住大声喝斥道："你以为现在是几点了？"

这时，冈光、金泽、西田各工兵小队已经将兵员送上船只，正要开始出发。栗冈中队长沉默不语，松川正要登船亲自持舵掌舟，却被冈光、金沢两名少尉阻止，最后船只在松田伍长指挥下冒着小雨出发了。第133联队第二大队的秘密渡河开始了。

渡河途中，从中国军队阵地上只射来零星的枪弹。突然从右手方向的岩山处施放了"催泪瓦斯"。松川在岸上眼看着瓦斯笼罩了河面上友军所搭乘的船只。虽然步兵带着防毒面具，但工兵在出发时就没带防毒面具，肯定为此吃了苦头。船只在一千多米宽的河中花了大约二三十分钟才得以靠岸。步兵在上岸的同时立即在堤防上散开。这时第133联队的重机枪发出了独特的低沉声音，开始进行支援射击。过了不久，松川听到有人大喊："着火了！"刚才日军经过的易家湾街上正在燃烧。火灾很快便发展成大火，木结构的民房在雨中一间接一间地燃烧起来，火光照亮了江面，第133联队的行动完全暴露在火光下。已上岸的驮马部队为避开大火陷入了混乱中。有传闻说这是对方的密探所使的计谋。不过中国军队基本没有抵抗就撤退了。渡河一个来回大约要花费一个小时的时间，在这段时间里，三角地带的火光在雨中渐渐消失了。后续部队在大雨中默默地站着等待轮到自己。由于只有六只民船，渡河进展得并不是很顺利。松川文吉时而感到身上发冷。第三次渡河后回来的士兵报告说："对岸有艘汽船，上面装着山炮炮弹，已经搁浅了，不过好像还能用。"栗冈中队长立即向有驾船经验的老兵下令把它弄过来。士兵将堆积如山的山炮炮弹扔进河中，终于在数小时后将汽船开回来了。这是一艘50吨左右的烧煤的蒸汽船。接下来工兵赶紧将民船改造成门桥，然后用汽船拖曳着在河上航行。此后渡河速度便大大加快。在第二天（6月16日），大概是由于阴天的缘故，

并无盟军飞机出现。到下午2时，第133联队完成了渡河作业。工兵第三中队则为协助第133联队的马匹部队在湘潭附近渡河而着手进行溯航的准备。松川文吉回到宿营地火化了藤岛一等兵的尸体。但尸体怎么也烧不干净，只好切下手臂后埋掉。

从易家湾的登陆地点到湘潭北侧高地大约有十公里，其中间地带是交通不便的水田地带。黑濑认为占领这座湘潭北侧高地对于控制湘潭是绝对必要的，因此下达了尽速通过水田地带占领北侧高地、16时以第二大队为第一线开始前进的命令。

16日下午接近黄昏时，工兵第三中队乘坐汽船和门桥准备过河。快要起航时，泷本小队的安部胜一上等兵对松川文吉说道："小队长，听说前山一等兵在下游的民船里要和卫生队一起前往岳州方面。"松川想起刚才从河岸下来时看到了搭着帐幕的民船，前山一等兵大概就在里面。松川虽然想和他道别致谢，但现在已经没有时间，只能深埋在心里。

"起航！"栗冈中队长一声令下，汽船离开了岸边。太阳落山后，月光从云彩的缝隙间泻下，映出了河中到处布下的浮动水雷。河水流速甚急，而且船上和曳航的门桥上均载满人员，中队长认为在这种情况下无法在天亮前溯航到湘潭，因此决定在途中让部队下船，只留下操控船只的人员，其余则通过陆路沿着湘江右岸前进。

第133联队第二大队于6月16日下午4时从易家湾出发后不久便俘虏了一名中国士兵，日军从他口中得知湘潭市街到处设有阵

地，唯北面无任何设施。不过由于道路十分难走，到17日黎明时，第二大队才到达湘潭北方高地。这时中国军队已从湘潭撤退，第133联队未经流血就占领了湘潭。由于第133联队仅以两个大队的兵力和两门大炮向湘潭进击，如果中国军队在北侧高地利用既设阵地抗击日军，则日军的前进恐将受阻。日军在湘潭市街各处看到了石头垒成的堡垒。这时日军第34、第58师团等部对长沙市街和岳麓山的攻击也早已开始，长沙陷落在即。

据周磊著《湘潭老城故事》一书记载，1944年6月13日日军第133联队曾派便衣11人到位于湘潭滴水埠一带的"唯一石膏矿公司"附近刺探军情，被膏盐矿矿警发现，后者开枪阻击，击毙日军4人，"揭开了湘潭城区抗日的序幕"。但日军资料中并没有相关记载。

17日吃完早饭后，黑濑平一命令第二大队扫荡湘潭周边，主力则在湘潭北方集结。但中午时接到日机传达的通报："重庆军的大部队正在附近向西方退却中。"于是令第三大队（欠第九、第十二中队和机枪一个小队）留下担任飞机场的守卫与修补及湘潭的警备，第二大队则作为追击队向石潭市前进，其余各队作为联队长直辖的联队本队跟在追击队后面向前推进。

大约在第133联队占领湘潭前后，工兵第三中队也到达了湘潭城外。松川文吉在向湘潭前进途中看到附近都是稍有起伏的丘陵地带，其间分布着很多村庄，村落周围混杂分布着旱田和水田，有时还能看见西洋风格的房子，看起来当地出产比较丰富。正在

行走间，他忽然看见右方远处的湘江里有两座混凝土桥墩，在其右边可以望见湘潭的街道。走进桥墩一看，是高达二三十米的大桥墩，桥面还未建完，铁路一直铺到岸边，还建有火车站。这是从粤汉铁路分出来的株州－湘潭－湘乡－新化支线上的尚未竣工的桥墩。中队将渡河点选在桥墩下游约0.5公里附近的五里堆，并在此处进行了大休，准备在第133联队的马匹部队到达后开始渡河。一些士兵马上出去征发粮食，本以为会大有收获，结果却所获甚少。有人带回了涂满红土泥巴的鸡蛋，用它做成中国菜后，鸡蛋的颜色由黄色变成了紫色。具有讽刺意味的是，日语中的"泥巴"和"小偷"写法相同。

18日拂晓，黑濑派出的追击队在石潭东方击败了一部分中国军队并于7时占领了石潭市。11时黑濑进入石潭市，他自当天早上以来就听到从北方的长沙和岳麓山方面传来隆隆炮声，于是为了捕捉歼灭败退的中方大军而命令部队在涟水右岸集结。日军在涟水河边发现了十余艘小汽船，将其中五艘征用来进行运输。在汽船上还装载了一名被日军俘房的中国上校（日本陆军士官学校出身），但船只受到盟军飞机的袭击而破损，俘房也趁机逃之夭夭了。

17时，第133联队受领了师团命令，内容为联队应捕捉歼灭易俗河（湘潭南方十公里）西南地区的敌军集团。傍晚，第133联队从石潭市出发向易俗河前进并预料在夜间会发生遭遇战。第133联队在半夜到达易俗河西方地区，但未与中国军队发生接触，就

在此处进行了大休。

当天晚上，工兵第三中队开始在湘潭五里堆进行渡河作业，以各小队交替进行作业。长沙陷落的消息也大约在这时候传到中队。在休息时，指挥班长渡边曹长对松川文吉说道："我捡到了这个。"渡边拿着一个德国造的蔡司双筒望远镜，看起来很漂亮，应该是中国军队的高级军官的所有物。

长沙陷落后，中国军队的主力和有力兵团避开决战，退到万洋山系西麓。第11军考虑到中国军队将随着以后战局的发展，在得到第三、第六战区军队增援的同时诱使日军深入以同日军进行决战，特别是东方第三战区的援军会较早到达，因此计划在己方部队向衡阳突进的同时，击败来自第三、第六区的援军，迅速攻占第九战区纵深的攸县、安仁、茶陵、莲花等中国军队的攻势据点，打破中国军队的企图。

19日接近拂晓时，第133联队受领了新的师团命令，其内容为：策应从益阳方面向湘乡前进中的第四十师团，捕捉歼灭从岳麓山方面退却之敌。早饭后第133联队立即开始向石潭市返回，于16时到达石潭市。

当时第116师团主力从13日开始攻击株洲附近的中国军队阵地，已于16日将其突破渡过湘江，到达了易俗河南方地区，正在准备向衡阳突进。参加了师团主力在株洲附近战斗的第133联队第一大队得到了返回联队的命令，于18日渡过湘江返回联队。第一大队在直辖师团期间有第四中队的嶽山芳树少尉等七人战死，第一机关枪中队的深田少尉、第三中队的衫丸少尉、第二中队的堂见

习士官负伤。

这时，联队的驮马部队从18日以来正在湘潭渡河，解除了师团直辖的第一大队也还未赶上联队。但黑濑仍决定联队于当日傍晚从石潭市出发，在随时准备与中国军队遭遇的同时，由石潭西方山地道路分进，尽快到达湘乡南方地区，遂令第二大队（配属步兵炮中队）作为左纵队经石潭－双庙－湘乡东南侧地区前进，令第一大队在赶上之后作为右纵队沿着涟水右岸向湘乡前进，自己则亲自率领中央纵队（包括联队本部、第九中队、第12中队及配属的炮兵中队）经石潭－保革亭－张全桥道路向湘乡南侧地区前进。中央纵队和左纵队于傍晚冒雨出发，此时由于马匹部队尚未赶上，大炮和机枪均以人力搬运，在雨夜中行军的部队十分辛苦。

19日天刚放亮时，松川文吉突然听到从空中传来了爆音。两架盟军飞机从上游掠过桥墩，自低空飞向长沙方向。松川为己方没有坐船而感到庆幸。上午9时左右，松川渡河前往对岸查看湘潭市区的情况顺便征发粮食。城中的居民并没有逃走，但各家都紧闭门户。街道两侧商铺林立并挂着中国式的招牌。在街口可以看到砖石、石板筑成的堡垒。城中完全感觉不到人的气息，好像鬼城一样。在街区的中央附近，松川看到了写有"湘潭治安维持委员会"字样的牌子。有宪兵出来问道："来干什么？"松川拿出文件给他看过之后，对方告诉他：请不要在这里征发物资。于是松川只好离开。返回途中，他听到了爆音和枪击声，担心渡河中的部队

是不是挨打了，急忙向渡河点跑去一看，果然出现了损失。不过和晚些时候发生的空袭相比，这只是一次小事件而已。

20日拂晓，第133联队左纵队在双庙西方地区前进时，捕捉到了从岳麓山撤退的中国军队一部，在此捕获俘虏甚多，之后该部

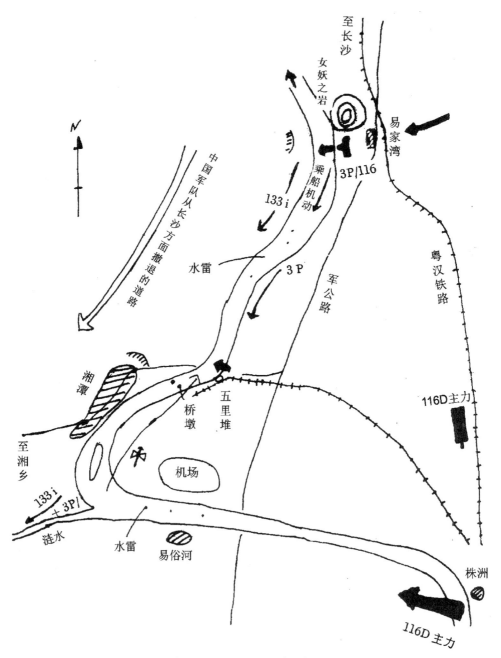

▲易家湾、湘潭附近战斗要图（6月18日—6月22日左右）。

继续前进，于正午到达张全桥西侧地区。这时该部遭遇了正从涟水右岸地区向南方撤退的中方大部队，立即向对方发动猛攻，得到了很多俘虏与各种武器，当时中国军队正在横渡涟水，许多人已经上船。第八中队（中队长山田晃中尉）沿江岸追击中国军队并获得很大战果，但在返回途中被刚巧到达湘乡的第40师团部队误认为敌军而遭到射击，当时的混乱情形可见一斑。在这场战斗中，第八中队的大东一雄伍长、西浦孝弘兵长战死。

第二大队主力于傍晚将对方的军部包围在江岸的一处村落中，但因为夜暗而未能将其捕捉。

第一大队（欠第三中队）到达石潭后，立即遵照联队命令作为右纵队沿涟水右岸西进，于20日正午时分在东台山东方地区与中国军队一部接触，日军一面逐步将其驱逐一面前进，但由于对方以有力部队占领了东台山并逐次增加兵力进行顽强抵抗，战况进展并不顺利，到22日晨才将对方击退。

第133联队的中央纵队正面也于20日拂晓在隘路内同中国军队接触，中国军队立即在道路北侧占领阵地向日军射击，黑瀬遂命令第12中队（中队长铃木安太郎中尉）攻击该敌，并令机枪和炮兵予以支援。然而中国军队逐次增加兵力进行了顽强抵抗，加上阵地前为水田，且阵地两侧地形险峻，到了傍晚第12中队才以突击夺取了道路北侧阵地。但在该阵地背后还有第二线阵地。

第12中队从21日晨开始猛攻第二线阵地，到正午时突入阵地并将其夺取。但道路

南侧的中国军队阵地仍然阻碍着该中队的前进。第12中队虽然在速射炮和重机枪的支援下向此处阵地实施攻击，但为对方的手榴弹所困，在半山腰陷入苦战。当天，第12中队有西井大二少尉和南秋弘兵长战死，此外还有二三人负伤。

22日6时左右，黑瀬正在考虑以第九中队（军旗护卫中队）替换连续战斗了两天的第12中队，但这时正在追赶第一大队主力的第三中队（中队长小山长四郎中尉）因走错道路而到达了联队本部，于是黑瀬立即命令第三中队向道路南侧高地之敌的右侧背进行攻击。第三中队马上开始行动，攀登上险峻的山岭，迫近了中国军队的右侧背。中国军队从10时左右开始撤退，第12中队在11时左右终于占领了隘路内的村落保革亭。日军判明中国军队第32师师部曾位于保革亭，中国军队因此进行了顽强抵抗。该师师部已匆忙撤离，架设的电话线尚未撤收，文件也散乱一地。

6月20日，正在湘潭从事渡河作业的第116联队工兵第三中队遭遇了一场名副其实的悲剧。那天，自作战开始以来便跟随第116师团前进的铁道联队，为了确认在湘潭－湘乡间是否还有粤汉铁路的建设材料而必须渡过湘江，所以前来向工兵第三中队求助。中队对此当然不便拒绝，虽然昼间的渡河十分危险，也只好利用盟军飞机的间隙来帮其渡河。然而不祥的事情终于发生了。当马匹和人员正分别搭乘门桥和汽船行至河的中游时，突然有人喊道：

"有爆音！"

与此同时，正在河岸上的松川文吉也听到了飞机的爆音。片刻之后，两架盟军飞机出现在上游。盟军飞机为了不被日军察觉经常以超低空飞来，这次也不例外。盟军飞机的机头上画着张开大口露出尖牙的"鳄鱼"（至少在松川看来是鳄鱼的形象）。飞机猛地向船只袭来，士兵们赶紧卧倒，马匹则用后腿站立、前腿抬起，就这样半倒着。船上在瞬间陷入了混乱。盟军飞机反复进行攻击，两次、三次……松川看到汽船和门桥被炸散分开，受伤的士兵躺在正倒在门桥上的马匹旁边，汽船的烟囱也被炸掉，天晓得破洞中的士兵情况如何。船只听凭流水摆布，虽然有人从河岸上用轻机枪对空射击，但没有任何作用。岸上的人不知道怎样才能帮助顺水漂走的船只，只能边叫边跑并祈祝平安。

飞机终于飞走，遭袭后的现场惨不忍睹。铁道联队损失了大队长以下许多人员和马匹。工兵也有不少人受重伤，后来松川文吉确认过姓名的战死者就有两人，分别是佐藤三郎兵长、早矢仕円兵长，没有确认身份的战死者还有数人。

由于船只被毁，工兵的渡河作业不得不中止。当天傍晚，中队从五里堆出发前往位于易俗河对岸附近的湘潭机场，以执行机场的警备、确保、维修任务。在地图上找不到这个机场，中队到日落之前都没有发现它。部队借着星光在黑夜中沿着野地中的道路前进。为了找当地居民带路，松川文吉带人闯进了一户人家。踢开紧闭的房门进入里面后发现屋内灯火全无，一片漆黑。松川摸索着进入隔壁房间，在这里感觉到了一点人类的气息。划亮火柴一看，角落的床铺上好像有人正在被窝里睡觉。松川掀开被子后，出现在眼前的是一家六口人，他们不分男女都挤在一张榻榻米大小的床上睡觉。小孩一丝不挂，夫妻两人则半裸着身子。

松川用中国话对孩子父亲说："起来。"父亲赶紧拱手作揖。松川又说道："你放心，我们找着飞行场。"父亲光摆手却不说话。松川把刚才的话又说了一遍，对方仍然不回话，只是一个劲地摆手。小孩惊惧不已，其他士兵提出要把孩子带走，松川却觉得甚是可怜，什么都没做就离开了房子。其实机场就在五六百米外，不过在黑夜中看不太清楚，即使过去了也没什么用，所以松川决定当晚就在附近的民房里宿营，将竹林旁边的一座独立家屋选为小队的宿营地，他预计因为机场的整备和维修至少要在当地住上数天时间。他向士兵传达了这些情况并招集分队长命令他们须特别注意保持警戒。当天晚上，松川终于躺在了久违的床上，想起从作战开始以来这好像是第一次在床上睡觉。隔壁房间睡着夫妇和小孩，时而传来小声说话声。此外就只能听见马蹄刨地声和步哨来回走动的声音。他不知为何迟迟无法入睡，可能是由于在五里堆渡河时发生的惨剧使他难以平静下来。同甘共苦的部下在眼前被杀、画在敌机机头上的面目可憎的"鳄鱼"等等，不断浮现在脑海中。用军刀砍下战死者的手腕时的触感到现在还能在手上感觉得到。松川终于在不知不觉中睡着了……

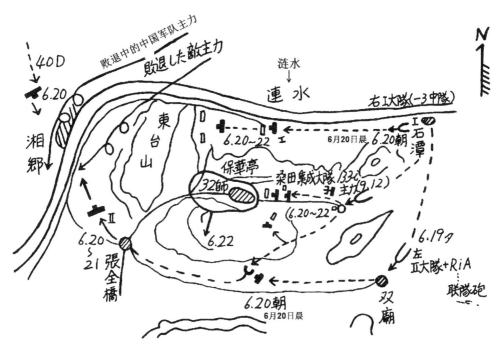

▲第133联队湘乡附近战斗经过概要图
图中军队记号含义说明：右Ⅰ大隊（－3中隊）：右第一大队欠第三中队；
罗马数字Ⅰ、Ⅱ：分别为第一、第二大队；
左Ⅱ大隊＋RiA：左第二大队配属步兵炮中队；
D：师团；i：步兵联队。

第五章　前进衡阳

6月22日中午，黑濑平一命令各队在张全桥周边集结。各队于傍晚时在规定地点集结完毕。

在此之前，第11军为了乘中国军队尚未作好战备而迅速攻取衡阳，于6月20日命令第116、第68两师团向衡阳突进。在向第116师团下达的命令中，命令该师团主力"经易俗河、白果市、两路口（衡阳西北29公里）附近向衡阳西南地区突进，就地歼灭敌军并占领衡阳"。并命令该师团"向湘乡方面突进之部队于歼灭该方面之敌后，即向白果市方面前进以与主力会合，然后特以一部沿易俗河－南岳市－九渡铺道路地区前进，以与佐部队（第68师团）之一部相策应，并随时准备以有力之一部向白鹤铺方向突进，以阻止敌军之增援，并截断湘桂铁路线"。

第116师团主力（欠步兵第109联队和第133联队的主力，步兵部队以120联队为基干）于6月21日从易俗河附近经白果市－两路口附近开始向衡阳西南地区突进。

当时第133联队正在师团主力的西边向湘乡方面采取支队性行动中，黑濑虽约略得知师团主力开始向衡阳突进，但是从19日以来同师团的无线联络断绝，无法获知确切情

况。考虑到由于马匹部队尚未赶上，重武器部队从15日以来一面依靠人力搬运重武器和弹药，一面连续地行走在恶劣的道路上和进行战斗，已经十分疲劳，决定让部队休息一天，让拥有马匹的第一大队先行出发，经张全桥－麻林桥－狮子桥－松柏桥－四塘－衡阳道路向衡阳前进。另外为了使伤患尽快进入野战医院，令第九中队（代理中队长三浦纪行少尉）作为护卫向衡山出发。

在湘潭机场执行警备和维修任务的工兵第三中队在机场一带住了大约两天之后，也开始向衡阳急进以追赶第133联队。易俗河附近的湘江里漂浮着水雷，使中队无法渡河，于是他们再次回到五里堆的渡河点，进入了对岸的湘潭。中队穿过街市到了涟水岸边。有一艘100吨左右的豪华客船搁浅在连接涟水和湘江的河口处。在中队刚从旁边走过之后不久，这艘客船就开始遭到盟军飞机的炸射。如果差了几分钟，中队官兵也会一起遭殃。客船燃烧了起来，黑烟升上天空。他们将客船留在身后加紧赶路。

稍后中队渡过了涟水。第116师团的后续部队也正在这里渡河，因此这里显得十分热闹。这里有一名日语说得不错的中国小孩

在给日军做苦力，正在帮助日本兵上船，他从常德作战以来就一直跟随这支部队。只见他上身穿着日军的军服，头上戴着防暑帽，从船上伸出手来对日本兵说："先生，危险啊，快快的，上来，上来"，显得十分可笑。虽然如此，日本兵还是抓着小孩的手上了船，看来他们已经习惯了。

此后中队进入了丘陵地带，沿着石板路一边严密警戒敌机一边行军。这一带的红土地上长着小松林，水田分布在山谷中。中队

还需要花费不少时日才能赶到衡阳。

24日清晨，第133联队从张全桥出发，下午到达麻林桥时，角田中尉指挥下的马匹部队及炮兵大队终于追赶上来了，重武器部队总算得以卸下重担。

6月26日，第三大队在狮子桥附近、第一大队在新厂附近遭到空袭，损失不轻。

28日傍晚，黑濑到达蒸水河畔的新桥，在此处受领了已许久未得到的师团笔记命令，即"师团的衡阳攻击在顺利展中，

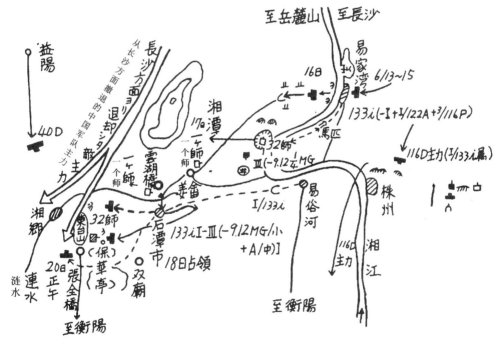

▲ 从易家湾渡河到湘乡（6月12日—23日）。

图中军队记号含义说明：

133i（－Ⅰ＋Ⅰ/122A＋3/116P）：第133联队欠第一大队，另配属野炮兵第122联队第一大队和工兵第116联队第三中队；

116D主力（Ⅰ/133i属）：第116师团主力（第133联队第一大队归联队直辖）；

Ⅲ（－9.12.1/4MG）：第三大队（欠第九、第十二中队和机枪一个小队）；

Ⅰ/133i：第133联队第一大队；

133i[－Ⅲ（－9.12.MG1小）]＋A1中：第133联队（欠第三大队（不包括第九中队、第十二中队、机枪一个小队），另配属炮兵一个中队）（原图中此处表达有误）；

40D：第40师团。

步兵第133联队应在四塘附近集结，从湘桂铁路沿线地区面向西方警戒"。配属的炮兵大队被解除配属，奉命于29日向衡阳前进。黑濑令第十一中队的一个小队（小队长西村安太郎少尉）留在新桥北侧台地上担任警备，主力则在湘桂公路上的四塘集结。当晚21时，黑濑向师团长岩永汪作了情况报告，并从师团长处受领了命令，内容为将折返的一个步兵大队派遣到衡阳归师团直辖。

黑濑从师团长处了解到的师团主力的情况为：步兵第120联队于今28日晨开始对中国军队的主阵地发动进攻，但没有进展，正在为明29日再次进行夜袭做准备；炮兵联队也正苦于步兵炮的炮弹数量很少。于是黑濑陈述了关于本联队尚保有相当数量的步兵炮弹药，希望加以使用的意见。29日早上，黑濑令步兵炮中队配属给先到四塘的大须贺第一大队并向衡阳前进。同时还将奥山第六中队派遣至八塘（四塘西方），担任师团的后方警戒。

不过从师团长的口吻来看，似乎还未考虑将第133联队招至衡阳，只提到让第133联队在四塘集结面向西方警戒。5月27日横渡新墙河以来约一个月，连续进行战斗和机动的第133联队人马，现在因为恶劣的道路和炎热天气下的行军已经疲乏之极。黑濑在当天夜里令逐次到达的各队在公路沿线进行大休。29日，黑濑下令联队人马在公路北侧地区广为疏开以进行休宿。

29日傍晚，各队总算进入各自的设营村落。第133联队集结地区面积颇广，系以靠近公路的联队本部为中心呈半圆形部署，较远的中队距离中心近三千米。联队本部在傍晚勉强完成入宿，通信中队的有线电话也在各大队间展开，完成了宿营态势。联队人马很快便进入了沉睡。

这时黑濑的脑中正在思考着种种问题，目前他还不能确定联队到底能否参加"衡阳攻略战"，但他认为联队官兵已经过分劳累，可以趁此机会让他们得到休息，也许很快就会接到向衡阳前进的命令……黑濑在6月30日0时以后才开始睡觉。在联队长室的窗下，师团通信的有线电话已经安装完毕，通信手则正安静地待命。

第120联队于29日夜对虎形巢发动了夜袭。虽然野炮兵第122联队长大岛卓大佐已将逐次到达的火炮配置于战线上，但急需的弹药尚未运到，因此第120联队只得在没有炮兵支援的情况下行动，夜袭终告失败。当时岩永汪决定将第133联队的第一大队及联队炮（步兵炮）半个中队作为师团的直属部队，以该中队补充师团炮兵火力之不足。在得知第120联队夜袭失败后，岩永汪于半夜急令第133联队连夜赶至衡阳加入战线。

3时30分，联队长室响起了电话声。师团参谋长向黑濑打来电话："步兵第120联队的夜袭未能成功。步兵第133联队须尽速向衡阳前进。"

于是黑濑叫来铃木副官，询问部队何时出发为好。睡眠不足的铃木副官在心中计算过后回答说："6时半，（全联队）可在联队本部前列队完毕。"但黑濑却生气地说："你发什么呆？各队准备完毕后立即向衡阳

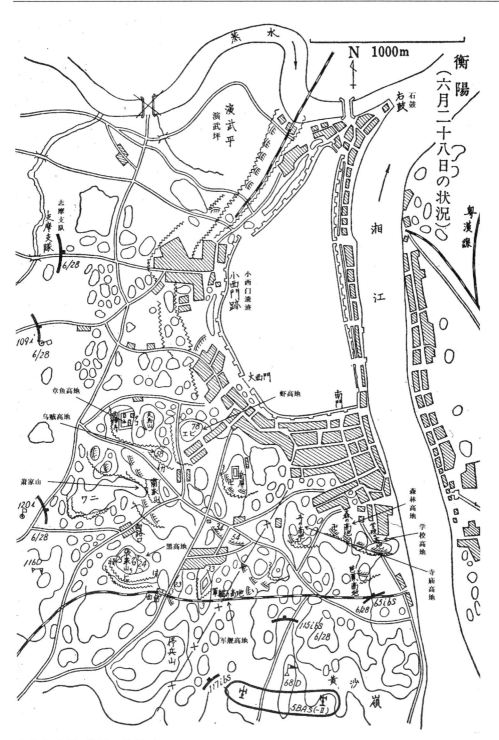

▲衡阳战场6月28日的情况。

前进。我会马上前进。"

受到联队长训斥的铃木副官随后向集合前来的各队的命令受领者传达了命令："各队立即准备出发。各队一俟准备完毕即向衡阳前进。无行军序列。联队长将即刻向衡阳前进。完毕。"之后黑濑和铃木副官、佐藤军医、渡边主计、山中少尉等一行数人于四时半从四塘出发，在宽阔的湘桂公路的直道上骑马前进，赶在部队前面急赴衡阳。

6月30日，工兵第三联队为了能在当日到达衡阳，一早便从杨林桥出发赶路。为了赶到衡阳，中队已经连续走了几天。在此前的行军中，中队为了防备敌机袭击曾令各小队间隔百米左右成一列纵队行军，不过总算还算幸运，除了偶有盟军飞机从头上飞过外，中队并未受到袭击，就这样经过了衡山西侧。这天中队渡过蒸水、翻过山峦后走到了宽大的军用公路上。各小队间隔50至100米成两列纵队一面严密警戒敌机一面向衡阳急行军。公路两侧分布着水田，路边种着桐树。这里已经离衡阳很近了，衡阳市街似乎触手可及。

突然从空中传来爆音，盟军飞机从左前方摆好射击的架势向队伍飞了过来。松川文吉赶紧喊道："散开散开！"但已经晚了，随着机枪扫射的声音响起，飞机瞬间飞过天空，向着右侧的稻田飞了下去。大家都卧倒在公路上。共有三四架飞机从头上飞过，稻子被风吹得猛烈摇晃起来。松川刚以为敌机已经飞走了，飞机却又转回来再次进行袭击。松川趴在地上，即使抬起头也看不到小队的情况。激烈的机枪射击声在转眼间便飞了过去，就这样反复进行了三次、四次……空袭大约持续了十分钟，松川却感到有一个小时那么长。这次空袭给泷本小队造成了严重损失。松本上等兵身受重伤，小岛邦茂一等兵胸部中弹，死在公路上。松川自己却安然无恙，不过战友的死亡令他伤心不已，不禁流下眼泪。同乡的小岛一等兵是松川所喜爱的初年兵，平时总是跟松本上等兵寸步不离。走在最末尾的器材分队有服部正美一等兵战死。此外还有若干战死、战伤者，但松川文吉未能记得他们的名字。器材分队的十几匹马也损失了大半。马匹被机枪射击声所惊吓，在公路上狂奔起来，被飞机追着扫射。有的马匹因腹部的带子松开，原本驮在背上的行李挂在肚子下面晃来晃去，就这样被机枪打倒了。死去的马匹散布在约一公里长的路上。飞机是从山那边关上引擎后依靠滑翔越山袭来的，打了日军一个措手不及。栗冈中队长看到部队在衡阳近前遭受如此惨状，内心甚为痛苦。在整理好物品、砍下战死者的手臂并掩埋了遗体之后，部队再次开始向衡阳前进，从四塘走到三塘、然后又走向二塘……这个漫长的夏日终于快黑下来了。附近似乎就是师团的宿营地，聚集了很多士兵。炊烟在薄雾中升起，暮色中传来第一线部队的炮声。松川听说工兵联队本部位于拓里铺，然后在附近宿营等待第二天的到来。

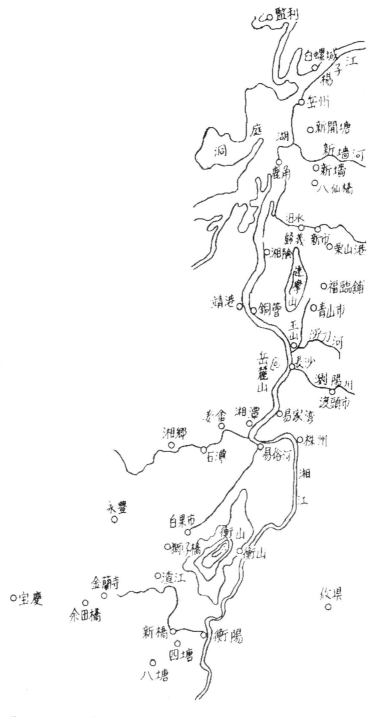

▲第133联队行经地区图。

第六章 艰难行军

从四月下旬开始，第133联队官兵一直在不停地行进，行军连着行军，似乎永无尽头。至于这连日行军的目的，普通士兵们并不清楚，也没有心情来考虑这种事，只是忙于保持行军队列而已。随着时间的流逝，伤亡、患病和掉队人员不断增多，队列中的士兵越来越少。不知何时从空中现身的盟军飞机尤其让士兵们感到可恨。这些恶魔般的飞行物总是突然出现，难以躲避，在空袭中倒下的人员和马匹越来越多。当"衡阳攻略战"日益临近时，尽管地面进攻进展顺利，盟军飞机的活动依然对日军构成严重威胁，使日军的昼间活动极为困难。在这种情况下第133联队不得不一面警戒着盟军飞机一面在烈日下连续行军，但无论如何小心也不能完全避免损失。6月26日，第三大队在狮子桥附近遭到盟军飞机急袭，当时在山上有人用发烟筒作为信号引导飞机袭击日军，刹那间有数架飞机向日军猛扑过来，反复发起波状攻击，使马匹部队受到很大损失，第三大队也因此落在第133联队向衡阳挺进的队伍的最末尾。同一天，第一大队也在新厂附近遭到伞投炸弹的攻击，造成第一中队松田启资少尉战死等伤亡。当时第133联队所属各

单位均为空袭所苦，向衡阳的进军因此"充满了苦难"。在衡阳战役期间，乃至战役结束之后，空袭仍然如同家常便饭一样威胁着第133联队官兵的生命。

攻击南下日军的飞机几乎全部来自美国陆军第14航空队。虽然日军一直感到敌机的"猎獗"活动使自己深受其害，但他们并不知道第14航空队当时正处在十分窘迫的境况下。在日军发动一号作战前后，时任中国战区参谋长兼中缅印战区美军司令的史迪威故意无视关于日军在中国发动大规模攻势的消息，强迫第14航空队指挥官陈纳德将相当大一部分飞机派去支援缅北和滇西攻势，以及死保成都的B-29机场，并且还克扣本应提供给第14航空队的物资供应。这使第14航空队在日军进行平汉作战期间和湘桂作战前期，只能以一小部分飞机攻击日军。当日军向长沙前进时，陈纳德指挥的500架飞机中有400架可以用于作战，其中竟然有200架被迫用于保卫成都，还有150架用于支援滇西攻势，只有150架飞机（其中有90架作战飞机）可以用于保卫中国东部。尽管情况如此窘迫，第14航空队仍然积极活动，奋勇出击。在他们的奋战下，日军官兵、马匹、装

满补给品的舢板、活动营房、卡车、公路、桥梁……各种目标被陆续摧毁，使日军感受到了巨大压力。6月11日第14航空队第74战斗机中队的9架P-40战斗机从衡阳起飞攻击了长沙以东捞刀河畔的日军，当时飞行员从空中看到日军士兵还裹着毯子在河畔睡觉。不用说，这些士兵遭到了美机的无情扫射。在6月14日下午该战斗机中队的另一次行动中，10架P-40袭击了正沿福临铺至浏阳的公路前进的大批日军人员和马匹。在狭窄的道路上，日军只能排成一列纵队行军，人马蜿蜒达12英里。10架P-40每架都往返炸射了两次，而日军没有任何工事可以掩蔽，陷入一片混乱，在袭击中死伤惨重。这些只是日军遭到空中攻击的一小部分事例而已。从1944年5月底到8月1日以前，第14航空队共派出飞机5287架次，投掷了1164吨炸弹，发射了100多万发子弹，损失飞机43架，毙伤日军数目据估计达1.3万人。

尽管第14航空队的战果无疑有夸张的成分，但日军受到的打击确实非同小可，日军方面的记录一致表明，空袭如影子一般始终伴随着南下日军各部，成为悬在日军头上的达摩克利斯之剑，令他们胆战心惊，受尽折磨。

由于频繁遭到空袭，南下日军越来越依赖夜间行军。也曾有日军指挥官试图无视来自空中的危险，结果引来灾难。6月9日，针支队（步兵第218联队第一、第三大队为基干）从湘阴乘船沿湘江水路向长沙前进。当天早晨云朵低垂，雾气弥漫，视界稍有不良，但不足以完全妨碍飞机的活动。然而支队长针谷大佐急于赶路，不顾水雷和空袭的危险决定在白天航行。大约中午时，船队刚离开湘阴十多公里，这时五架P-38突然俯冲过来反复扫射并扔下伞投炸弹，瞬间给针支队造成战死23人、战伤约60人、损毁舟艇18艘的重大损失。遭此重创后，针支队只好以陆路行军为主。但噩梦并没有就此结束，空袭始终伴随着该部队。6月10日晨，支队再次受到空袭，有四名士兵死亡。当天，留在湘阴的第三中队在空袭中死亡三人。11日夜，正准备在霞凝港渡河的针支队又遭到伞投炸弹的袭击，造成步兵炮中队长植田中尉以下六人战死、指挥班长小川曹长以下四人受伤（其中一人于23日战伤死）。13日进攻岳麓山附近时，支队又受到空袭而蒙受损失……

值得一提的是，在衡阳战役期间，由于史迪威拒绝派出运输机到衡阳空投物资，陈纳德只好派出自己的C-47运输机到衡阳为守军空投物资。第14航空队远远不是史迪威顽固政策的最大受害者，豫湘桂战役中的中国陆军差不多只能依靠自有装备同日军作战，美国援助的装备几乎全部被投入到缅北和滇西战场。史迪威与蒋介石，以及他与陈纳德之间的矛盾，给中国抗战造成了不利的后果。

在湘桂作战期间，由于受到盟军飞机的袭扰，日军方面的道路构筑和兵站基地的推进十分迟缓，而所经之处的道路、桥梁到处遭到中方破坏，后方补给难以送达，汽车道路直到七月中旬才修筑到长沙。在这种情况下，日军只能用辎重队的驮马运送一点补

▲背负着全副装备在泥泞中行走的日军士兵。

给。所以在第133联队南下进军期间，基本无法得到来自后方的物资，食物全靠现地筹措，部队一开始停下宿营便会有人出发前去搜集粮食等。食盐在征发物资中尤其珍贵，而在搜寻食盐方面也有独特的方法：用扁担"咄咄"地敲打房屋内的泥土地面，根据回音就能找到食盐，因为食盐已经被装入瓶内然后埋进土中。有时，当征发物资的日军闯入居民家中时，发现居民已经匆匆离去，无主的驴子仍然在拉着磨盘、正在把大米磨成粉末，这驴子让人感到十分可怜。

在湘桂作战开始后不久，第133联队即陆续出现掉队者。在行军路上，士兵们背负着沉重的装备，在雨水、泥泞、酷暑中进行长距离行军，还受到营养不良和传染病的严重威胁，并时常遭到来自空中的袭击，简直是举步维艰，不断有人因为中暑或腹泻等而掉队，对部队战力造成严重影响。当时日军步兵在行军中的负担极其沉重，一名步兵所携带的全副装备通常超过40公斤。

步兵装备是如此沉重，以至于士兵在休息时如果不小心坐到低洼地里，就只能借助战友的手才能站起来。据鸟沢义夫回忆，身体较弱的士兵在行军中连半天都坚持不下来，有的士兵会避开老兵或军官的眼睛将宝贵的弹药丢掉，甚至还有人扔掉了携带口粮。在这种情况下，出现掉队士兵当然是不可避免的。

为了减轻士兵在行军时的负担，甚至还有人偷偷烧掉了作战地图。

作为参考，下面是原第27师团士兵鸟沢义夫记下的第27师团步兵在一号作战中的装备情况（第116师团的步兵装备也应该是大同小异）：

九九式背囊（布制，外边用带子系住）的内部物品：

携带口粮：白米五日份，压缩口粮五日份；

牛肉罐头五个，粉末味噌、酱油粉若干，预备新军靴一双，胶底布袜一双，帐篷和支柱一套，毛毯和外套一副，雨衣一件，十字镐一把，铲子（斧头或劈刀）一把，防毒面具一副，备用子弹六十发，还有日用品、私人物品、香烟等。如果是分队长还有轻机枪的备用枪管一只、手旗一面。

背囊中的杂物：

衬衫，衬裤，贴身内衣，日用品（其中有照片、信函等）。

腰部有刺刀一把，前后盒各一个，前盒中有步枪弹六十发，后盒也有子弹六十发，后盒还携有装润滑油的罐子。

另有手榴弹两枚，钢盔一顶（带有盔罩），帆布袋，饭盒，水壶，绷带包，伪装网等。

医疗用品：

用于治疗疟疾的盐酸奎宁片，战力增强剂，正露丸一瓶，口服利凡诺片，粘鞋胶一罐，净水液一瓶，绷带包，除毒包，碘酒等。

此外还携带三八式步枪一支或轻机枪一挺、掷弹筒一个，弹药手还要扛着多余的弹药箱。

1944年4月，第58师团在安陆集结，为即将开始的湘桂作战进行准备。该师团下属的步兵第51旅团从皂市出发向安陆行进前，旅团情报部的情报主任松田大尉将旅团所保管的同作战相关的命令书和地图交给正在情报部执行勤务（情报和命令）的甲斐实军曹保管。按照惯例，在军、师团的作战命令下达的同时应向隶属的各大队下发同进攻地区相关的地图（主要为五万分之一），大队再向下属的各中队的小队长以上军官下发相关地图。但在这次湘桂作战开始前，出于防谍的目的，不仅没有向大队长以下将校透露进攻方向和作战目的等，相关地图也没有发下去。旅团下面有四个大队28个中队，本应发给各本部附将校、各中队长、指挥班长、小队长的地图，加起来数量颇为庞大。在甲斐实军曹随部队出发时，上面提供了五匹驮马和十个行李用于携带旅团的地图和命令书。驮马是体格较小的中国马，难以承受这么沉重的行李，在重负之下发狂不已。在旅团司令部执行勤务的士兵又无一人有照管马匹的经验，自身还要携带40多公斤的用品，简直苦不堪言。旅团从皂市出发后到达安陆前，就陆续有士兵掉队。而在进攻长沙之前，还有遥远的路途在等待着士兵们。

旅团到达安陆后，甚至连长沙相关地图也没有发下去。尽管松田大尉称师团到达郝穴、监利地区后，就会将长沙相关地图发给各大队。但是到达安陆－沙市－监利前，需要行走250多公里的距离，花费十天以上时间。这简直是要了士兵们的命。甲斐军曹对于上级凭借一纸命令就将士兵们像奴隶一样使唤的粗暴做法感到十分愤慨，独自决定将占到行李三分之一重量的地图烧掉，以减轻士兵和驮马的负担。于是他背着松田大尉，在一夜之间指挥部下士兵将地图烧完，只留下衡阳以南的五万分之一地图的一部分，剩下的主要是十万分之一地图。就这样，行李的重量减轻了三分之一，士兵和马匹因此得以恢复元气。

后来当衡阳久攻不下、第58师团被匆忙投入第三次总攻时，长沙以南衡阳方面的五万分之一地图只发给了旅团的大队长和大队副官，至于第一线的中小队长则无图可用。五万分之一和十万分之一地图相差甚大，后者所囊括的地名既少，字体又小，测量的误差也较大，本来就难以辨认，不利于正确判断地形。第一线的各中小队长纷纷嚷道："五万分之一的地图到底是怎么回事？""这样子可没法作战！"松田大尉当着旅团长以下干部的面向甲斐军曹质问道："甲斐军曹，五万分之一的地图应该还有吧？""不，这就是全部了。另外就只有广西省相关地图了，不会有错。"松田大尉虽

然也隐约察觉到甲斐军曹烧掉地图的隐情，但考虑到自己也要受到牵连，他没有继续深究下去。最终，虽然大体只能依靠十万分之一地图进行作战，不过对第51旅团的作战并没有产生太大的妨碍。甲斐军曹焚烧地图一事终于不了了之。

第133联队中并没有像甲斐实军曹这样的勇于反抗上级的下士官。

6月下旬第133联队向衡阳前进时正值盛夏时节，行军尤为艰苦，因中暑和腹泻而掉队的人员不断出现。据联队本部的田所满雄回忆，他们在六月末向衡阳不分昼夜地行军时累得筋疲力尽，身体被汗水湿透了，脑袋也变得昏沉沉的丧失了思考能力，不时传来某某不见了的消息，那是有人中暑了。如此酷烈的行军，以至于使人感到死了倒会更好些。不久田所本人也因得了脚气病而住院，亲眼目睹了野战医院的惨状（后述）。

重武器部队的行军尤其艰苦。五月中

▲湘桂作战中艰难苦行的日军画像。

上旬，第133联队速射炮中队在到达易家湾之前的行进途中，不仅为盟军飞机的袭击所苦，同时还得在狭窄的石板路上前进，一些驮马因脚下打滑而掉进稻田。这一带的稻田泥巴很深，坠入的马匹越是挣扎沉入泥中就越深，最后连脑袋都沉下去了，在这种情况下只能将马匹抛弃。在行军途中随处可见这样被丢掉的马匹，速射炮中队也有一些马匹被如此丢弃。

速射炮中队到达易家湾后，角田中队长遵照联队命令指挥联队的马匹和本队分开，从湘江右岸地区行动，速射炮小队和平射炮小队则与主力一起渡河，开始向湘潭前进。之后到受领驮马之前为止，中队在全部行程中都以人力搬运火炮来追随联队主力，其艰难困苦非笔墨口舌所能形容。中队于17日到达湘潭后，为了追击中国军队，连休息的工夫都没有便开始向石潭前进。

18日速射炮中队进入石潭。在石潭存有很多物资，士兵们发现了大量砂糖，因此大喜过望，结果却乐极生悲，许多士兵由于大口吃下了未精炼过的红糖而患上痢疾，影响了以后的行动。又由于他们在路上饮用了小河中肮脏的生水，遂使情况变得更加严重。后来中队从张全桥出发通过狮子桥向四塘、衡阳急进途中，中队长以下许多官兵因患病而掉队、住院，因此造成的战病死者为数不少。角田中队长在从张全桥出发时便发病住院，之后该中队由田口宗雄少尉代理中队长于6月29日到达了衡阳郊外的四塘并参加了"衡阳攻略战"。

还有一件事情也值得一提。第九中队官兵在向衡阳行军途中，曾在白果市和衡山中间的一座建筑物中住了一宿。当时有一所南岳市的中学为躲避战祸而疏散到了此处，他们在这里发现了化学实验用的醋酸，便用它制成醋，终于吃到了久违的寿司。当时代理中队长的三浦纪行少尉对此事印象深刻，在很多年后仍然能够记起——虽然他也提到自己当时"痛切"地感受到了战争给逃难中的中国人的生活所带来的不幸。

如果说"行军地狱"将日军折磨得痛苦不堪的话，那么比起第133联队官兵将要在衡阳经历的40天战地生活，这些苦难也只不过是小巫见大巫而已。

在衡阳附近，第133联队第一大队的辎重兵老田诚一深深感受到了战争的恐怖。

6月下旬，第133联队的驮马部队离开湘潭后，在躲避盟军飞机袭击的同时艰难地向南方的衡阳前进。随驮马部队行军的老田诚一作为"基干兵"要在行军途中协助行李长、分队长执行任务，为此颇感劳累。大家都为疾病所折磨，时而腹泻时而发烧，靠着应急药物和坚强的精神力才勉强忍耐住了病魔的侵袭。人员和马匹的粮食都要依靠现地筹备。为了躲避盟军飞机的袭击，部队只能在夜间行军。六月末的一个晚上，驮马部队在黑暗中的军用公路上停止了行军。他们停下来的地方是位于衡阳南方数公里的三塘镇的二塘村（在衡阳陷落前，这里一直作为联队的后方基地，被用来向前线提供补给和保养马匹）。在军用公路上停下的部队没有得到任何命令，就这么在公路上干待着。士兵们躺在道路上像死人一样睡过去。因为停在这里的时间还很长，于是在习性驱使下，有些士兵离队出去"确保粮秣"。夜暗中能隐约看见成排的民房的黑影，几名士兵就以其为目标前去探查，老田诚一也在其中。老田进入了街内的一座大房子。虽然他的眼睛已经习惯黑暗，但在房子里还是什么也看不到。他一面摇着用破布做成的火绳一面查看泥土地面的房间，这时他察觉到有黑乎乎的人影一样的东西正坐在椅子上。老田靠近后向其说话，但对方没有任何回应。他又把手搭在对方肩上摇了摇，对方仍然没有反应。老田又划亮了贵重的火柴，看了看黑色头巾下的人脸。竟然是一个骨瘦如柴的老太婆的尸骸！她穿着黑色衣服，戴着黑色头巾，一副皮包骨的样子，如同恶魔一般。虽然老田的神经已经在战争中变得麻木，还是被吓得全身汗毛倒竖，双鬓发凉。在衡阳战役期间，老田在这个镇上停留了很长时间，但他再也没有走进这座房子。

第七章　目标张家山

6月29日，在四塘的第133联队第八中队受领了占领停兵山山顶附近的任务。30日晨，第八中队在沿铁路东进时遭到盟军飞机扫射，位于前面的中队长山田晃中尉被机关炮击伤，稍后被后送，第八中队至此已无一名将校，中队的指挥由藤田一三军曹担任，该中队于当天占领了停兵山。

黑濑于6月30日8时到达位于余家岭（衡阳西方六公里）的师团司令部。同师团长岩永汪中将一起吃过早餐后，又正式受领了师团的命令："步兵第133联队应从明七月一日拂晓开始进攻，夺取张家山。"当时第120联队对于作为攻击目标的虎形巢高地，取了和尔基隆联队长的名字，以"和尔高地"称呼之。类似地，第133联队的进攻目标张家山以后被通称为"黑高地"。

当天，第133联队的第一大队和步兵炮中队解除了师团直辖序列，归还联队建制。另外野炮兵第122联队也对这次进攻给予全力支援。

岩永汪鉴于师团炮兵弹药不足的现状，令左翼部队的第120联队整理态势，计划仅由右翼部队实施进攻。

这时，急进而来的第133联队先头部队已到达余家岭，于是黑濑令各队向托里坑（衡阳西南方三公里）附近开进，自己带着第一大队长大须贺大尉、步兵炮中队长桑田大尉、第三机关枪中队长大桑中尉等人，和吉田师团参谋长一起于11时登上停兵山。

停兵山标高164米，山顶立着类似旗杆的东西，所以最初第133联队称其为旗杆高地。停兵山在6月28日由第68师团独立步兵第117大队第四中队（芝本队）经过激烈战斗后攻占[①]，正由独立步兵第117大队长（永里恒彦少佐）和独立山炮第五联队第一大队长（姊川少佐）占领着。

当初永里大队攻占停兵山的战斗并不轻松。停兵山的右高地为一道高约1.5米、厚约2米的砖墙所环绕，并筑有枪座（机枪掩体）、掩蔽壕等，左高地上则建有一座高约七米的望楼，阵地坚固非常，确有"停兵"的意味。日军为夺取停兵山付出了血的代价。

永里大队在占领停兵山、独立房屋高

---

① 但据第133联队第八中队的寺田重次郎回忆，第八中队在6月30日"按计划排除了敌军之攻击而占领了停兵山"。

地等处后，曾于6月29日夜继续向北进攻，但进至铁路线稍北处即为地雷和守军炮火所阻，伤亡数十人后被迫中止攻击。

6月30日在停兵山上，黑濑在听取了大须贺和永里两名大队长汇报的敌情并完成了对地形的观察之后，一面拟定攻击黑高地的方案，一面下令各大队长、第一大队的各中队长及直辖的各中队长于15时在A高地（张家山西南方约六百米）集合。黑濑指示大桑中队长应在停兵山占领机枪阵地，在实施进攻时从停兵山以火力包围敌阵地。下达完指示后，黑濑于13时30分左右转移至A高地，一面考察敌情地形一面反复推敲进攻计划。

需要说明的是，据《桧第六十八师团史》记载，6月30日白天黑濑大佐系在电线杆高地（独立房屋高地）会见了永里大队长，黑濑并同永里少佐定下了如下协定："第117大队占领的电线杆高地转让给第133联队，战斗地境线为从停兵山－电线杆高地之间的凹地中央同岳屏山西侧高地中央连结之线。"该书还认为第116师团的重武器部队配置于停兵山之事并不存在，直到第三次总攻前，永里大队本部都位置于停兵山，其第四中队则在附近警戒。以上说法与第133联队战史资料相矛盾，本书仍采用后者的说法。电线杆高地由永里大队第一中队于6月28日攻占，当时从该高地向张家山退却的中国军队遭到日军猛射，受到很大损失，而日军也因遭到猛烈射击出现数名战死者。

衡阳位于湘江西岸、湘江和蒸水汇合点之南，城区大小约为东西1公里、南北2.5公里，是湘桂铁路和粤汉铁路的分岔点，亦可

利用湘江的水运，水陆交通十分便利。湘江的宽度约为三百米，江水又急又深，河岸边有高高的石墙和悬崖，渡河进攻十分困难。衡阳北部毗连湘江的支流蒸水，西北部是广阔的水田地带。西南部和南部则为丘陵地带，其间分布着稻田和无数池塘。城外南方有很多新建的木结构住宅，其大门口都种着美人蕉。从东阳渡至湘江沿岸也建有很多新住宅，东阳渡附近则有据说是国民政府最大的军需工厂。城区房屋极为密集，除城南和中央西部外几无立锥之地。

衡阳守军系以城墙南面的岳屏高地为中心、将半径约一千米的半圆形的丘陵地区作为主抵抗地带，以五桂岭、枫树山、"33"高地（军舰高地）、黑高地（张家山）、和尔高地（虎形巢）、西禅寺高地、天马山等作为第一线，其后方的高地设置为第二线阵地。各高地都是各自独立的阵地，相互间以交通壕纵横连接起来，并以斜射侧射相互支援，即使一处阵地丢失，左右邻接的阵地也可以相互配合形成新的防御线。

火车西站西北侧的张家山是位于防卫衡阳主抵抗阵地之最前线的最高的独立山岭，与岳屏高地共同构成衡阳防御阵地的骨干。张家山横卧在停兵山西北方相隔六百米处，有若干丘陵和池塘与其毗连，远处的岳屏高地上覆盖着茂盛的森林。再往前瓦屋顶重叠起伏的地方就是衡阳市区。

张家山由两座小高地组成，即"25"和"24"高地。中国军队在张家山上修建了十分坚固的防御阵地，到处都有枪眼和堡垒，其间以交通壕连接。但混凝土工事只有一座

▲ 衡阳西站（后方是张家山）。

可容纳约100人的洞穴掩蔽部，其他阵地都是最近构筑的野战阵地。阵地上的射击设施几乎全都是有掩盖的阵地（堡垒），不过其伪装、遮掩较为粗陋，比较容易判断其主要射击方向。障碍物主要包括地雷、木栅和断崖。有刺铁丝网不是很多，木栅成排分布兼具障碍和遮蔽之效。阵地四周被削成三四米高的断崖，用以发挥中国军队所擅长的手榴弹战的威力。在张家山右边的"33"高地是南北细长呈菱形形状的台地，其四周被削掉而露出了红土，样子酷似摆在陆地上的军舰，因此日军将"33"高地称为"军舰高地"。

从A高地看到的张家山的地形与防御阵地的概要如插图所示，在阵地前缘于断崖内侧掘有深壕以为障碍，在"は"点、"に"点和"ほ"点之壕底筑有堡垒以对壕内进行纵射。在"は"点的突出角于断崖外侧设有一道简易铁丝网。此外，在阵地前一带埋设有地雷，然而当初日军对此未能查明。

张家山的阵地前和阵地内的斜面虽处于来自"33"高地和和尔高地之侧防火力的有效范围内，但是从山顶的鞍部经过"へ"点下降到"は"点的棱线，和从"ち"点下降到庙宇的棱线之间，是坡度较为缓和的凹形斜面，来自两座邻接高地的侧防火力很难集中到这里。而且火制这一地区的张家山上的堡垒比较容易为攻方的步、炮兵火力所压制，因此这座高地的右正面与左正面相比形成了地形上的弱点。并且"へ"点附近是棱

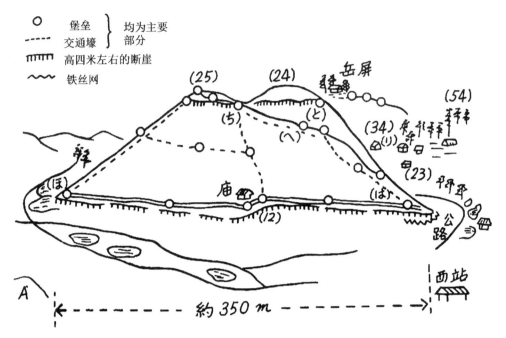

▲ 从A高地观察到的张家山。
图中的は、に、ほ、と、へ、ち均为日文中的假名，类似于英文中的字母。庙宇下方括号中的文字并不是阿拉伯数字"12"，而是日文假名"に"。

线的倾斜变换点，是攻击张家山的山顶时可资利用的要点。

关于张家山的守备部队，中方资料说法不尽相同。根据白天霖书记载，该处阵地原为第10军预备第10师第29团第1营（欠1连）所据守，后由30团第2营接替，29团2营、30团1营等也参加了战斗（日军第一次总攻期间）。而原预备第10师师长葛先才将军的回忆录则指出张家山阵地是第30团团长陈德毕上校守备区。又据原30团2营5连连长蒋鸿熙的回忆，张家山是第29团的阵地，7月1日白天张家山告急后由第30团调2营增援。但白天霖书记载的张家山战斗却是从6月28日开始，以后一直延续到7月14日，并认为30团2营增援张家山是在30日天亮前。另容鉴光

《抗日战争"衡阳孤城血战"60周年纪念》一文则称7月10日拂晓预10师放弃张家山退守萧家山至市民医院之线。

然而根据日军资料，张家山战斗从7月1日才开始。相比较之下，蒋鸿熙的说法与之更加吻合准确。而且，白天霖书认为张家山阵地由3个小高地组成——西北面是221高地，东南面是227.7高地，东北面是更高的"张家山小高地"，但日军资料只提到张家山有两座小高地。从地形上来看，"张家山小高地"其实就是张家山东北方的"35"高地，而第133联队也确实是在7月14日占领了"35"高地。不过从日方记载来看，"35"高地并未发生过激烈战斗。由于衡阳南部、西南部各处丘陵阵地的战斗过程颇为相似，

而且由于可以理解的原因，中方日后重建衡阳战史并不容易，记载中出现不准确之处在所难免，甚至将不同阵地的战斗过程相混淆也是极有可能的——例如关于30团2营营长徐声先阵亡的时间和地点就有不同说法，白天霖书中称徐营长在6月30日阵亡于张家山，但更可靠的说法是徐营长在日军第二次总攻期间阵亡于市民医院后面的无名高地。

在张家山战斗前夕，第133联队的突击兵力已经大大减少。自5月27日新墙河渡河以来约一个月，第133联队历经多次激战，由于战斗伤亡、患病及其他原因造成的掉队者占到了中队的半数以上，据说联队的步兵中队只剩下编制数的大约三分之一。而且部队又是刚刚到达战场，炮兵的弹药数量也非常有限。为了减少损失并迅速夺取张家山，黑濑可谓是绞尽脑汁。

黑濑对侦察的结果和当时第133联队的实际情况、炮兵部队的状况等进行了综合研究之后，决定按照如下方针实施攻击：

方针

联队以第一大队为第一线，于本三十日日落后开始行动，在明七月一日天亮前迫近至黑高地敌前至近距离完成攻击准备，从拂晓开始在最高度的步炮火力支援下发起突击，一举夺取该高地。进攻的重点为从黑高地的右正面指向"24"高地山顶。但是根据敌阵地内之战况变化，如有必要可改为向"25"高地的山顶进击。

关于定下该方针的主要理由，黑濑本人的解释是：

一、"33"高地和"黑"高地均在联队的战斗地区内，是在一般情况下也可以同时予以攻击的战斗正面。如果联队以两个大队为第一线，对这两座高地同时发动进攻，也可以抑制从"33"高地射向"黑"高地的侧防火力。但是由于中国军队阵地的强度、己方炮兵力量特别是炮弹数量以及各大队的突击兵力情况的关系，这样就无法彻底实行以"黑"高地为重点的进攻。

二、虽然期望以"黑"高地的左正面作为进攻重点，首先夺取"25"高地的山顶，随后再向"24"高地的山顶扩张战果，可是在左邻的步兵第120联队不同时进攻和尔高地的情况下，预料来自和尔高地的侧防火力将在阵地前和阵地内均形成炽烈的火网。然而己方没有能够适时压制和尔高地的炮兵力量。

三、"黑"高地的右正面与左正面相比存在地形上的弱点，而且火制此一正面的堡垒较容易被压制。

四、由于第一大队（其他大队与之相同）的突击力量已经大大减弱的现状，和支援炮兵的力量不足的情况，除了联队直辖的重武器部队之外还使用上预备队的重武器，在统一指挥之下发扬有组织的强大火力、广泛地和强有力地压制中国军队的阵地以支援第一大队，力求有利于保存突击兵力。

各队长根据已下达的命令，于15时在A高地集合。黑濑与同时到达A高地的野炮兵第122联队队长大岛卓大佐进行了协商后，就地向各队长口头传达了命令，其要点如下：

步兵第133联队命令（要点）

六月三十日十五时

于"黑"高地西南一千米之高地

一、敌情及友军的情况（现地给予指示）

二、联队将于本三十日日落后开始行动，在明七月一日天亮前迫近至敌前至近距离完成攻击准备，从拂晓开始在步炮火力支援下开始攻击前进，一举夺取"黑"高地。

炮击从五时开始，突击支援射击从六时开始，预定持续五分钟，将另下命令。

此次战斗中敌阵地的重要部分以符号表示如另纸所示。

三、以第一大队（配属工兵一个小队）为第一线，在本日日落后开始行动，在明一日天亮前大致完成进攻湘桂铁路之线（现地指示）的准备，进攻的重点指向"黑"高地的右正面，应紧接着步炮支援突击的射击冲入敌阵地，一举夺取"黑"高地。

四、第二大队长统一指挥该大队的全部重武器和步兵炮一个小队及速射炮中队，在停兵山及独立房屋高地附近占领阵地，配合第一大队的战斗。

五、第三机关枪中队（欠一个小队）由联队直辖，明一日天亮前在停兵山占领阵地，以火力包围"黑"高地，配合第一大队（关于应占领的阵地按照已下达的指示）。

六、步兵炮中队（欠一个小队）应在A高地（现地指示）的侧面占领阵地，发扬侧射火力以消灭预料将在"黑"高地的右正面及"33"高地出现的敌之侧防武器，以配合第一大队。

七、关于炮兵队和联队重武器的破坏、压制目标的分担划分及联队内的目标分配将另行指示。

八、突击支援射击期间，除步兵重武器外第一线大队的轻机枪也应参加射击，步炮合力以炽烈的火力压倒敌军，为此除负责对各堡垒实施破坏、压制的火炮外还应分配机关枪一个分队、不得已时再增加轻机关枪一个分队。有关细节应由第一、第二大队长协商决定。

九、应于天亮前在各重武器阵地用镐子构筑简易掩盖阵地。

十、第二、第三大队（欠各自的重武器主力）和工兵中队（欠一个小队）为预备队，应于今夜开始行动，明一日天亮前第二大队、工兵中队应位置于停兵山西南侧地区、第三大队应位置于托樫坑（托里坑）北方约300米的小村附近。

但第二大队应以一个中队于本日日落后尽速占领停兵山山顶附近，负责掩护在该高地占领阵地的第三机关枪中队和炮兵队。

十一、各队须准备携带攀登断崖用的竹梯。

十二、通信中队须适时开始作业，以A高地为基点，在新部署的各大队之本部、第三机关枪中队及联队本部办公室之间架设有线电话。

十三、信号弹（略）

十四、本人位于A高地。

关于命令第七项中炮兵队和联队重武器之间的目标分配，系将阵地的重要部分即堡垒等标上号码后对相关划分作了指示。大体上半山腰以上的目标分配给炮兵队，像"ち"点的堡垒这样特别重要的目标则由步炮重叠实施。

根据命令，第一大队为第一线，攻击重点为张家山的右正面。第二、第三大队为预备队。

第133联队的24挺重机枪[1]中，有22挺参加了第一大队的进攻作战。张家山的攻击正面大约不到400米，作为兵力充足的一个大队的攻击正面似嫌过小，但当时第133联队的步兵中队已经严重减员，黑濑期望以压倒性的火力增强战力。在参加这次作战之前，虽然第133联队所属各机关枪中队的人员只有三小队份（六挺机枪），但黑濑特别命令各中队各携带两挺备用机枪。由于在这次进攻作战中，几乎在所有的情况下，重机枪都能在设置了攻击用的阵地后进行战斗，所以机枪只用少量人员就可以操作，以一个分队的人员就可以充分地使用两挺重机枪，因此得以展开22挺重机枪，使这些备用机枪派上了用场。但是由于使用了这22挺机枪，弹药方面很快就发生了匮乏的问题，为了节省弹药，遂禁止其进行薙射（左右移动射击），而令其像轻机枪一样反复进行点射（除了在十分紧要的情况下）。

各队长接受了命令后，立即着手进行阵地的侦察等各种进攻准备工作。虽说是夏季，却已经没有多少残照，准备的时间并不是很充裕。对于刚到达战场的部队来说，仅经过一个晚上的准备就断然实行拂晓攻击本来在战术上就是不合理的，何况当时的炮兵力量较为薄弱，当时进攻衡阳的日军无法得到来自后方兵站的补给，炮弹方面也只有自己部队携带的一会战份的弹药的剩余部分而已，补给的极度缺乏是造成日军的"衡阳攻略战"终于演变成为持久苦战的主要原因之一。

虽然情况如此窘迫，然而军令如山，第133联队官兵将不得不以自己的血肉之躯铺平黑濑的晋级之路。

不久太阳西沉，夜晚到来，而当面的中国军队仍然保持着沉默，令人感到毛骨悚然。

---

[1]　1943年5月第116师团改编为甲装备的作战师团后，第133联队各大队直辖的机关枪中队由两个小队四挺九二式重机枪改编为四个小队八挺重机枪。

第八章　手榴弹战术

6月30日傍晚，第四中队长米井高雄中尉下令出动以下士官为首的敢死队，指定森川伍长为敢死队队长，任务是掩护和协助作业队在黑高地阵地前的鹿砦处安放炸药、进行爆破，作成突击的突破口。从作业小队中选出了村田彻雄伍长以下六名敢死队员。森川伍长带领平田上等兵、重森要一等兵等协助村田伍长。森川伍长待到日落后同米井中队长到达现场。米井告之敌方鹿砦前约五十米处有反坦克壕，应向那里匍匐前进并在此处待命，关于爆破的时间等细节将在以后联系。米井说完这些后开始返回，但不久就因腹部中弹而战死。关于作业队的爆破行动尚无更多记录，但从战斗的后续发展来看，这次爆破任务应该是取得了成功[①]。

第一机关枪中队的第一小队和大队炮小队在参加了第120联队的攻击战斗后[②]，于6月30日解除配属返回中队，奉命参加攻击张家山。机关枪第一小队归第三中队、第二小队归第四中队、第三小队归中队长指挥，各自在夜间开始行动。其中配属给第三中队的机关枪第一小队于半夜中在步枪队的中间前进时，突然遭到掷弹筒射击，其第一分队的枪手大部分被破片击伤，在进行了应急处理之后于A高地占领了阵地。

第三步兵炮小队于6月30日在独立房屋高地进入阵地。刚过傍晚的时候，有人说今晚敌军将有逆袭，于是小队为强化阵地而忙碌起来。当夜漆黑一片，天空中连一颗星星都没有，但是夜里并未出现敌袭的迹象，沉闷而紧张的一夜就这样平安度过了。然而在拂晓时，队长传令兵驹田信卫兵长被子弹击中右大腿部，后因伤重死亡。

7月1日（晴），各队经过刻苦努力，终于在天亮前完成了攻击准备。黑濑平一决定按照计划实施攻击，经与旁边的大岛大佐协商，决定炮击的开始时间为五时整，并命令步兵炮、速射炮两中队也于同时开始射击。联队副官铃木义雄中尉也与各相关部队用电话校正时间完毕。

---

① 据第三作业队的濑古军曹回忆，7月2日上午第三作业队参加进攻"25"高地时，他发现"木栅似乎已在前夜为第一大队所破坏，出现了可容一人凑合着通过的破坏口"。

② 第一大队炮小队在配属第120联队参加攻击期间，位于后方正在待命中的兵马受到中国军队的炮击，造成两人战死并损失了两匹马。

▲日军拍摄的张家山照片。

　　五时整，各炮一齐开火，剧烈的炮声打破了拂晓的寂静。由于目标清晰，加上是近距离射击，炮击的准确度较高，特别是速射炮和平射炮的炮弹能够准确地飞入长方形枪眼孔洞中在堡垒内爆炸，可以看到爆烟从枪眼中涌出。张家山的整个斜面上都烟尘弥漫，木片横飞。中国军队也以机枪和迫击炮还击，位于黑濑右侧的炮兵阵地附近也有迫击炮弹爆炸，造成炮兵部队的冈野中队长战死等伤亡。速射炮中队的阵地亦落下炮弹，代理中队长田口宗雄少尉遂下令仅留下三四名炮手和炮旁的弹药手，其余士兵则尽量向安全之处散开。双方的炮声响彻云霄，撼人心魄。在日军的炮击下，张家山的外表都为之改变，原本晴朗的天空被烟尘弄得阴沉昏暗。作为目标的堡垒一个接一个地被击毁，

至5时40分左右，张家山上的堡垒几乎已全部被炮弹命中。沿着交通壕后退的中国士兵的身影亦到处可见（应是退入掩体）。

　　5时50分，第一大队长大须贺贡大尉要求进行突击支援射击，黑濑立即下令发射开始支援射击的信号弹。日军轻重机枪全部展开，枪炮声撼动着初夏早晨的天空。

　　第一大队在猛烈的支援火力下开始向中国军队阵地攻击前进。第一大队右第一线为第四中队。该中队的金子光雄、嶽山芳树两名少尉业已死去，中队长米井高雄中尉也如前所述，在准备拂晓攻击时战死，现有人员为小队长田中清准尉以下30多人。

　　左第一线为第三中队，人员为小山长四郎中尉以下约30人。该中队的中队长塚本助夫中尉在汨水北岸身亡，新中队长小山长四

郎中尉系从联队副官转任。杉丸少尉、丰田见习士官均已因负伤而退出战列。

第四中队和第三中队各提着竹梯准备攀登断崖。参加攻击的兵力虽少，但皆为久历战阵的老兵。黑濑相信突击会取得成功，目视着战斗的发展。

右第四中队方面，田中准尉高举军刀，大声喊道："突击！"30多人一齐冒着守军火力开始突入。双方的枪炮声和突击的呼喊声搅在一起。田中准尉在即将到达高地时战死，至此第四中队已经丧失了全部的将校准士官。指挥班长铃木直次军曹接过指挥权，指挥中队突入阵地。

第四中队虽然事先已经得到指示应从右边突出角"は"点附近突入，然而他们为了避开来自右边"33"高地方向的猛烈的侧防火力而靠向左边，迫近了位于中央的凹角"に"点的崖下。这时他们受到从"に"点堡垒背后和其右后方的灌木丛中飞来的大量手榴弹的集中攻击，并且崖下还遭到直接侧射火力的扫射，造成田中准尉以下21人死亡[1]。转瞬之间，全中队都隐没在了硝烟中，崖下死者枕藉。在硝烟的空隙中，现出了在上方灌木丛中连续投掷手榴弹的中国士兵的身影，但由于双方十分接近，无法对其实施炮击。

左第三中队方面，日军已在崖下架起梯子，小山中队长正要攀登的一刹那，也受到从上面的阵地掷来的手榴弹的集中攻击，中队全体人员马上被白烟包围。小山中尉在崖

下左右躲闪以避开落下的手榴弹。该中队虽然受到若干损失，但中队长伺机稍向后退，让全体人员利用地物隐蔽起来。

就这样，两个中队在眼前至近距离内，转瞬间便消失在黑濑的视线中。然而黑濑实在无计可施，只能和炮兵队长一起默默地祈祷部下平安无事。不久爆炸声消失，白烟扩散开来。第四中队全体人员伏卧不动，使人以为已经全军覆没。

在这次攻击中，日军本以为中国士兵由于己方的炮击而放弃阵地向后退走，但手榴弹兵却留了下来并经受住了日军炮火的严峻考验。昨天师团长岩永汪曾训示说中国官兵善于手榴弹战，然而这种战术的强大威力却远远超出了黑濑的预想。

如此，第一次突击在少量手榴弹兵的打击下即告受挫。大须贺大队长看到突击受挫的情况，向黑濑打来电话，沉痛地说道："非常抱歉。"黑濑则安慰他道："什么呀，这才刚开始嘛。加油干吧。"随后便挂断了电话。

这时，第四中队的幸存者（包括伤员在内）有十名左右，包括小队长铃木直次军曹、大矢茂军曹、森川盛义伍长、高土宪章上等兵、里川胜上等兵、平田上等兵等人，他们越过战友的尸体，突破了手榴弹爆炸的烟雾爬上断崖，与中国军队短兵相接后，弹药已经消耗殆尽，轻机枪和掷弹筒也丧失掉了，只能端着刺刀在壕内动弹不得，只要动一动就会被打成蜂窝。代理中队长铃木军曹

---

[1] 日文资料原文中记为"死伤"21人，但笔者对照第133联队战殁者名簿认为这些应该是战死人员。

明白呆在原地只能是等死，虽然想攻克前面的堡垒，但是急需弹药和增援。森川伍长向铃木代理中队长建议应火速派人同大队本部联系，请求补给手榴弹和增援兵力，然后再次进行突击。但铃木军曹说道："现在移动一步都是送死，我不能让任何人出去。"没有采纳他的建议。虽经再三争论也没有用处。

而这时中国军队的枪弹、手榴弹仍然如雨点般飞来。突然森川伍长被手榴弹破片击伤右肩，导致右臂无法自由活动。但他却不顾伤情，向铃木军曹要求由自己前往本部联络，终于获得许可。出发之前，他要求铃木军曹：如果自己在途中倒下，一定要派出第二名传令者。然后他便左手抓着步枪，越过战死者的尸体，避开雷场，拼命地向大队本部飞奔过去，在中国军队猛烈的火力中奇迹般地平安到达大须贺大队长处。

森川伍长向大队长详细报告了敌情和己方的情况，请求补给弹药特别是手榴弹和增援兵力。大须贺听了森川伍长的报告，喜悦的表情又回到了脸上。大须贺见森川右肩负伤，说道："赶快住院治疗吧，辛苦你了。一定会替你们报仇。"十分高兴地紧握住他的手。森川伍长报告完毕后，受领了弹药、手榴弹并坚持要再返回去。他加入了下一支突击队，在向第一线突进时头部被击中而变得人事不省。

第四中队在7月1日的战斗中付出了重大代价，战死者就有米井高雄中尉以下22人。此后直到衡阳战役结束，该中队又有20余人战死，另有不少战伤死和战病死者。

速射炮中队也在这次战斗期间，由于其阵地遭到中国军队迫击炮的不断轰击，而造成岩崎光雄上等兵、山井亘一等兵战死（前者胸部受伤，后者被击中腹部）。

8时30分，黑濑为了指挥下次攻击正要到第一大队长那里，这时安腾旭准尉奉大须贺大队长之命前来报告。黑濑得知铃木直次军曹等人已突入"に"点堡垒下方，决定抓住这一重要成果迅速发动再次攻击。于是要求炮兵联队长再次准备进行突击支援射击，正巧第二大队长足立初男大尉来到联队长处，遂派他到第一大队长处和他商议主动发动再次攻击之事。10时以后，大须贺报告称，决定以第二中队为右第一线，定于14时再兴攻击。黑濑立即同意并予以鼓励，命令第二中队从"は"点的突出角附近突入。并命令直辖的重武器各队搜索和压制中国军队的手榴弹壕，希望万无一失。步兵第120联队长为了支援这次攻击，将步兵炮炮弹20发转拨给第133联队。

这天烈日当空，战场上炎热无风，热浪使草木看上去好像在摇动，真可用"焦热地狱"来形容。黑濑想到要在这种炎热天气下收容倒在守军近前的死伤者，焦急地等待着14时的到来。

而在这毒辣太阳的暴晒下，盟军飞机也突然袭来。速射炮中队也遭到了低空飞行的敌机的扫射，随着恐怖的射击声响起，机枪子弹如雨点般落到火炮旁边。独立房屋的屋顶瓦片也被击中碎裂，落到了田口代理中队长的头上。田口少尉干脆听天由命，在原地一动不动，竟然平安无事。就这样，速射炮中队在机枪扫射、迫击炮轰击和敌机炸射的　　威胁下迎来了第二次的突击。

▲今日张家山一角（2013年10月笔者在衡阳实地考察时拍摄）。

第九章　再攻不克

14时，日军再次开始炮击。这次炮击的猛烈程度丝毫不逊色于第一次，中国军队开始三三两两地沿交通壕后退。第二中队的20多人以中队长黑川启二中尉为前导，在炮击开始后不久即开始前进。当时第二中队的兵力仅有黑川启二指挥的指挥班和第三小队（小队长大下捨三郎曹长）。大下曹长跟在黑川中尉后面攻击前进，大队长及副官则从后方约百米处前进。在炮击结束的同时，第二中队突入了"は"点的突出角附近的阵地。当时，大下曹长看见在第一阵地（第一道断崖上面的阵地）附近的壕内携带手榴弹的中国士兵在左右乱跑。大下立即下令发射掷弹筒。在爆炸的同时，中队长以下向第一阵地实施突击。大下在双方手榴弹的爆炸中，一举冲上断崖，砍死了抵抗的中国士兵，占领了堡垒。

大下在占领第一阵地的堡垒后，沿着纵横分布的交通壕向中央的第二阵地（在张家山的半山腰）前进。他一面将随身携带的手榴弹投掷出去，一面向堡垒突击，途中他同一名出现在交通壕上的中国军官拼命扭打在一起，最后总算将其杀死，然后继续前进。这时，突击兵力几乎死伤殆尽，能够继续前进的士兵仅剩一名。

占领第二阵地后，大下同好不容易到达了山顶主阵地的突入口附近的中队长会合了，不久他们开始向主阵地突入。

黑濑及其他在A高地上的联队人员注视着战况的发展。他看到第二中队突入"は"点附近后，似乎在交通壕内前进中。张家山上双方官兵踪影皆无，也没有手榴弹爆炸的烟雾升起，暂时处于极为平静的状态中。在阵地内只顺着交通壕内前进是很危险的，黑濑担心在"へ"点堡垒附近如果有中国军队的手榴弹兵进行阻击，这次攻击恐将再次受挫。不过这种事情并未发生。第二中队人员在"へ"点堡垒处的壕外出现了，只见黑川中尉右手握着军刀，走在中队前方约10米处，正在不紧不慢地从"24"山顶的崖下向鞍部前进着。在其身后则有下士官和士兵十多名端着刺刀跟着前进（也有一种说法称第二中队在向主阵地突入前仅剩下黑川中队长和大下曹长、第一分队长及两名士兵共计五人）。这一幕就好像演习或者新闻影片里的情景一样。这时没有手榴弹从山崖上投下，山顶附近好像已经没有中国军队，张家山似乎将被轻松占领。不久黑川中尉到达了鞍

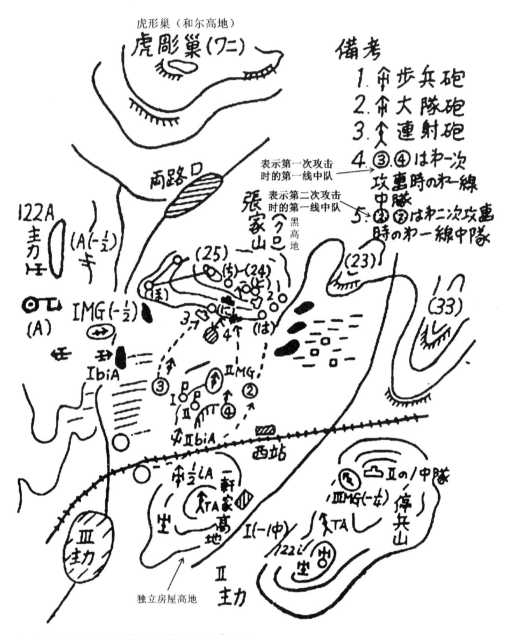

▲7月1日第133联队张家山攻击战斗经过要图。

部，黑濑的视线却被 "ち" 点的堡垒遮住故而无法看见，可是很快两枚手榴弹在鞍部轰然爆炸。在这令人震惊的瞬间，后续的部属同时停止了前进，逐次隐没在交通壕中。

另一方面，在开始突入主阵地后，大下曹长突进了20米后即被中国军队的手榴弹击中导致左膝关节骨折，右足关节则受到贯通枪伤，而跟在后面的一名士兵也被同一颗手榴弹击伤。黑川中队长在前方10米处用右手高举军刀、带领部下突入时阵亡。由于与此同时还受到来自左前方高地的侧射，以及盟军飞机的机枪扫射，大下于是滚落到断崖下面，被刚上来的北川元成上等兵后送。大下于7月2日被第116师团第二野战医院（设于后方的小学内）收容。

这次日军对"24"山顶的攻击，又是因为少量手榴弹兵的阻击而功败垂成，黑川中尉在即将突入"24"山顶时战死，结束了25岁的生命。黑濑认为如果该中队的第一小队长小熊幸男少尉在场的话，即使中队长战死攻击也应该会继续进行。然而该少尉正担负着护送病人的任务，尚未返回中队。小熊幸男少尉于7月1日傍晚到达张家山，第二天在该高地战死。

关于这次攻击，黑濑平一回忆道："遗憾的是，第二天七月一日下午，第一大队在占领'へ'点附近之前，误将从'24'高地山顶右端的'と'点下降的棱线认为是从'へ'点下降到'は'点的棱线，未能准确地把握'へ'点附近的地形特征。"

而左第一线中队仍旧由第三中队担任，与第二中队联合进行再次攻击，然而却因苦于来自"和尔高地"的侧射火力而使突入稍有延迟，在第二中队到达"へ"点时突入成功，同已进入"に"点堡垒下面的铃木军曹以下的第四中队残部一起占领了"に"点的庙宇附近地方，但之后却没有了前进的迹象。第三中队在7月1日共有13人战死。

在这第二次攻击期间，速射炮中队的山西三郎一等兵头部被子弹击中受伤，最终于

9月7日死亡。

黑濑为了指挥第一大队的作战而下令同大队本部用电话联络，但是大队长好像正沿着交通壕向"に"点前进中，无法接通电话，直到16时电话仍然不能接通。此后"へ"点附近和"に"点附近的情况完全看不出有什么变化，中国军队则正回到"24"、"25"的山顶。眼看中国军队就要到达山顶时第一大队停止了攻击。

在此之前，第一大队的预备队第一中队的代理中队长铃木齐少尉在进入中国军阵地时负伤，现在第一大队的突击兵力中，仅剩下第三中队长小山中尉一名将校。在这种情形下让第一大队继续进行攻击已不合适，但是已经来不及让其他大队作为第一线、越过第一大队继续进行昼间进攻。黑濑鉴于上述情况，考虑让第一大队确保现在的位置，从明天拂晓开始以第二大队为第一线，进攻重点指向"25"的山顶以扩大战果。

容易为人所忽略的是，除了第一大队之外，第二大队实际上也参加了下午的战斗。当第二中队攻击失利时，已经来到大须贺大队长身边、和他一起注视着第二中队的攻击的足立第二大队长，一看到第二中队攻击受挫，便自行揣测黑濑联队长的意图，立即独断地决定以第二大队续行攻击，向第五中队（代理中队长石松三男少尉）下达了夺取"24"高地的命令。

当时，在第二大队中，第六中队（中队长奥山勇少尉）已经被派遣到八塘担任警备，第七中队自中队长吉川五郎中尉以下多人在汨水渡河战中伤亡、目前由高山成雄见

习士官代理中队长，第八中队的全大队所剩唯一的中队长山田晃中尉则在6月30被盟军飞机的机关炮击伤（已被后送），将校已经不剩一人。因此，只有寄希望于石松、山下两名少尉带领的第五中队的战斗了。然而，第五中队长玉森中尉在八仙桥负伤，兵力也已经大大减弱。目前中队由两个小队编成，但村田侃也军曹指挥的一个小队留在四塘担任桥梁的警备，仅剩下山下芳信少尉的一个小队（约二十人）。

第五中队以石松少尉为先导开始出发（出发时间据第五中队的平谷通回忆为15时，一说石松少尉于16时突入前进），在弹雨中各队员设法跑进高地右边山脚的"反坦克壕"中。守军的枪炮越发猛烈，令日军动弹不得。这期间出崎元夫、稻叶宇一、奥胜治三名上等兵受伤，之后不久山下芳信少尉突然拔出刀来刚一喊道"传令兵向前！"就被迎面射来的子弹贯通颈部，当即死亡，传令兵服部上等兵收容了他的尸体。

大概是意识到如果就这样被困在这里的话，这一拨人马将会全军覆没，石松少尉冒险同曾我伊八上等兵、五味贞二一等兵一起从壕中爬上去向着中国军队的方向冲过去。平谷通等几名队员也从壕中爬上去，很快便通过旁边的铁丝网，不顾一切地向面前的堑壕冲去。这时守军倾泻了更加猛烈的弹雨。小林清吉一等兵左大腿中弹，造成盲贯骨折，不停地呻吟（8月7日死于战伤）。石松代理中队长已经先走了，赤塚尚曹长说道："暂时在这里躺着不要动。"平谷通等人在此处不知待了多久，黄昏的薄霭扩散开来

了。平谷通等人出了壕沟，在附近昏暗的高地斜面上沿着壕沟前进。

另一方面，石松少尉在前面进到了"へ"点，当时"へ"点的掩盖堡垒已有中国士兵在其中，虽急忙逃出，但有一人返回再次进入堡垒。石松少尉掷入手榴弹将其杀死，又夺回了"へ"点。这时是17时左右。

从"へ"点继续向"24"山顶逼近的石松少尉、中村上等兵、五味一等兵三人，遭到手榴弹的猛烈攻击而无法前进。石松少尉和中村上等兵将身负重伤的五味贞二一等兵撤到"へ"点堡垒，并拼命地挖掘掩体以防备对方的袭击。

而沿着壕沟前进的平谷通上来后看到五味一等兵正浑身是血地横卧在堡垒中，石松少尉和中村上等兵则正在向中国军队的方向仔细观察，虽然感到松了口气，但此时枫井敏夫伍长、北浦武上等兵、木场善吉一等兵已经负伤。后续人员逐渐上来，使兵力达到七八名。不久，足立第二大队长带领第七中队下士官以下数人和作业队等共十多人来到"へ"点，使第五中队人员士气大振（此时已是日落后）。

当时，黑濑已经认可了大须贺第一大队长的夜袭决心（后述），足立第二大队长也已经知晓了基于此的联队命令，足立遂遵照命令，决定让残余的主力移动到"は"点附近，防备中国军队从"25"方向发动的逆袭，同时率领一部进入"へ"点，支援第一大队的攻击。为此，足立令石松少尉合并指挥第五中队（七八人）、第七中队（浜口伍长以下五六人）和第二作业队（五六人），

准备进攻"24"。

石松队在夜暗中在"へ"点的左侧、"24"的正面上散开，等待时机。

在第五中队艰难战斗的同时，第八中队也没闲着。第五中队出发后，第八中队从张家山东侧山脚下发动支援攻击。由于第五中队为来自东侧及北侧高地的猛烈的侧防火力所苦，其对斜面的攻击受阻，第八中队遂向中国军队的侧面进行攻击，但中国军队的火力愈发猛烈，在此期间藤田一三曹长战死，冈三雄伍长、山口宽司上等兵、小林广一一等兵身负重伤（小林一等兵于9月6日死于战伤），中队战力大减。后来该中队也被卷入了夜战。

联队本部方面，黑濑于17时同已经进入"へ"点的大须贺第一大队长接通了电话。大须贺报告说已决定在今晚对"24"山顶进行夜袭，目前正在准备中。黑濑经过深思熟虑，同意了他的意见。

18时左右，中国军队陆续越过鞍部通过中央的交通壕向第一大队的左面逼近过来。正在停兵山的阵地上监视中国军队活动的第三机关枪中队（中队长大桑中尉）看到这一情形后，向交通壕实施了纵射，给中国军队造成很大损失，很多人死在壕内。日方资料认为这次"巧妙"的纵射完全"粉碎了"中方的逆袭企图。

19时左右，大桑中尉在电话中报告说："敌军密集部队沿着岳屏－西站道路前进，已进入黑高地北侧地区。"黑濑判断这支中国军队系增援张家山以确保该地，并将向第一大队发动逆袭。因此黑濑认为必须尽快夺取并确保"24"山顶，即使在不得已的情况下，也一定要确保"へ"点附近，作为明天早晨以后扩张战果时的据点，这是绝对必要的。黑濑根据这样的判断，在19时30分左右下达了要点如下的命令。

一、第一大队应尽速整理态势，于今晚尽快夺取并确保"24"山顶。

二、第二大队（欠两个中队）应尽速向"は"点附近前进，必要时协助第一大队夺取并确保"24"山顶，特别是对于敌军从"25"山顶方面对第一大队的左侧面发动逆袭加以警戒。

三、第三大队应向西站附近前进，担任第一、第二大队的右侧背的警戒任务。

部分中国军队已进入张家山背后的情报使日军感到忧虑。当时在停兵山占领阵地的野炮兵第122联队第一大队长仓成国雄大尉得到报告说联队主力在黑高地山脚被敌军包围，黑濑联队急切盼望得到炮兵的援助。直接配合作战的仓成炮兵大队从早晨开始在战斗中发射了相当于原计划两倍以上的弹药，剩余的弹药已经不多，然而第三中队的一门炮由大队长亲自调整射向，发射了10发炮弹。第一线步兵报告说"效果良好"。就这样迎来了不安的夜晚。

第十章　血腥夜战

虽然第一大队预定在当晚将对张家山的"24"山顶实施夜袭，但天黑后不久联队本部和第一大队本部之间便断绝了电话联系。六号无线电机在到达衡阳之前业已无法使用，五号无线电机也不管怎么呼叫都没有回音。从21时左右开始，同第二大队本部之间的联络亦断绝。通信中队长向张家山跑去，黑濑也将前来领受命令的人员遣回两名大队长处，还特别派人前往联络，然而全都无法取得联络，张家山的这种状况不明的情形一直持续到了3时30分左右。

由于无法获得关于第一大队预定实施夜袭的时间的报告，黑濑从22时左右开始全神贯注地紧紧盯着张家山。他左等右等也一直未能恢复联络。然而，如果联队长在通信联络断绝的夜晚亲自前往张家山，将影响全局的指挥，对此必须极其慎重。黑濑只好一边控制着焦急的心情，一边集中精神注视着情况的发展，除此之外别无他法。

23时左右，好像是在张家山的山顶，有十几颗手榴弹爆炸了，不过很快便归于沉寂。第一大队的夜袭好像取得成功，然而信号始终未见发出，也没有报告送来。先前派去联络的人员也没有归来。黑濑虽然在内心里相信攻击已经成功，然而还是感到放心不下。黑暗的战场上寂静无声，黑濑虽然感到不安和焦躁，但由于连日来的疲劳，不由得为睡魔所侵袭，不知不觉间靠在土堆上打起盹来。

忽然黑濑从睡梦中醒来。张家山方向上传来激烈的机枪声和连续的手榴弹爆炸声。黑濑心里想："是逆袭吧"，但不知道是"24"山顶还是"⌒"点附近。但是事先已经命令第二大队在万一需要的时候，要对第一大队进行支援。在这种情况下，身为联队长也没有其他的应付办法。只能期待着第一线的奋战，并希望尽早获知情况。通信士反复呼叫"喂喂"，不过看来一直没有回音。不大工夫，机枪声停止了。手榴弹的爆炸声也逐渐缓和下来，但是却一直未停。而且爆炸的闪光似乎从高地的山顶移向己方的斜面，令他感到不祥。不久战场再次恢复寂静。

突然间，黑濑听到联队副官铃木义雄中尉在喊"联队长阁下，第二大队接通了"，于是连忙赶到通信所拿起听筒。他听取了第二大队副官堺靖男中尉的报告，其要点如下：

第二大队协助第一大队于一时左右成功夺取"24"山顶并正采取措施以确保阵地，约一小时后中国军队前来实施逆袭。山顶陷入混战中，第一大队自大队长以下几乎全部战死，第二大队长足部亦负伤，未能确保山顶。第二大队目前正在同第一大队的残部一起确保"ヘ"点堡垒附近。

黑濑根据该报告立即向第二大队口述了命令，其要点如下：

第二大队长今后应合并指挥第一大队，一面确保目前一线，同时尽快进行后方整备，开放交通壕，并应特别注意警戒敌军从"25"山顶方向发动逆袭。

此时已是3时40分。由于通信中队长大田繁城中尉的努力，新架设的电话线总算接通了。

关于7月1日－2日夜间发生在张家山的战斗，日方资料的记载有些含混矛盾之处，正如《战史丛书》所言，当事人"关于当时情形的记忆说法不一"。当然这种情况也是很常见的，准确地重建微观战史并不容易。不过，经过仔细梳理，还是可以整理出这次夜战的头绪。

首先关于日军参加夜袭的兵力，据《步兵第百三十三联队史》记载："第一大队长大须贺大尉当时所掌握的兵力包括大队本部作业队在内共四十名。"这其中包括第二大队一部，计有两名大队长、其他将校一二名和下士官五六名，第一作业队第一分队村田彻雄伍长以下五人也包括在内。

但是日军实际参加夜袭的兵力远不止40人。第二大队的石松队如前所述，有20人左右，包括石松少尉指挥的第五中队（七八人）、第七中队（浜口伍长以下五六人）和第二作业队（五六人）。黑濑平一和第五中队平谷通的回忆都表明石松少尉指挥的人员有20多人。足立大尉令该队人员同大须贺大尉率领的第一大队的残余人员一起以夜袭占领当面的"24"高地山顶。又据第八中队的寺田重次郎回忆，第八中队的植松末吉兵长以下20人协助第五中队参加了攻击。这样，仅石松队和第八中队的兵力就达到约40人。此外，第二机关枪中队的一个小队后来也到达了战场。

不能忽视的是，正如前面已经提到过的，足立大尉只率领了第二大队残余兵力的一部分支援第一大队的夜袭，而主力则在"は"点附近防备中国军队从"25"方向发动的逆袭。也就是说石松队人员只是第二大队在张家山上兵力的一部分。

关于夜袭的时间等也有问题。日方资料有提到夜袭从23时开始，第一大队和第二大队的石松队一起进攻，并一举成功。但是据黑濑平一回忆，夜袭从23时左右开始后，虽很快突入成功，但旋即遭到逆袭而失去山顶，稍后又进行了第二次突击，而石松队就是在这第二次攻击时加入的。第八中队的寺田重次郎也提到日军一度占领高地后因遭到逆袭而后退，然后又再度实施突击，这就支持了黑濑平一的说法。据此，笔者将夜战的详细过程整理叙述如下：

夜袭开始之前，第三大队长小野大尉在将主力推进至西站附近之后，为了激励大须贺大尉，偕同第十一中队长前田隆治中尉等人越过布满双方尸体的战壕前进至"へ"点堡垒，与两名大队长进行了短暂交谈。小野大尉虽建议以第三大队替换之，但两名大队长自信满满地说有我们在不要紧，因此他放下心来，返回主力所在位置。

23时左右，第一大队开始攻击"24"高地山顶。当时第一大队步兵的中小队长除了小山第三中队长之外，已经全部损失。大须贺抱定了殊死的决心，决定亲自率领这些残余兵力以夜袭夺取"24"，完成大队的任务。

据黑濑平一回忆，最初跟随大须贺进行夜袭的兵力只有代理大队副官安藤旭准尉、本部附小林幸丸军曹、奥山清伍长及其他20人，以及第二中队的残余人员而已。当时黑濑以为左第一线的第三中队已经在大队长掌握之中，然而该中队与这次夜袭完全无关。

战斗开始后，大须贺率先从"24"山顶的正面攀上断崖突入山顶。但是不久日军遭到逆袭陷入混战，未能确保山顶，被迫后退到断崖下。

大须贺退到断崖下之后重整部队态势，同石松队的20多人一起于一时左右实施第二次突击。第一大队在石松队的右方进行攻击。

行动初始，石松少尉说道"走吧"便离开了壕沟，压低身子向左方前进。其他人也跟在他后面。到达突击位置后石松少尉发出信号，石松队全体人员便像预先商量好的那样一齐发出突击的呐喊声并卧在地上。随即有无数的手榴弹落了下来，在前后左右连续爆炸。如此，日军故意呐喊了两三次，每次中国军队都扔下大量的手榴弹。手榴弹如瀑布一般落到散兵身边，爆炸声如万雷齐轰，震耳欲聋。[1]日军估计时机已到，第一线遂开始匍匐前进。这时中国军队仍在他们头上投掷手榴弹。石松少尉看到了在夜空映衬下正勇敢地站直身体连续投掷手榴弹的中国士兵的轮廓，遂举枪将其狙杀。随即手榴弹的弹雨停止了，石松少尉和第七中队的浜口正三伍长趁着这个空当进入了"24"山顶的战壕。随后，两个大队的第一线全员皆利用人梯攀上断崖突入山顶。日军和山顶的中国军队之间，持续进行着激烈的战斗。中国军队的子弹、手榴弹像雨点一样飞来，日军一个接一个地倒下了。战斗中，足立大队长偕安田军医中尉进至山顶，而大须贺也一面激励部下，一面在山顶继续向前进。据说第一大队本部的桐本兵长在战斗中将手榴弹装满帆布袋冲进中国军队的人群中，自己被炸得只剩下脑袋留在战场上。经过激烈的手榴弹战和白刃战，进行了顽强抵抗的中国军队终于放弃了"24"山顶向后退去。

在这次攻击中，第五中队付出了沉重的代价，池宫吉男二等兵、曾我伊八上等兵、中村三次一等兵、石山久雄上等兵、丸桥末吉一等兵战死，石松代理中队长、小岸勇治

---

[1] 在抗日战争初期日军就使用了类似战术。1937年8月23日至24日夜间，日军第5师团第21旅团隶下的第42联队的丸谷第一中队在向长城上的望楼实施夜袭时便使用了"假喊声战术"，日军故意发出突击的喊声诱使中国军队投掷手榴弹，如此重演数次，等到守军用尽了手榴弹之后再进行突击，以较小的伤亡逐次占领了六座望楼。以后日军又屡次使用这种战术。

兵长负伤倒下（小岸兵长于9月16日因战伤而死）。

在战斗中，第一作业队第一分队的村田彻雄伍长在壕中前进时被中国军队投掷的手榴弹击中面部，导致右眼受伤。村田伍长撕开绷带包进行了包扎。不久他碰到一名日军，对方问道："是谁？"此人正是大须贺大队长。村田向他报告了自己的身份以及右眼受伤的事情，然后大须贺在微弱的星光下指着正前方的掩盖说道："伤员都已进入那里，村田也进去待命吧。"当时掩盖内已有近十名伤员。村田进入后，由于里面一片漆黑，根本辨认不出谁是谁。

第八中队的植松末吉兵长以下20人也参加了夜袭，但是加入的具体时间尚不清楚。根据《步兵第百三十三联队史》所载第133联队战殁者名簿，该中队在夜战中战死的人员中有一部分为7月1日战死，据此该中队似乎从第一次突击开始就已参战。

日军攻占了"24"山顶后，两名大队长互相合作，为确保山顶而进行了相关部署。第二机关枪中队的一个小队（小队长鹭野昇少尉）在中队长佐藤香中尉指挥下也到达了山顶。

二时半左右，中国军队开始了夺回山顶的逆袭。中国军队以"掷弹筒"[1]构成弹

▲第133联队的一次夜袭，时间是1939年12月冬季攻势反攻作战期间。参加夜袭张家山的第133联队官兵在夜袭开始前就已经接近山顶，比图中所表现的更加靠近中国军队。

---

① 日军资料将中国军队使用的枪榴弹也称为"掷弹筒"。

幕,随着弹幕的推进一边吹着军号一边逼近过来,随后向山顶集中投掷手榴弹实施突入。无数手榴弹向日军投掷过来,爆炸声震耳欲聋,同枪支射击声混杂在一起。中国军队很快便突入"24"山顶,双方士兵搅在一起,陷入了混战乱斗之中,以至于无法识别敌我。

两名大队长正在并列指挥战斗时,在他们旁边有一名中国士兵混了进来,足立大尉一眼发现了他,喊道:"这是敌人",就在这一刹那间,这名中国士兵投掷的手榴弹爆炸了,大须贺大尉战死,足立大尉膝盖受重伤倒下。

兵力逐渐增加的中国军队一面投掷手榴弹,一面推进到山顶,日军不断出现死伤者,弹药也用光了,已经难以确保山顶,因此足立大尉决定向"へ"点后退并确保该处堡垒,令两个大队的残存人员退回到"へ"点,并整顿了态势。村田伍长所在掩盖中的人员也被令全部后退,村田伍长刚要出去的时候,中国军队已经来到五六米远的地方。于是村田伍长的身体保持着正出去时的姿势,迅即朝向交通壕卧倒。当时村田想到了最坏的情况,正巧在卧倒的时候有一颗中国军队的手榴弹在地上放着,便趁对方不注意将其拉到身边……

就这样,中国军队夺回了"24"山顶,日军又退回到行动开始的那一带。

在这一夜的战斗中,日军付出了惨重的代价,大须贺大尉、鹫野昇少尉等许多人战死,还有足立大尉、第五中队代理中队长石松三男少尉、第七中队代理中队长高山成雄

少尉、第一大队代理副官安藤旭准尉等许多人负伤。第五中队仅在中国军队的逆袭中就有福井久义上等兵、村岛勇上等兵、森川武夫上等兵、工藤幸雄一等兵、东山清候补生伍长战死,木村治一一等兵、小笹正一一等兵、富沢耆一上等兵(7月11日战伤死)、谷中兼光上等兵、小仓理生二等兵(7月7日战伤死)、服部正雄上等兵、增田久松一等兵(7月4日战伤死)、中西仙吉一等兵、山下和男卫生上等兵、赤塚尚曹长(指挥班长)、前中考一一等兵、长谷川一郎一等兵、森田幸生一等兵负伤。而自参加黑高地战斗以来,第五中队共有山下少尉以下11人战死、石松少尉以下23人负伤。现在该中队未负伤还能作战的人员已经几乎不存在了。

据寺田重次郎的回忆,第八中队在夜战中有植松伍长、荻野久雄伍长、中村弁之助上等兵、伊藤良弘伍长、久保重一兵长五人战死,寺田重次郎上等兵、福地上等兵负伤。而据第133联队战殁者名簿,该中队在7月1日、2日两天中共有九人战死。

根据战殁者名簿的记载,第二机关枪中队在7月2日有鹫野昇少尉以下12人战死,而第七中队在7月2日战死九人。第六中队则未参战。据此计算,仅第二大队在夜战中就有数十人战死。

3时40分,联队本部与"へ"点之间接通电话之后,第二大队副官堺中尉在电话中报告了夜袭的结果,黑濑开始了解到有关情况。黑濑立即向第二大队长下令:"以后(你)合并指挥第一大队,确保现在之线的同时,进行后方的整备并开放交通壕",特

别令其对中国军队从"25"山顶方向发动逆袭保持警戒。

大约拂晓时分，速射炮中队的森新一郎二等兵头部遭到狙击而战死。

再说日军退出"24"山顶后，村田伍长倒在地上装死的同时，通过翻倒在地上的钢盔和地面之间的缝隙窥探情况。令他感到吃惊的是，大须贺大队长的尸体就在眼前。附近双方尸体累累。十几名中国军人在大队长的尸体旁边坐下来吸烟。中国人在说着什么，但是村田完全听不懂。过了一会儿中国人吸完烟后，往先前攻击过来的方向走去了。

其他一些受了重伤的日军也在中国军队近旁假装已死。起初他们没有发出一声，但不久他们反复说着"友军还在吗？""有水吗？"等等，并呼唤战友的名字。但是村田在敌人中间实在无能为力。这些人渐渐地全都咽了气。除了个别人发出"天皇陛下万岁"的微弱声音之外，大部分人都是一边说着"友军还在吗"、"有水吗"一边咽了气的。此时无风，七月的太阳极为毒辣地灼烤着双方的尸体。

第十一章　白昼突击

　　7月2日（晴），黑濑鉴于昨日拂晓以来的战斗结果，决定以小野第三大队作为左第一线首先夺取"25"山顶，随后向"24"山顶扩张战果，于四时左右下达了有关命令，其要点如下：

　　一、联队于本二日九时再兴攻击，首先夺取"25"山顶，随后扫荡"24"山顶之敌。

　　师团炮兵队将适时对"24"、"25"山顶及"和尔高地"之敌进行射击以协助联队的攻击。

　　二、第一大队为右第一线，应确保现在之线，同时尽量以多数重武器协助第三大队对山顶的攻击。

　　三、第三大队（欠第九中队）为左第一线。

　　大队应立即开始行动，在九时前于"に"点的东西一线完成进攻准备，首先夺取"25"山顶，随后向"24"扩张战果。

▲一队日军正在紧张地等待着突击时刻的到来。

停兵山的第三机关枪中队自现在起重归大队长指挥。

四、步兵炮中队及速射炮中队应大致位置于现阵地，协助第三大队的进攻。

第二大队长指挥下的步兵炮小队自现在起归还原中队建制。

五、第二大队（欠第六中队）应尽速开始行动，转移至停兵山西侧地区作为预备队。

但已位于停兵山之中队仍应继续执行目前任务。

六、工兵中队应制作活动障碍物，于第三大队占领"黑"高地后适时协助该大队确保山顶。

第三大队代理大队长小野大尉下令右第一线为第11中队（中队长前田隆治中尉，另先前留在新桥担任警备的西村小队尚未归队），攻击目标为"24"高地；左第一线为第12中队（中队长铃木安太郎中尉），攻击目标为"25"高地。并令中队于"に"点东西之线进行攻击准备。

攻击重点为左第12中队。应该为攻击提供支援的炮兵联队在昨天的战斗中消耗了大部分弹药，以至于无法实施突击支援射击，将于适时向张家山、和尔高地（虎形巢）的中国军队射击，与攻击相协同。右第一线之第一大队也由于昨日的战斗而缺乏轻机枪弹药，因此采取了紧急措施，联队本部及通信中队的步枪弹除每人各留五发外全部补充给第一大队。

第三大队的第九中队担负了护送在湘乡附近的战斗中出现的伤患（主要是被P-51的伞投炸弹和机枪扫射所伤）的任务，尚未追上。因此第三大队担负攻击任务的步枪中队的数量为三个中队。但第11中队也有西村安太郎少尉指挥下的一个小队被留置于新桥担任警备，因此又缺少一个小队。

战斗开始前，张家山上一片死寂，令人感到恐怖。

九时左右，在下达了前进命令的同时，步兵炮中队、速射炮中队和机关枪中队等开始了支援射击，虽然剩余的弹药不多，但是向张家山山顶和虎形巢的侧防火力点发射的炮弹有效地压制了守军。

趁此时机，第12中队在铃木中队长的指挥下，从集结地点开始前进，以作为攻击准备地点的张家山左端的堡垒为目标开始行动。在最前面前进的是樋口皓少尉的第二小队，而在小队的最末尾前进的是由山崎泰男率领的掷弹筒分队。队员们一个一个地跃进通过了前面的"十字路口"[①]，在此期间对中国军队的堡垒进行了集中射击，指挥班长大江曹长战死。队员们在弹雨中越过双方的遗尸，一边避开守军的火力一边前进。

第三作业队代理队长濑古清一郎军曹以下的第三作业队也参加了对"25"高地的攻击。当初作业队在张家山山麓集结、等待攻击开始的命令期间，作业队的田中一等兵触雷战死。行动开始后，作业队从木栅上仅能

---

① 　原第12中队队员田中八千代的回忆资料中称此处为"十字路口"，似应为从木栅上开辟的通道。

▲在铁丝网和地雷的包围中艰难前行的日军。

容一人勉强通过的缺口处像老鼠一样地穿了过去，但中国军队瞄准此处进行狙击，因此出现了负伤者。②

在支援射击结束的同时，第二小队以田中军曹的第一分队、小西伍长的第二分队为第一线，铃木中队长指挥下的指挥班为第二线，从张家山"に"—"ほ"之线的中间位置偏左之山麓处攀上断崖，前进至壕内。

山崎泰男在前进之初为守军火力所苦，无论是靠左还是靠右前进都甚为危险，令他左右为难，愈发感到焦急。情急之下，他又仔细想了想，觉得来自左前方的敌弹距离颇近，而来自右方的则稍远一些。于是他决定从右边越过断崖，并指示给分队士兵。就这样，山崎泰男得以攀上断崖进入壕内，确实比较容易就做到了。随后久保上等兵、长谷川上等兵也上来了。但长谷川上等兵却因受到狙击而阵亡。这时守军火力十分猛烈，但山崎终于率领分队进至中队所在之处。

当时黑濑完全看不到第三大队所部在张家山的斜面前进的身影，于是向大队长询问，对方回答说正在交通壕内前进。黑濑直接在电话中严令大队长暂时停止进攻，在壕外展开实施攻击。第12中队遵照大队长的指示在壕外展开兵力向"25"山顶前进。

第12中队向山顶突入之前，铃木中尉向掷弹筒分队说明了支援射击和中队的攻击地点等事项。

10时40分，小野大队长一发出突击命令，日军便呐喊着向山顶突入，靠近了阵前的断崖。在突击开始的同时，掷弹筒也开火了。为了掩护樋口少尉的前进，掷弹筒连续进行射击以至于筒身都几乎变红了。步兵炮和炮兵也密切配合第一线中队的攻击前进，对张家山山顶和和尔高地的阵地实施了有效的支援射击。

---

① 第三步兵炮小队也奉命参加了这次攻击"25"高地的战斗，但几乎没有关于其参战过程的记录，不过该小队虽有人负伤，但无人战死，只有驹田信卫兵长在这天死于7月1日拂晓所受的枪伤。

第12中队开始向山顶攀登后不久，樋口少尉正企图进行敌情侦察之际，被来自左前方堡垒的侧防狙击弹贯通前额，"喔……"地一声就死去了。后来第二小队冲入杀死小队长的堡垒进行了白刃战，中国士兵挥舞大刀、端着枪支进行抵抗，但相继倒下。

樋口少尉虽然战死，但铃木中队长以下坚持突进，从"25"山顶的中央正面爬上山

▲战斗中的日军掷弹筒手。

顶处的断崖而得以突入。山顶的中国军队非常顽强，以雨点般的手榴弹迎战日军，爆炸的烟尘遮蔽了山头。日军为烟尘和交通壕所阻，大队长以下暂且向后退却。

另一方面，掷弹筒发射的最后一枚弹丸刚爆炸完毕，山崎泰男便看到樋口少尉等人进行突击。他迅速带领分队赶上张家山的山腰。当他到达的时候双方正在进行激烈的攻防战，樋口少尉已经战死了，中队长也负伤了，现场正处于一片混乱之中。这时，大队副官山崎少尉对山崎泰男说道："第12中队怎么回事？"他拔出刀来，气势汹汹的样子好像马上就要把山崎泰男给砍了似的。山崎泰男将支援射击目前已经结束之事以及追赶部队的情况进行了简短的说明，并掌握了第12中队。

另外当第12中队向山顶突入的时候，黑濑观察到中国士兵从后方扛着手榴弹箱陆续增援上去，他据此认为从"25"山顶右边的"ち"点堡垒附近突入较为有利，在电话中对大队长作了指示。

第三作业队在大队长以下后退之后不久即奉到了实施侦察的命令，濑古清一郎军曹随即只身利用死角接近守军阵地察看。濑古爬上了"ち"点堡垒近旁的断崖，守军则拼命地掷来手榴弹。濑古边骂道"该死的"边以步枪应战，但怎么也无法命中对方，却打光了携带的弹药，于是招呼后方的作业队补给弹药，由富山上等兵带

了上来。濑古得到弹药后命令道："富山快退下！"又回到原处连续向中国士兵猛射，击中了对方的头部，可以看见中国士兵的钢盔飞出约一米。趁此机会，濑古招手示意，向大队长传达了突击的信号。小野大队长大声喊道："突击！"于是第12中队和第三作业队突入了"ち"点堡垒附近，展开了拼死的白刃战，终于占领了"25"山顶。此时是11时10分。当山顶刚一被日军夺取，中国军队即从张家山反斜面匆忙退却，日军则向其猛烈射击。第12中队以中队主力为右第一线、第二小队为左第一线的队形确保现有阵地，不久小野大队长和后续部队一起到来。

在夺取"25"山顶的战斗中，第12中队有樋口少尉、大江乃一郎曹长以下九人战死，并有很多人负伤。山崎泰男所在分队除了战死者以外，几乎人人负伤。

虽然第12中队已经占领山顶，然而和以往一样，有两名勇敢的中国士兵出现在从"ほ"点通向"25"山顶左角的交通壕上面，等待着一队于下方约30米处正在交通壕内攀登着的数名日军。黑濑虽难以忍受坐视部下被杀，但是面对这种危急情况也无计可施，只有希望他们中有人能发现上面的中国士兵。这时黑濑旁边的炮兵联队长大岛大佐急忙跑向右前方的炮兵阵地，亲自指挥向两名中国士兵炮击，只发射了一发炮弹即将其击杀，日军因此得以平安地登上山顶。

第三大队占领了"25"山顶后，又令第11中队扫荡"24"山顶。于是第11中队（欠

一个小队）作为大队的右第一线开始了对"24"的攻击，紧跟在最后落下的炮弹后面突入了山顶的堡垒。"24"高地的守军没有屈服于日军支援武器的压制火力，顽强地抗击着第11中队的攀登突击。中队长前田中尉在最初行动中即身负重伤，由西金太郎曹长代理指挥中队突进。虽然接连出现损失，中队终于突入了"24"山顶并将其夺取。第11中队有辻丈男军曹以下14人战死。此后，第11中队就暂时留在此处确保该阵地，为下期战斗做准备。①

就这样，日军经过30个小时的苦战，终于在最后这场战斗中以20几人战死的沉重代价，完全占领了张家山。铃木中尉和前田中尉均身负重伤，第三大队副官山崎少尉亦负伤。

再说日军占领"25"高地后，第三作业队的濑古清一郎军曹亲自带领三名部下沿着鞍部向"24"高地前进，他在登上山顶后看到，那里筑有"缠头带状"的战壕，宽度约两米，其中留下了昨夜夜袭中同中国军队进行白刃战以及在拂晓遭到中国军队逆袭的第一大队和第二大队一部进行苦战的痕迹。这一带日军尸体枕藉，其中第一大队长大须贺大尉四脚张开呈"大"字躺着，约近40名日军倒毙在其周围。濑古在看到友军尸体、正要向阵地深入前进时，本来以为连一名生存者也不会有，突然听到有人在呼唤他的名字……

话说当这天上午日军发动进攻时，第

---

① 在第二次总攻开始前该中队曾一度作为预备队在后方集结，但在第二次总攻开始后又重回第一线。

一作业队的村田伍长正倒在"24"山顶上装死。日军所发射的机枪子弹打在掩盖上面。随着炮弹的爆炸，掩盖顶部的泥土崩落到了村田的背上。近处响起了中国军队的机枪向日军射击的激烈枪声。不久日军的炮弹不再落下，机枪的射击也停止了，弥漫着的沙尘也静静地消失了。很快就传来了友军的声音，令村田感到非常激动。这正是同在联队作业队的濑古军曹。村田突然喊道"濑古军曹"。濑古军曹吓了一跳，走到跟前一看，发现是村田伍长，后者躺在地上保持着正从掩盖中出来时的姿势。大须贺大尉正好倒毙在村田的前面。濑古说道"是村田呐，你还活着啊"……濑古给了村田食盐和香烟，并向后者指示了友军之所在，最后两人紧紧握手就此告别。村田伍长避开中国军队的狙击，通过硝烟弥漫的鞍部离开了张家山。他身上满是汗水和沙尘，此时大地正在被太阳炙烤着，军靴踏过的红土、瓦砾以及其他一切东西都像火焰一般灼热。忽有一只折翅的蝴蝶映入了眼帘。村田渐渐远离了浸满鲜血的张家山，穿过西站的铁路向前走去……

同村田伍长告别后，濑古军曹又继续前进并向"57"高地方向俯瞰，看到中国军队在橘子园中散开，似乎将要发起攻击。濑古觉得非同小可，提醒河合上等兵当心别被狙击到，就在这一刹那河合上等兵遭到狙击，头部被子弹贯通而死（日方资料中没有中国军队再向张家山发动逆袭的记录。）

之后第三作业队奉命在"25"和"24"高地的鞍部待命，为躲避敌机的攻击而挖掘了横洞，在下次行动之前一直忍受着一天两个糙米饭团的生活……

经过张家山的激战，第133联队的兵力急剧减少，有的中队仅剩十数人，中队长由下士官担任。

在张家山战死的大须贺大尉的尸体被收容后，在红土覆盖的山丘上火葬，日军将自民房取来的木材堆积起来作为柴薪。当火葬进行时，列席者皆泪流不止。

在中国方面，据原第10军预10师政治部副主任、第10军特务营营长陈白坚回忆，7月2日"九时后，张家山前线情况不明，电话中断，似乎张家山已全线被突破"。此后不久，第10军军部正调整兵力准备反攻张家山，忽然接到最高统帅部电示：要有持久防御考虑，不可做无意义的牺牲。由是反攻中止，中国军队从3日（一说7日）开始调整部署，准备再战。

第十二章 转入对峙

日军第133联队占领张家山后不久，第11军决定暂时中止进攻衡阳，各兵团在准备完毕之后，将从7月11日左右开始再次进行攻击。7月2日夜，第116师团命令第133联队中止随后的攻击，确保现在之线，同时准备以后的攻击。

从6月28日到7月2日主要由第116师团、第68师团进行的衡阳第一次总攻中，日军虽然占领了中国军队的前进阵地，但对于主抵抗阵地（以五桂岭、枫树山、"33"高地、张家山、虎形巢、西禅寺高地、天马山为第一线之地带）而言，仅有第133联队取得了

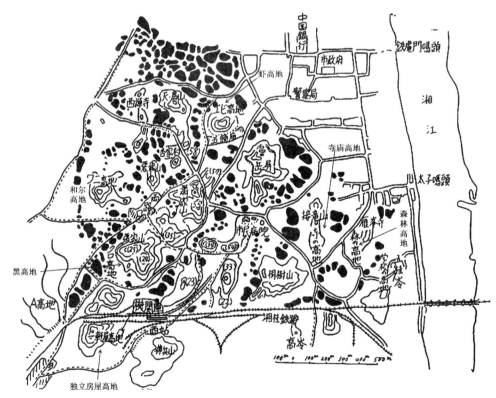

▲衡阳西南部地形及阵地图（据日军第11军实测军图）。

夺取张家山的唯一成果。攻占张家山固然瓦解了中国军队主抵抗线之一角，但衡阳阵地犹有相当纵深，日方预估后面的攻略仍非易事。

对于日军在第一次总攻中的表现，白天霖书中有这样的评价："运动与火力的配合，和战斗演习相近似，一动一止，几乎都和步兵操典、野战教范的原则吻合；其训练之精到，指挥之卓越，与夫前仆后继死拼硬闯之精神，确不失为当代的第一流部队。"尽管如此，中国军队却以手榴弹战术和侧射、曲射火力，配合以各种障碍物，一次又一次地粉碎了日军的攻击，并能在日军突入后以手榴弹和刺刀实施坚决的逆袭，使日军屡屡受挫。

而第133联队虽已占领张家山，但由于来自虎形巢和"33"高地的侧射火力，保持同后方的联络颇为不易，遗留在"25"和"24"高地上面的中国军队尸体也尚未清理。就在7月2日傍晚，在刚被日军占领不久的"24"高地山顶的堡垒前，正受领命令的第三步兵炮小队限田军曹突然中弹倒下。次日晨，在同一地方该小队的神田一等兵被射穿一个睾丸，进行了应急处理之后，看似并无大碍地下了山，但还是死在野战医院中。

7月3日晨，黑濑偕同桑田步兵炮中队长、工兵中队长、佐藤军医中尉等登上了张家山。途中虽受到中国军队的狙击，不过黑濑仍到达了高地山脚，视察了"に"点堡垒附近的第四中队苦战的遗迹，并通过中央的交通壕向"ち"点走去。从半山腰上去后，黑濑等人看到中国军队遗留的尸体填塞着交

通壕内。这是在7月1日夜间，越过鞍部前来逆袭的中国军队，受到停兵山的第三机关枪中队的纵射而出现的战死者。如果为避免踏到尸体而出到壕外就会暴露于来自右方"33"高地的狙击下，因此一行人不得已只得在壕内前进。这时尸体已经膨胀起来，踏上去就像是踩到了大个的皮球一样让人感到不舒服。而且壕内由于尸体枕藉而变浅，必须弯下身子前进，颇为危险。在前进时由于低头而使脸部挨近了尸体，以至于腐汁不知何时沾到了脸上。日方战史写道："虽为敌人，然彼等也是保卫祖国的忠勇之士。"一行人边在心中为自己的失礼而道歉，边小心翼翼地在壕内前进，到达了"ち"点的堡垒。

小野第三大队长在"ち"点迎接了黑濑联队长。接下来，黑濑将要上到"24"山顶。小野为了检查联队长的视察场所而走在前面。这时，小野受到来自"33"高地的狙击，胸部被贯通，倒在"24"山顶的壕内。

黑濑随后决定了"24"山顶的联队长战斗指挥所和作为联队长侧旁火炮的步兵炮阵地，并向步兵炮、工兵两名中队长下达了修筑工事的命令，然后便下了山。而被击中脊髓的小野大尉虽接受了原军医、佐藤高级军医的应急处理而仍无效果，终于在入院途中死在担架上。

据原第120联队旗手星野博回忆，小野大尉虽然个头不高，但精神饱满。当小野到师团司令部报告夺取黑高地之事时，在师团长旁边的星野博少尉向他请教夺取黑高地的战术。当时小野说道："反正就是突进。"

之后不久小野即被狙击而死。

小野在死前曾经自信满满地说："120联队怎么会攻不动？要是第133联队的话三天就能给攻下来。"没想到自己在第133联队长达40天的战斗刚开始后不久便送了命。

当天，派到第116师团的第11军作战助理参谋益田少佐回到长沙的军司令部，报告说第一线部队虽陷于苦战，但士气旺盛，当务之急为炮兵的急速增强和弹药的急送。同一天，第11军在向大本营所做的战况报告中，特别提到了"黑濑部队长于敌火中毅然施行猛烈果敢之突击，终于夺取了衡阳东南方高地（敌阵地之锁匙）"。

关于7月3日当天第133联队的人员状况，大队长中已有足立大尉一人重伤，中队长中健在者只有小山第三中队长。第一中队西村、第二中队黑川、第四中队米井、第七中队吉川、第九中队福原各名中队长战死。第五中队玉森、第八中队山田、第十中队长谷川、第11中队前田、第12中队铃木各名中队长因负伤而退出战列。[①] 剩余的只有远在八塘独立在任的奥山第六中队长。而准尉以上的28名小队长中尚健在的仅有6人而已。下士官兵的损耗也已经超过了50%。

当时，第11军考虑到弹药的补给、军炮兵（十厘米加农炮）等的推进、航空部队向长沙、湘潭的推进等，预定对衡阳的第二次总攻从7月11日开始。在此期间，第133联队以第二大队为右第一线、以第三大队为左第一线确保张家山，一边准备下期进攻，一边进行暂时的休养、整备。

作为第二次总攻准备的最初工作，黑濑于7月3日向联队及各大队的行李与骑马小队下达了中止马匹的装蹄作业，集中全力于锔子的锻造的命令。并下令部队收集铁交给联队行李部队。

在去年的常德作战期间，第133联队在合口进行渡河攻击时，中国军队急速赶到了日军的渡河正面并在半天中就完成了简易堡垒的修筑，而日军的山炮弹对其简易堡垒的效果大减。由于有了这样的经验，黑濑对于中国军队所装备的迫击炮的超瞬发信管，判断通过一夜间筑成的简易掩盖就可以充分地削弱其威力，于是从驻扎葛店期间开始向重武器部队要求进行对此种简易掩盖的研究和训练。在当初第133联队从葛店出发时，他就下令每匹马携带十个锔子，这是为了用锔子将支柱和门板简单地组合起来构成掩盖。这种方法在攻击张家山时发挥了特效。当时用锔子将集积在衡阳西站附近的铁路枕木和附近民房的房门钉住，并覆上五厘米厚的土，通过这样的简易掩盖阵地，使步兵炮和重机枪得以在整个攻击期间持续进行射击以支援第一线步兵。

在整个衡阳战役期间，第133联队的重武器几乎完全没有损坏，只有速射炮的复座机曾被一发步枪子弹击中，不过立刻对其进行了修理复原。其中的原因就在于简易掩盖阵地的构筑，正是行李部队锻造出的一枚枚锔子才使得这些掩盖阵地的构筑成为可能，

---

① 日军资料提到当时第八中队的山田中尉不顾臀部受伤而拒绝住院，正在中队中坚持苦干，但据第八中队寺田重次郎的回忆，山田中尉在第二次总攻结束后才出院回到前线。后一种说法似乎更加可靠。

由于重武器部队完好地保存至最后，可以对突击部队施以强力支援，才使得第133联队的突击在第一线兵力显著减少的情况下还能坚持到最后。

制作锔子所使用的材料是马匹的预备蹄铁。但是在锻造锔子时却不能使用火，因为一生起火来马上就会成为盟军飞机的目标。而且烧铁用的炭也没有。这样只能用臂力将厚厚的铁切断，再削成锔子，做完后送到前线。在第133联队的高级兽医服部孝中尉的指挥下，各行李部队和骑马小队在烈日下连日致力于锔子的锻造，全身都流下豆大的汗珠。

另外，当时黑濑还为给养问题所困扰。由于原本打算用两天时间攻占衡阳，第133联队官兵仅携带了二日份的粮食，结果战事一拖就是40天。第116、第68两个师团的大部队长时间停留于一个地方，使得这一带的粮食马上就被吃光。而给养本来是由各部队各自承担，但由于兵力受到很大损耗，黑濑便命令由预备队负责给养。由于来自后方的补给完全阙如，于是在高级会计渡边平中尉的筹划下，各大队的经理室都为食品的收集而奔忙。副食极为匮乏，不要说肉类，连蔬菜都几乎弄不到。辛辛苦苦收集到的糙米饭在等到日落后再弄熟做成加盐的饭团，趁天未亮时送到第一线。当饭团和简陋的副食被放进筐子或者水桶里之后，再由中国人扛到前线去。每天预备队设法分两次做饭，努力维持三食份的补给，即紧接日落之后一食份、快天亮前两食份。但是由于在白天要进行食品的征发工作，所以这方面进展得并不顺利。而到了早上太阳升起时，饭团就已经开始变味了。在酷暑之下，饭团到午饭时间就已经发粘腐坏了（根据第三作业队的濑古军曹的回忆，他们在占领张家山后和第二次总攻前却"一直忍受着一天两个糙米饭团的生活"）。

随着粮食的减少，日军征发队的行动范围每天都在扩大。有时征发人员在一整天中也找不到什么东西。当大米眼看就要告罄的时候，附近稻田中的水稻却开始着色了。原来在湖南南部地区从7月15日就能吃到新米（相比之下日本的稻米产地的农户要到十月中旬才能吃到早熟的品种），因此15日以后只有主食（大米）可以确保。由于早早就能吃到新米，所以日军从此就可以专心于弹药的运输，否则的话如果一直等着从后方运来的粮秣，那么衡阳陷落的日期还要进一步延后。然而副食缺乏的问题仍然难以解决。有时日军将饭团放进用盐煮熟的水牛肉中，并辅以辣椒叶做成的盐汁，就用这种东西充饥。

弹药的补给也成为严重问题。据骑马小队的荻原祐回忆，大约从7月3日起，骑马小队每天除留下五人值班外，其余全体出动到师团的弹药集积所运送弹药。又据第一机关枪中队的田畑治郎回忆，当时机枪弹虽由飞机勉强进行补给，但空投的供弹板损坏严重，只能以使用过的供弹板来替换。

当时在第一线已经开始出现腹泻患者，营养也在不断下降，虽然尚未出现肠道传染病，但住院患者相当多。联队本部的田所满雄在六月末向衡阳行军途中患了脚气病而被送到新桥的野战医院,在那里住了约十天。他所目睹到的野战医院的惨状是骇人听闻的。据他描述,所谓的"医院"有名无实,不过是在没有地板的民房内的土地上将板子合并起来,并在上面铺满干草而已。房间里有一种尸臭一样的味道扑鼻而来,到处都挤满了伤病士兵,有的人在不断地呻吟,有的人则在咯吱咯吱地挠着身子,他们几乎都因为伤痛而无法入睡。伤患的皮肤毫无血色,身子瘦的皮包骨,凹陷下去的眼睛显得空洞洞的,目光也游移不定。敞开的伤口像石榴一样,上面落满了黑压压的苍蝇,散发出腐臭味。从伤口还冒出白色的泡沫,原来是生出了蛆虫。伤患身体上到处都是苍蝇,即使用无力的手驱赶苍蝇,它们也不会飞走。染上鲜血的绷带变得紫黑,上面也落了很多苍蝇,很快便孳生出蛆虫。他还看到像是从野战医院出来的营养不良的瘦弱士兵,他们在腰间绑着饭盒,用手指将还未成熟的绿色稻穗一粒粒地摘下来放入饭盒。在医院后面的空地上,坟堆一天天地多起来。总之,田所满雄觉得那里完全就是地狱,并认为所看到的是"超现实主义的画面"。然而,他所目睹的还只不过是六月末七月初的景象。随着衡阳战事的旷日持久,日军的生活环境也愈加恶劣,他们不过是刚开始步入地狱而已。

第12中队的山川种雄兵长也在野战医院度过了一段凄惨时光。山川兵长在7月2日受伤后被送到了第二野战医院接受治疗,在他住院期间每天晚上前线都有激烈交火,不时有流弹飞来,使人不敢大意。因负伤者为数甚多,无法进行周到治疗,只不过给他诊察

了两三次而已,连绷带都不给更换。鲜血从绷带中渗出来,不知不觉间生出蛆来,真是一点办法都没有。山川认为与其待在医院还不如回到中队由卫生兵照顾比较好,因此在7月12日便逃出了医院。事实证明他的决定是正确的,进攻衡阳的日军部队中还有其他一些人像山川兵长一样因为逃出野战医院而捡了一条命。

由于前线日军不断以糙米饭团果腹,更加剧了官兵健康状况的恶化,部队中不断有人患上消化不良和腹泻,后来更出现了痢疾患者。

不过向前线运送补给绝非易事,补给人员要冒着空袭、狙击和迫击炮的炮击,历尽艰辛后才能到达前线。第一大队的辎重兵老田诚一在向前线运送补给时就尝尽了辛苦。他在执行补给任务途中,在靠近前线的地方受到敌火或飞机攻击时会赶紧跳进堑壕,但壕中却是尸体重叠,恶臭熏人,这是留在壕中已经腐烂变色的中国士兵的遗体,由于气体的作用尸体在发生膨胀后又破裂开来,伤口等处孳生的大量蛆虫在不断蠕动着。这种凄惨阴森的情景也只有在战场上才能忍受。对老田来说,这些士兵虽然是敌人,但行走时不得不踩过他们实在是残酷之极,但为了完成任务又不得不踏过去。为了向前线官兵送去粮食和开水,虽然难受他也只好暂且忍耐。

一次,老田诚一在补给途中,用中国军队遗留在壕内的枪支向正在眼前的交通壕中来往的中国士兵开了一枪。这下可不得了,中国军队的阵地上突然枪弹齐发,日军阵地

被一片烟尘所吞没，这是中国军队的回礼。这时日军正在吃饭，中队长大喝一声跑了过来："是谁乱开枪？"老田战战兢兢地报告了开枪的事，但"豪爽"的中队长只是笑笑了事。老田感到在交战中似乎也存在某种规则……

对补给队来说，最大的威胁来自不知从何处飞来的迫击炮弹。即使避开高地、利用房屋和橘子树的树阴等以遮挡中国军队的视线，仍然会有迫击炮弹随着令人毛骨悚然的声音从头上呼啸而至。

在一线阵地，由于许多士兵耐不住口渴喝下了污水而导致腹泻，便从后方紧急送来了开水。老田诚一也冒着危险进行了开水的补给。当他把开水和食物一起送到阵地上时，已经等不及的士兵们马上把沾满泥巴的水壶放进水桶内。经过煮沸消毒的宝贵的开水转瞬间就被弄脏了。老田气愤地对围过来的士兵们喝道："就不能再小心点儿吗？"

就在这时，突然有迫击炮弹落在人群中间，老田也被炸飞失去知觉。当他醒来时发现自己正同许多伤员一起躺在掩体壕中。老田身上并没有

感到很疼，仔细一看发现左手沾满了黏糊糊的血，已经被染得通红，右臂也被小块破片扎入。老田觉得这不过是小伤而已，正要从地上站起来时，却发现自己无法立起，无奈只好待在原地。周围的伤员中，有的重伤员在恳求帮助，有的士兵不停地要水喝，还有人已经不能动了，其中没有一个人能够自行走动。这里连一个卫生兵也看不见，伤员们也得不到任何治疗，只能强忍着痛苦待在这

▲骑在爱马"花汀号"背上的老田诚一。

▲2000年，老田诚一重返衡阳时找到了当年自己曾被收容过的掩体壕。

里。老田在这里度过了漫长的若干小时，所幸自身的伤势并不严重，腰腿的瘫痪也只是由于强烈的爆炸气浪的冲击而出现的暂时现象，很快便转好了，而爆炸时在场的日军中却有不少人重伤或者战死。不过老田自己的水壶已经受到损坏，刺刀也被破片打中而无法使用。

7月5日，张家山山顶的战斗指挥壕完成。一门步兵炮推进至张家山山顶。

6日夜，步兵第120联队向"和尔"高地（虎形巢）发动了夜袭，但未能成功。当日上午，岩永汪师团长、兼田军派遣参谋等一行人为了视察张家山而在军用公路上前进时，受到盟军飞机的突然袭击，造成岩永汪面部受伤、副官笹川中尉战死、师团参谋石田少佐负伤等，视察因而中止。

8日，第11军命令第116师团长于7月11日夺取敌之前进据点（衡阳城西南端至西南偏西一公里铁路线北侧高地），随后攻占衡阳城（7月9日旭参电第133号）。

当日，第133联队受领了关于第二次总攻的师团命令，其要点如下：

一、军从七月十一日再兴攻击。

师团于七月十一日先以步兵第120联队攻占"和尔"高地。

独立野炮兵第二联队（欠第三大队）及中国派遣军化学部配属给师团。

二、步兵第133联队应于十五日拂晓再兴攻击，进至岳屏东西之线，步兵第120联队攻占"和尔"高地之后，野炮兵第122联队（欠第一中队及第二大队）配属给步兵第133联队。

同一天，迫八郎大尉和关根彰大尉作为大队长到任。迫大尉被任命为第三大队长，关根大尉被任命为第一大队长，在敌机扫射和炮击及狙击下，各自到大队部上任了。

当时日军的航空威力仅及于衡山为止。盟军飞机在白昼对日军造成了极大威胁。到处可见一边躲避敌机的扫射，一边在水塘中清洁身体和清洗衣物的日本兵的身影。

9日，奥山第六中队解除师团直辖，从八塘前来归还联队。第六中队曾在八仙桥及狮形山战斗中出现了曾我少尉以下若干伤亡，但现在却是联队中唯一的完整中队。

当日下午，黑濑巡视了第一、第二大队，召集下士官进行恳谈，尤其迫切期望各名下士官作为已经失去大部分将校的联队的骨干而能够发奋努力。聚集来的下士官门的眉宇间洋溢着殊死奋战的决心，黑濑受到鼓舞，抱定了下期进攻必胜的决心。不过具有讽刺意味的是，第二次总攻并未能结束第133联队官兵的苦难。

同日，田口宗雄少尉来到设在月塘的第二野战医院会见了正在住院中的角田中队长，向他报告了战况和速射炮中队的山井亘一等兵、山西三郎一等兵、森新一郎二等兵、乙种干部候补生岩崎光雄上等兵战死之事。在角田住院期间，第二野战医院也遭到敌机扫射，子弹甚至贯通了角田所住卧室的墙壁，室内的患者除了俯卧在床上之外无法

躲藏，只好听天由命。角田在空袭期间担惊受怕十分难捱，不过总算没有被伤到（角田于7月12日左右恢复健康，返回中队）。

10日，第11中队的西村安太郎少尉的小队结束了新桥的警备任务前来归还（前田中队长正在住院中），第133联队的战力因此得以强化。

另外被配属给第133联队的总军化学部在石崎大佐指挥下于当日到达。该部由迫击第十五、第十六两大队和野战瓦斯第八小队组成，迫击炮计有14门。该部在常德就已经为联队所熟识，其中有不少黑濑自习志野学校以来的旧友。

当日，黑濑到达张家山"24"山顶的战斗指挥所，进入了明11日以后第二次进攻时在第一线指挥的位置。

在对峙期间，工兵第116联队第三中队也忙于帮助133联队强化攻击阵地、整备阵地内的交通，为此不分昼夜地在阵地上奔波忙碌着。某日夜晚在完成了障碍物的构筑后返回途中，冈光少尉突然被迫击炮弹破片击中腹部，不久后在野战医院死去。

中队完成障碍物的构筑的次日，为了修补障碍物，松川文吉又前往同一地点。到达此地时他吓了一跳，原来这里到处都埋下了地雷，只好停止修补障碍物，赶紧挖出地雷。前一天晚上竟然没有一个人触雷，这让松川感到不可思议。

某日，松川文吉为了构筑速射炮的掩盖而到达张家山后，速射炮小队长指着虎形巢笑着对他说："工兵弟兄，炮弹的配给只有一天两三发，所以只能一发必中啊。"松川

看到似乎近在咫尺的虎形巢上分布着一些黑点，像是敌人的枪眼。

7月11日，日军对衡阳的第二次总攻开始。岩永汪也在早晨将其战斗指挥所推进至张家山，视察步兵第120联队对虎形巢的攻击。第120联队于7时开始攻击。为了支援这次攻击，第133联队也利用已转移至预先准备好的阵地上的步兵炮和机枪，从虎形巢的侧面猛烈射击。第一线部队在炮兵的突击支援射击下，于8时30分突入守军第一线阵地，随后一举夺取了山顶。

这天，老田诚一在向张家山运送补给时，正赶上位于左前方的"和尔"高地的攻击战斗开始，他也目睹了这场战斗的情景。在百雷齐鸣般的轰响中，势如割草般的重机枪火力越过头顶射向中国军队的阵地，步枪射击声仿佛炒豆子一般。转瞬间中国军队的阵地便被炮烟和尘土所覆盖。不久枪炮声停止，日军突击兵一齐向山上冲去。当日军进至山腰附近时，原来遮蔽了中国军队阵地的炮烟消散开来，中国军队开始猛烈反击。突击队的进击马上停了下来，日军头上和前后左右都在掀起土烟，手榴弹或迫击炮弹的爆炸声好像敲鼓一般。如此下去，攻击部队只能徒增伤亡。由于炮烟消散后双方攻守易位，日军被迫采取守势陷入苦战中，攻击受挫。后退的士兵被担架队收容。攻击失败的惨状令老田诚一终生难忘。当老田再次前去从事补给时，"和尔"高地已经被日军占领。死伤者在夜间被后送，其中重伤员的搬运尤其辛苦。现场充斥着呻吟声、求水声。这种场景令参与运送伤员的老田诚一极感痛苦，觉得头好像都要炸开了。

老田诚一的战友丰田政男辎重一等兵在随大队炮小队作战时受了重伤，正和众多伤员一起躺在民房的泥土地面上。当老田抱起他时，鲜血把自己的胸部都染红了，人也已经奄奄一息。只见丰田睁开了眼睛，性格刚强的他反而劝慰道："不用担心"，微微一笑又问道："有没有香烟？"正巧老城身上还带着没抽过的高级香烟（"ルビークイン"牌香烟），丰田把点着的香烟放进口中抽起来，显得十分高兴。丰田政男在约一月后死于医院。

虎形巢的夺取使得至张家山的后方交通线变得十分安全，接下来就轮到第133联队实施攻击了。

第十三章　再启攻势

中国军队失去了张家山和虎形巢之后，将"33"高地到西禅寺高地连接成第二线阵地，以"23"、"35"、张飞山作为前缘，构成了新的防御线。位于第133联队战斗地域内的"33"、"34"、"55"、"56"各高地构成连锁阵地充当了新的主抵抗线，这些阵地既各自具有独立性，又相互之间有机地连为一体。

"33"高地如插图所示，是一个完全封闭的堡垒，其外侧的四周都被削成断崖，乍看起来仿佛将一艘军舰置放于陆地上，故被日军称为"军舰高地"。该阵地正面狭窄，因此阵地正面的火力须依赖邻接阵地的侧射火力的支援。张家山既已陷入日军之手，该阵地正面特别是面向阵地的左正面就形成了配置上的弱点。而该阵地内部据日军占领后所查明的，也像军舰一样用大木料深入地下建成了供指挥和居住用的坚固设施。从"33"阵地后方的"54"高地（位于市民医院西南侧）到"34"高地（位于张家山东方500米）东侧一带生长着很多树木，因此日军无法判明"54"阵地内的情况。

"34"高地是比其他高地低一截的草山，但让日军感到意外的是该高地上却有四座大型的混凝土堡垒，由于伪装良好，在被日军占领之前完全未被发现。该高地正面和面向公路的侧面是高高的断崖，因此日军的突入被限制在"り"点附近，中国军队也在此处正面布设了简易铁丝网。在张家山失守后，该阵地不仅具有对"33"阵地西侧面的侧防功能，而且只要该阵地仍然健在，日军就无法对"55"高地进行白昼攻击。

萧家山是拥有"55"和"56"两个顶峰的独立且险峻的高地，和"54"、"34"两座高地共同构成了第133联队正面有力的第二线阵地。从日军方面来说，它是对于攻击岳屏、"虾"高地具有重要作用的据点。日军判断其阵地强度大致和张家山相似。此外，"56"高地上还有据推测是交通兼与战斗指挥所联络用的大隧道。

除以上的主要阵地外，"23"、"35"高地上及萧家山上也零星分布着一些堡垒并可见到守兵，据推断这些是预备阵地。其中"23"高地位于张家山、"33"高地和

"34"高地中间，是一处较低的台地，其上为橘园所覆盖[1]。在面对"34"高地的东北侧有较大型的建筑物。虽然"23"高地的高度较低，但已经削成约三米高的断崖，断崖之上还布设有铁丝网，而在其后方更掘有手榴弹投掷壕。

日军攻击虎形巢成功后，黑濑平一确定了战斗指导方针，并据此于11日下午首先印发了指导第一期攻击的联队命令，且于翌12日13时召集联队小队长以上干部和配属的各队长于停兵山，并在现场指示细节。

联队战斗指导方针之要点为：

第一期　以第二大队（右）、第一大队（左）为第一线，十五日拂晓首先以第二大队开始实施攻击，夺取"33"、"34"、"54"各阵地，而后适时以第一大队夺取"55"、"56"阵地，准备第二期攻击。

第二期　改以第三大队为右第一线于"54"、"34"之线展开，将直辖之重武器及炮兵队、迫击炮等阵地、观测所向前推进，尽速完成攻击准备，攻击重点指向岳屏，一举突破岳屏及"虾"高地，继而扫荡衡阳市街。

黑濑平一于11日下午印刷并发布了攻击命令，12日召集小队长以上干部于停兵山指示细节，命令要点为：

步兵第133联队命令（要点）

七·一一　一四〇〇　于黑高地

一、联队于十三日日落以后开始行动，十五日天亮前，第二大队于"33"高地南侧台地"召"附近至西站一线、第一大队于"35"高地（"黑"高地北侧）东西之线完成攻击准备，于十五日拂晓发扬步炮火力，首先由第二大队夺取"33"、"34"、"54"各高地，随后由第一大队攻占"55"、"56"两高地，并于"54"高地至"56"高地之线完成今后攻击之诸项准备，以向岳屏东西之线扩张战果。

联队攻击重点最初指向第二大队正面，夺取"33"、"34"、"54"各高地之后改为第一大队正面。

野炮兵第122联队主力今起配属于本联队。另独立野炮兵第二联队主力将支援本联队之攻击。

二、第二大队（配属步兵炮一个小队及工兵一个小队）为右第一线，于十三日日落后开始行动，在十四日天亮前于停兵山东西一线展开，十四日乘薄暮驱逐"召"台地之敌，将右翼正面之攻击准备位置向前推进，十五日拂晓发扬步炮火力后开始攻击前进，首先夺取"33"高地及"34"高地，随后准备对"54"高地之攻击，但关于开始攻击"54"高地之时机将另下命令。

三、第一大队（配属工兵一个小队）为左第一线，于十三日日落后开始行动，同第三大队完成"黑"高地守备之交接后于十四

---

① 原第九中队玉木斋吉兵长的回忆资料中有提到"23"高地被称为"橘子山"。

日夜驱逐"35"东西一线之敌，天亮前于该线完成攻击"55"高地及"56"高地之准备。但此一攻击预定于第二大队夺取"54"高地之后开始，关于其时机及实施攻击的细节将另下命令。

特别当第二大队攻击"34"高地之时，应适时以重武器支援之。

四、第二、第一大队间之战斗地境线为从西站经岳屏西侧而通往衡阳市街之公路，该道路之上属于第二大队。

五、步兵炮中队（欠一个小队）仍位置于"黑"高地之上作为联队长侧旁之火炮，应准备适时支援第一线两大队。

六、速射炮中队仍于"黑"高地占领阵地，应适时支援第二、第一大队之战斗。关于射击目标之选定等应与相关大队长密切协商之。

七、炮兵队应大致位置于现阵地与第一线两大队协同作战。

特别是关于对"33"及"34"高地之阵地要部及"い"附近之侧防机枪的破坏、压制，应与第二大队长密切协商之。此外，对"33"及"34"高地各实施一次五分钟的突击支援射击，并准备实施两次各两分钟的预备射击。

关于独立野炮兵第二联队对本联队之支援，应由两名炮兵联队长商定之。

关于支援攻击"54"高地及萧家山之射击将另下命令。

当第一线大队推进至"54"高地至"56"高地一线时，应适时将阵地、观测所等向前推进，并做好准备以应对情况之变化。

八、石崎部队应在停兵山西侧占领阵地，当第二大队攻击"33"高地之际压制"34"高地之敌，当第二大队攻击"34"高地之际则压制"55"及"56"高地之敌以支援第二大队之战斗。此外应做好阻止敌军自"54"高地方向对"33"及"34"高地实施逆袭之射击准备。

九、第三大队应作为预备队于十三日将"黑"高地之守备移交给第一大队，而后位置于独立房屋高地西南侧地区。

十、工兵中队（欠两个小队）位置于独立房屋高地西侧并制作活动障碍物，准备适时协助第一线大队确保占领地，同时应随第一线大队之攻击进展而从事地雷之处理与交通路线之开辟。

十一、通信中队特别应将"黑高地"至第二大队本部间之有线电话建成复线线路。

十二、本人将位于"黑"高地山顶。

13日，各队按照命令致力于攻击的准备工作。入夜后，进行了第二大队的攻击准备、第一大队的"黑高地"换防、重武器部队的阵地变换等。第133联队人员虽然整夜在阵地内纵横移动，然而各队行动皆肃静整然，且在天亮前已完成重新部署和伪装遮蔽。14日晨，战场上仿佛什么也未发生，就这样在静谧中迎来了天亮。

7月14日（晴），右第一线的第二大队利用薄暮时分开始行动。第二大队右第一线为第六中队（中队长奥山勇少尉），先前该中队曾在八塘执行封锁中方增援部队之道路的任务，7月9日才返回第二大队，此时是联队中实力最完整的步兵中队。第六中队已经受领了在14日夜占领"22"高地，将次日的攻击准备位置向前推进的命令。"22"高地位于"33"高地前方，在日军资料中也被记为"ろ"台地。此前在13日，第六中队分队长以上集合后从后方的高地对中国军队阵地进行了侦察，然后听取了中队长奥山勇少尉的详细说明。

14日第六中队作为第二大队右第一线首先开始行动后，队员们陆续越过铁路线、攀上断崖、通过鹿砦、避开地雷，对"22"阵地展开攻击。守军进行了顽强抵抗，第六中队出现了很多伤亡人员。经过激烈战斗，第六中队终于在22时左右将其夺取，并对附近的中国军队进行扫荡，逼近了"33"阵地。"22"高地附近有一些厂房和住宅，中国军队在其间进行了顽强抵抗，但还是逐渐后退。24时左右，这一带已听不见手榴弹的爆炸声。在战斗中，小队长小仓良郎军曹在最前方指挥小队避开地雷迫近守军，其间两次被手榴弹击伤，但他仍不顾伤情继续战斗，终于使中队得以确保对"22"高地附近的占领。如此，第133联队成功地将攻击"33"高地之准备位置向前推进。

在这天夜里，中国军队反复对"22"高地进行了猛烈的逆袭，奥山中队陷入苦战，头上系着太阳旗缠头带的奥山勇下令死守"22"高地，终于拼死守住了阵地。在"22"高地战斗中，第六中队的宫间政三伍长以下五人战死，另有一人战伤死。

关根第一大队也于22时左右从张家山山顶出发开始行动，驱逐了微弱的守军，于24时左右占领了"35"高地东西之线，确保了攻击"55"、"56"高地的准备位置。

由于第六中队在"22"高地战斗中出现了很多伤亡人员，第二大队副军医安井广和受领了"天亮之前予以收容"的命令。大约在15日凌晨2时或3时左右，安井带着担架队绕过停兵山北侧，穿过汽车西站南侧，到达了"22"高地附近。当时天空晴朗，群星璀璨。他在现场严禁小声说话，指示卫生兵对伤员进行应急处理，将他们放到担架上，开始往停兵山麓的收容所后送。由于是在黑暗中作业，不能大声呼喊。又因为担架队是匆忙组建，所以效率甚低。当后送了大约二十人、还剩下一人的时候，天色早已开始发白。安井担心天亮之前不能完成任务，他指示最后的担架队："喂，跟在我后面走"，带领他们踏上了归途。

不久他们走到了两侧都是水塘的一条直路上。这时天已经亮了，可以清楚地看见人影。突然，安井耳边响起了"乒——乒——"的可怕爆炸声，就在这一瞬间他向前倒下了。安井广和的整个右下肢都麻木了。

安井认为自己一定是受到了来右后方的"33"高地的狙击。堤防上没有任何遮蔽物，他趴在地上不敢随意动弹，但又觉得不能一直这样。他忽然想到可以滚到左侧的池塘里，于是用双臂和左腿匍匐着向左滑下堤防。幸运的是下面的坡度比较平缓，而且没有水。

安井感到右腿背面有种难以形容的强烈麻木感。可是他查看了一下却发现裤子上并没有沾上血。他又脱下鞋子看了看，发现并无异常。他又将裤子挽到膝部，仍然什么也没发现。安井觉得奇怪，便解下军刀脱下裤子，终于看到衬裤上沾着血，于是脱下衬裤进行检查。检查的结果，发现右大腿前面稍向内侧在鼠蹊部下方约十厘米处有个伤口。他又看了看后面，发现在大腿后面臀部正下方也有伤口。原来是右大腿软部受了贯通枪伤，似乎造成了骨折。此时周围一个人也没有。安井自己对伤口进行了处理，这时一名卫生兵顺着土堤下面过来了，向他问道："不要紧吧？"安井告诉他伤口没什么大不了的，但腿麻了没法走路。紧接着卫生兵告诉他第六中队的伤员已经全部收容，稍后会带着担架过来。然后他又沿着堤防下面向着阵地的方向赶去。

安井受到狙击的地点距离"33"高地的南端堡垒不过百米而已。从他倒下之后开始就没听到过一声枪响，而己方的炮声应该是从六时半开始。他盼望着总攻能快点开始。他躺在地上看着天空，当日天气十分晴朗，空中连一朵云彩也没有，寂静得让人害怕。

突然间响起了枪炮声。双方距离极近，安井搞不清楚哪边在开火。可怖的声音在山间轰鸣着，使他为强烈的紧张感所包围。

"33"高地的激烈攻防战开始了。

第十四章 军舰高地之谜

7月15日，第一、第二两大队在天亮前完成了攻击准备，步兵炮、速射炮两中队及各炮兵队于6时30分开始对"33"、"34"两阵地和"い"附近之阵地要部实施破坏、压制射击。由于炮数增加、弹药充足，且目标距离较近，炮击的效果在稳步增加，不久从张家山上可以目视的阵地要部中，已无一得免于日军炮火之打击。在此期间，第六中队作为第二大队右第一线利用地形前进，一面处理障碍物一面迫近守军，8时黑濑应第二大队长的要求，发射了开始对"33"高地进行突击支援射击的信号弹。已经有了张家山攻击战斗经验的重机枪也开始了射击。第六中队就在突击支援射击进行的同时发起突

▲从停兵山脚下看到的军舰高地。

击，突进"33"阵地东南侧，占领了"33"附近壕沟之一角。日军之所以向这方面迫近过来，可能是判断其在地形上较为容易突入的缘故。日军正要从此处攀上断崖，然而来自位于右边百米处第68师团正面"い"阵地附近以及其北方高地的侧防火力立即猛射过来，炮兵却无法将其有效压制。日军的前进顿时变得极为困难，伤员也接连出现。奥山勇暂且将中队移向"33"高地正面整顿态势，转为从正面实施突击。奥山勇并命令第二小队从左斜面进行攻击，这时由于第二小队长负伤，分队长井上实伍长作为负责人承担了此一任务。

第六中队从正面实施攻击时，中国军队的枪弹和手榴弹的弹雨愈发猛烈地袭来，奥山勇身上有数处被手榴弹破片击伤而倒下，并出现了板谷夏生少尉等很多死伤者，突击眼看将遭挫败。但指挥班长松原齐松军曹不顾伤势高喊"突击"，猛然站起，蹿上了竹梯，数名士兵亦随之跟进。日军终于突入为绝壁所环绕的完全封闭堡垒"军舰"高地内部。奥山勇也不顾伤情突入阵地内，并战斗在最前方。

另一方面，当第二小队从左斜面实施攻击时，将两个梯子连接起来架在了刀削一般的绝壁之上，井上实伍长由此好不容易到达了壕沟，但后面的人员却为守军武器所阻止而无法跟上，井上实也遭到步枪的枪击，在此期间小西功康上等兵爬了上来企图向枪眼掷入手榴弹，但为守军侧防武器击中而战死。

不久奥山勇也进入了阵地内。指挥班

的服部光兼兵长手持步枪一马当先，井上实也一边投掷手榴弹一边从壕中向山顶进击。途中，他们在壕中与两名中国士兵打了个照面，服部兵长和井上实伍长都不知所措，甚至忘了向对方开枪，就这么到达了山顶。

当战斗正在激烈进行中时，黑濑在张家山上看到七八名日军突入"33"阵地内，但之后便踪影全无，也看不到有人跟随其突入。黑濑担心先已突入的几个人恐已陷入孤立困境，在感到焦虑不安的同时用望远镜密切注视着，也没有从大队长那边收到任何报告。特意架设的复线电话线也好像都被切断了，无法通话。这时，"33"阵地西侧房屋后面出现了两名双手握着手榴弹的中国士兵，正要从阵地外面攻击刚突入阵地的日军。黑濑随即向正位于张家山的步兵炮中队长下达了射击的命令，但由于中国士兵和己方突入部队的推定位置处于同一条射线上，只得作罢。而电话也不通，无法通知大队长，黑濑唯有在焦躁不安中指望己方部队的奋战了。不久，左第一线中队从车站方面进入，手榴弹兵的身影于是隐没在了后方的房屋背后。

之后"33"阵地内的情况便完全不明，令黑濑十分担忧。10时20分，"33"高地山顶出现了一名日军。片刻之后，黑濑从第二大队接到了已占领"33"高地的报告。

再说"33"高地为日军突入后，双方展开激烈近战。只见阵地内的窄壕中白刃闪耀，激烈的手榴弹爆炸声交错响起。由于在混乱之中至为危险，步兵炮无法遂行支援炮击。战斗持续了约两个小时，奥山中队的突击兵力几乎全部伤亡，但日军终于在10时20分全部占领"33"高地。奥山勇从最顶峰挥舞军刀向大队本部报告占领成功，之后他带领四五名士兵朝向战壕的左面、井上实和服部兵长等四五人拐向右侧"扫荡残敌"，结果奥山再次为中国军队投掷的手榴弹破片击中，全身受到重伤而倒下。井上实等人也受到手榴弹的攻击，造成山本正三上等兵战死，井上实伍长和服部兵长、中野、梅村上等兵皆负伤。山本上等兵在死前两次呼喊"妈妈"……

当时在停兵山上直接协同第二大队的炮兵大队长仓成国雄少佐的手记《湖南战记》中有如下记述："10时20分占领山顶后，敌军进行了两三次逆袭，虽保有此处，但看不到友军。从炮队镜里看到山顶上只有一个士兵在拼命地挖着壕沟。大概是为了死守这座被战友的鲜血染红了的高地吧。"

第六中队占领山顶后，中国军队进行了数次逆袭，但均被击退。随着左第一线第五中队的推进，中国军队终于放弃夺回"33"高地。①

在15日的战斗中，第六中队的战死者有板谷夏生少尉、前田半十良伍长以下20人，

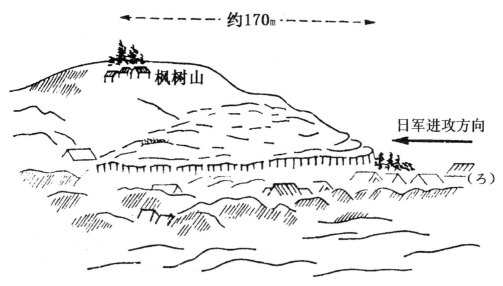

▲ 从张家山上看到的军舰高地。

---

① 然而据原第八中队的寺田重次郎回忆，由于奥山中尉身负重伤、第六中队不断出现死伤者，第八中队的残余人员二十多人在北村熊次郎军曹的指挥下参加战斗与第六中队合力占领了"33"高地，在此期间第八中队的井田政一伍长、平野玉雄上等兵战死。但其他资料中均未提及第八中队参战之事。

另有16人因伤死亡。14、15日两天的战斗共造成第六中队死亡42人！日后中队长奥山勇被军司令官横山勇授予个人赏词以表扬其战功。

战斗结束后，井上实接受了卫生兵的治疗，并同第八中队的人员交接了守备，就在"33"高地的掩盖中过夜。次日早晨他唤醒旁边的战友时，发现有两人已经死去。

下面是横山勇授予奥山勇的赏词全文：

赏　词

陆军少尉　奥山勇

右为衡阳攻略战中奋勇战斗克奏伟功之第一线中队长。该中队于昭和十九年七月十四日作为步兵第一三三联队右第一线第二大队之右第一线中队，乘薄暮时分夺取位于"22"之敌阵地，虽彻夜受到敌枪炮火力之集中攻击，仍完成翌十五日对设有极坚固阵地之"33"高地完全堡垒之拂晓攻击准备，于天明后炮兵队之攻击炮火准备中，巧妙利用地形，在逐次处置障碍物之同时迫近敌阵地，自八时起随着炮兵支援射击开始而发起突击，然敌军以火力和手榴弹集中攻击突击部队，且外壕极难通过，死伤者接连出现，中队长奥山少尉虽身上数处为手榴弹所伤，仍激励部下并身先士卒，在击退敌军逆袭之同时反复施行突击，再次为手榴弹所创，仍不惧死亡终将作为敌阵

地骨干之该堡垒完全占领，为日后部队突破敌主阵地做出极大贡献。该少尉充分发挥周到适切之指挥及刚毅果敢不屈不挠之攻击精神，立下卓著武功。

为此，兹授予其赏词。

昭和十九年十一月二十三日

第十一军司令官　横山勇

然而，"33"高地的战事至此并未了结。

在日军的衡阳战史中存在一个难解的谜团：虽然根据第133联队的战史资料，"33"高地在7月15日就已经被该联队占领并确保，然而第68师团的战史资料却明确记载了该师团的永里大队（独立步兵第117大队）在7月16日经过激战夺取并确保了"33"高地，并且也明确提到这个高地的另一个名字——军舰高地。既然该高地已经被133联队占领，那为何第68师团会在第二天进

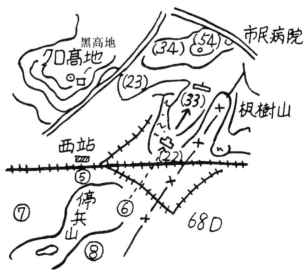

▲第六中队"33"高地攻击图（7月14—15日）。

攻同一座高地？关于这个矛盾，无论是第133联队还是第68师团的战史都没有提供解释，甚至这两支部队的相关记录也都没有提及友军在这座高地的战斗，唯有原独步117大队机关枪中队的大野弥一在其回忆文章中提到了他曾在7月15日目睹第116师团的一个中队向左方某高地进行了攻击（未说明高地名称）：

　　七月十五日总攻开始，在敌我弹雨交错乱飞中前进时，我看到友军岚师团的约一个中队正在向左方标高约300米的敌阵地匍匐前进。

　　敌人勇敢地站立着向友军猛烈射击。我军重机枪从侧面向该敌射击，但因距离达1200米无法判明是否命中。不久友军越过障碍物接连进入敌阵前的壕中，觉得这下他们总算可以在敌人射击下找到掩蔽而感到放心了。但没多久装在筐内的无数手榴弹被扔进壕中，升起滚滚尘烟，视界完全被遮住，只能暂时凝视着。不久烟尘平息下来，但看不到一个人从壕中出来。啊，都完了吗？

　　我也在同正面之敌交战中一边出于担心而合掌祈祷一边攻击前进。

如果大野所记忆的日期是准确的，那么这里所提到的地方应该就是"33"高地。但除此之外，第68师团战史资料再未有提到第133联队进攻"33"高地的战斗，也没有解释本师团战史同第133联队战史关于"33"高地战斗的记录为何出现这种矛盾。实际情况很可能是第133联队在15日占领"33"高地后未能真正确保该高地，此处又被中国军

队夺回，最后由独步117大队完成占领（步兵第218联队的衡阳战史中也存在类似的矛盾，将在后面予以详述），但这一情况没有在第133联队战史资料中留下痕迹。

目前虽然缺乏更进一步的线索，但可以肯定的是独步117大队曾在16日对"33"高地发动攻击，这却是确凿无疑的事情，而且其战斗过程也留下了记录。为完整还原"33"高地战斗的经过，笔者在本章中根据第68师团战史资料将衡阳第二次总攻期间永里大队的行动情况、包括该大队攻击"33"高地的经过整理于下。日军第二次总攻衡阳期间，同第133联队相邻的永里大队首先以惨重代价攻占了枫树山大部阵地、继而攻击了"33"高地——永里大队在枫树山的战斗同样惨烈，亦值得一记。永里大队所属的太田旅团自衡阳战役之初即战斗在衡阳南部战场并蒙受了重大伤亡，在日军第二次总攻期间也连连受挫，所属各步兵大队均元气大伤。但限于篇幅，下面只对永里大队的行动做详细介绍，而对于同时期太田旅团其他大队的行动仅仅略有提及。

7月11日，第68师团太田旅团长根据师团的攻击命令，进行了如下部署：

　　一、桥本、西山两大队以主力攻击庙宇高地－铁路管理局高地－学校高地；
　　二、永里大队以主力攻击枫树山、军舰高地－寺庙高地，并以步兵一个中队确保停兵山南方二千米附近之高地，警戒敌解围军之进攻；

三、桥本、永里大队及岚部队间之战斗地境线照旧；

四、玉川山炮兵联队密切协助第一线大队之攻击；

五、田部大队于黄茶岭南方附近展开，准备参加第一线；

六、西山大队派出步兵一个中队（配属MG一小队），归桥本大佐指挥。

永里大队（独立步兵第117大队）奉命首先以主力夺取枫树山的"绿"、"猫"、"老鼠"、"松鼠"诸阵地，随后以一部占领军舰高地的"30"、"33"阵地，之后在为攻击寺庙高地进行准备的同时，以第四中队警戒中方解围军的进攻。①

永里大队长在停兵山上对各中队及配属部队做了如下部署：

一、大队将于七月X日在友军飞机支援下攻击枫树山之敌阵地；

二、第三中队（木村队）为右第一线攻击"绿"阵地，配属工兵队一个分队；

三、第一中队（松本队）为左第一线攻击"猫"阵地；

四、第二中队（细井队）在第一中队夺取"猫"阵地后，立即超越该中队攻击"老鼠"阵地；

五、机关枪中队（今井队）及步兵炮中队（前中队）进入停兵山、"八"高地一

线，密切协助第一线之攻击；

六、第四中队（芝本队）确保停兵山南方二千米之高地附近，警备敌解围军之进攻；

七、第五中队（大村队）为预备队。

在太田旅团的攻击开始前，日军发现铁路线北侧"额街"的钢筋混凝土烟囱（高约五米）上有中国军队的监视兵，于是从湘江对岸向其炮击，将其下部破坏，使之无法使用，令以后部队的行动变得更加容易。

7月12日，对永里大队正面的中国军队阵地的攻击日期及时刻尚未确定。中国军队却以迫击炮等重武器向该大队阵地猛烈射击。在夜间，为了警戒日军的夜袭，中国军队还用手榴弹构成的火网等拼命进行防御。

当天上午，桥本大队（独立步兵第115大队）在攻击庙宇高地战斗中损失惨重，其最前线部队总算确保了庙宇高地北方约30米之中方战壕，但在迫击炮轰击下接连出现伤亡。

7月13日，太田旅团长整理了攻击态势，为一举夺取学校高地而于当日夜对部队做了如下部署：

一、配属桥本大队之第65大队步兵两个中队（各配属机关枪一小队）根据现状归还原所属部队，桥本大队攻击铁道管理局建筑物台地——学校高地；

① 笔者没有看到永里大队所奉命令的原文，关于命令的描述似是通过回忆整理而成的，关于永里大队究竟是在总攻前夕即已奉命将攻击33高地，还是后来因第133联队在33高地战斗不利而临时决定该大队向该处进攻，笔者仍觉疑惑，这里只能暂且根据第68师团战史描述其行动始末。

二、西山大队根据目前态势掌握配属桥本大队之步兵两个中队（各配属机关枪一小队），于桥本大队右方展开，从庙宇高地自东方攻击学校高地；

三、永里大队继续执行现任务；

四、田部大队于明十四日展开于西山大队左方，同西山大队协力突破额街之敌阵地，向衡阳城南门突入；

五、玉川山炮兵联队密切协助第一线各大队之攻击；

六、航空队之轰炸时间将于稍后指示；

七、通信班应确保各大队本部之有线联络。

另外，由于配属之玉川山炮兵联队之剩余弹药很少，已向师团要求通过轻型轰炸机空运补给山炮弹。

当天，桥本大队第四中队越过铁路线向北攻击时遭到凶猛反击，经过激烈的村落巷战后被击退，死伤多人。

7月14日，桥本大队第四中队以死伤多人为代价夺取了铁路管理局建筑物前方的左右堡垒，得以完全确保学校高地南侧。

当天，永里大队受命将于明15日在友军飞机的支援下攻击枫树山及军舰高地。永里大队长在大队本部集合了各中队长商讨攻击枫树山阵地（已经侦察完毕）事宜。

7月15日上午，桥本大队所部在铁路管理局和学校高地受挫，伤亡惨重。

当天拂晓，永里大队在日机的炸射和炮兵的支援射击掩护下，以配属的师团工兵队爆破了鹿砦，步兵从开辟的突破口突入枫

树山，一面避开布雷地带一面突进。第三中队（木村队）和第一中队（松本中尉代理指挥）分别突入了"绿"高地和"猫"高地。虽然中国军队在重武器支援下反复实施逆袭，但日军还是突入了这两处阵地内并得以确保。

"绿"高地经过了一番惊心动魄的激战之后才告易手。战斗开始前，奉命攻击"绿"高地的第三中队在深夜进入攻击准备位置待命后，队员们使用军锹挖成了齐腰深的洞。为了不弄出声响，他们在使用军锹时颇为小心，好不容易才挖成。中队的户田芳郎兵长原本觉得军锹在行军时不容易绑在背带上携带，希望带着老兵所用的那种十字镐，不过现在却觉得还是军锹比较好用。此时战场上万籁俱寂，队员们屏息静待黎明的到来。

天色开始发亮后，"绿"高地开始在前方显现。这时户田兵长注意到师团工兵的下士官正在小声地向年轻士兵强调说明爆破筒的使用方法。第三中队长木村久雄中尉忽然对户田说道："把枪给我。"户田为了把步枪递给身处约两米前的洞中的中队长而探出身子，这时他蓦然看见前方已经被削成绝壁，下方有铁路线穿过。对面的绝壁就是"绿"高地，户田能看到战壕在低矮的树木间纵横分布，有零星中国士兵在监视着铁路方向。

不久后方的炮兵开始进行支援射击，第三中队的第一突击小队在炮兵支援射击掩护下，一举越过了铁路线，在师团工兵队爆破鹿砦后，突击队在雨点般的手榴弹和迫击炮

弹攻击下、以及在地雷爆炸的烟尘中从突破口突入,第三突击小队也紧接着突入。日军在断崖上搭起了三把梯子,突击队攀上梯子在投掷手榴弹的同时一个一个地突入了守军阵地,有的士兵因遭到狙击而从梯子上层跌落下来。经过苦战后,第三中队主力终于确保了"绿"阵地。

战斗开始后,位于后方的户田兵长看到中队前锋一下子便越过铁路冲了过去。不久木村中尉瞄准一名中国士兵一枪即命中,那名士兵从此不再动弹。趁此时机指挥班也冲出坑洞向前奔去。中国士兵投掷的木柄手榴弹一齐飞过天空落将下来。户田兵长在炮弹、手榴弹的爆炸声和烟雾中拼命冲到了鹿砦处。他在目睹不久前倒在破坏口处的年轻工兵的同时进入了战壕,这时高地已被中队占领,但在橘树下躺着地木军曹以下十多名战死者,他们都是被手榴弹炸死的。不久前被中队长木村中尉射倒的那名中国士兵已经死去,在他的脖子上挂着发信号用的哨子,身边放着一箱手榴弹,盖子已经被揭了下来。

第三中队占领"绿"阵地后,为了同第一中队和第二中队相连接而继续扩大战果,尔后在裸露着地面的秃山上、战壕内、堡垒中同近在咫尺的中国军队对峙着。

第三中队在这次战斗中有十多人战死,许多人受伤。战死的地木曹长被户田芳郎认为是一名"身经百战的勇士",看起来他的死亡对第三中队来说是一个不小的损失。

另一方面,夺取"猫"阵地的战斗也颇为激烈。永里大队第一中队以第一小队为先导,在师团工兵队爆破"猫"阵地前的鹿砦的同时从突破口突入,第一小队一边躲避迫击炮弹的爆炸一边突进,在爆炸的尘烟中攀上了断崖。中队主力也随之突入守军阵地内,在经过手榴弹战和白刃战后确保了"猫"阵地。

永里大队第二中队(细井队)随后超越了第一中队占领的"猫"高地,在日机和工兵队的协助下向"老鼠"阵地发起攻击。该中队以第一小队(田中少尉指挥)为先导,在日机以机枪扫射"老鼠"阵地和工兵队爆破的支援下突入了阵地。据说第二中队仅依靠五颗手榴弹向阵地深处迫近攻击。这一带被滚滚白烟和尘土所笼罩,在烟尘中,首先有两三人攀上高处的中国军队阵地,好不容易确保了一角。这时中国军队的侧防武器向日军凶猛射击,数名日军被击伤,但随着一个小队日军陆续突入阵地,"老鼠"阵地终被日军完全占领。第二中队也有田中小队长以下多人死伤。当日机刚一离去,盟军飞机便飞来反复进行炸射,中国军队趁机逆袭过来,中队长以下经过拼死战斗后才将其击退,完全确保了"老鼠"阵地。

此外,永里大队长为使第二中队的攻击更加容易,还命令第五中队(大村队)攻击"30"①、"33"据点(军舰高地)。第五中队以柑本小队加上机关枪一个分队攻击前进,从左侧包围了中国军队。中国军队进

---

① 日军资料中未写明该阵地所在位置,应在枫树山和33高地之间。

行了顽强抵抗，在反复进行了手榴弹战后，第五中队突入了"30"据点。随后该中队准备向"33"据点（军舰高地）攻击前进。根据第68师团战史资料，"33"高地上有数个混凝土制的掩盖枪座，掘有约一人深的交通壕，还对要点用混凝土进行了加强，是一处十分坚固的阵地。

中国军队反复进行了逆袭，但都被击退。第五中队将梅田小队作为右第一线，横井小队为左第一线，以这样的部署迎来了夜晚。

当天，西山大队经过苦战占了烟囱高地，田部大队（独立步兵第116大队）对中正堂高地的攻击则惨遭失败。

7月16日，永里大队第五中队向"33"高地发动了攻击。该中队官兵在炮兵队对"33"高地的射击掩护下匍匐前进，集中投掷手榴弹后一齐突入守军阵地。中国军队也将手榴弹扔了回来，反复进行逆袭，双方陷入敌我难分的白刃战中。第五中队好不容易确保了"33"据点，但有很多人战死。

这场战斗十分惨烈，关于其详细情形，当时在第五中队任小队长的若野义明曹长后来回忆道：

我们中队从湘桂铁路南侧攻向33高地。这里好像陡峭的悬崖一样，上方堡垒的灰色墙壁令人感到非常可怕。铁路上的铁轨可能已经被中国军队拆掉了，只剩下枕木和碎石。那里成了雷场，听说此前有一些友军被炸飞。我们就是越过那里前进的。

前一天已经攻占了旁边的高地，我们

就从那里攻向33高地。虽然是白昼攻击，却搞得乱七八糟。我们在炮兵队的支援射击下匍匐前进，敌人也向我们射击。炮弹交错乱飞，声音好像瀑布流下一样。中国军队的那种带有长柄的手榴弹不断飞落过来，还有敌机投掷的降落伞炸弹。有的人被手榴弹炸中，上半身被撕成两半。有的人被敌人的燃烧弹打中，被烧得焦黑躺在地上，变得奄奄一息，在呼吸时从嘴里喷出青色的火焰。

第五中队占领了军舰高地后又遭到盟军飞机的炸射，伞投炸弹刚一落下，数百名中国军队便发动了大反击。永里大队长在停兵山的大队本部目睹了这一景象，下令以大队的全部火力和配属的山炮向其集中射击，但中国军队仍然反复实施了逆袭。第一线各小队因缺乏弹药，就向对方投掷石块，并将掷来的手榴弹快速反投回去，终于在白刃战中重创了中国军队将其击退。

中国军队发动逆袭时，配属给第五中队的机关枪一个分队（山田曹长）也拼命应战。机关枪中队的山田信秀回忆道：

……美机猛烈地投下降落伞炸弹，有的士兵虽然帆布袋被扑哧扑哧地扎出窟窿来，自己却捡了条命。刚高兴了一下，敌军的逆袭部队（包括手榴弹排在内的一个营）就向第五中队正面袭来了，柑本小队长在最前面拔刀砍杀，经过奋勇战斗终于被敌弹击毙。机关枪分队也以手榴弹、步枪迎战该敌，不久敌军也逐次后退，柑本小队长的遗体得以被平安收容。

关于中国军队逆袭时的情形，第五中队的若野义明曹长也作了如下回忆：

敌军从壕中、从鹿砦后面不断地冲出来。一百人、二百人、三百人……数量实在惊人。随后陷入了敌我难分的白刃战中，也分不清是什么人。之后的事情，现在几乎想不起来了。

当时若野他们跳进中国军队挖掘的壕沟中，藏身于其中：

（壕沟）大约到胸部那么深，宽度大概有五六十厘米，虽然没有掩盖，不过有的地方把木料交叉搭盖在壕沟上面，在上面再覆上泥土，这种地方可以抵抗住迫击炮弹。可是从壕中向外面望去，周围的树木几乎只剩下树干。枝叶已经在激烈的枪炮射击中被打掉。我竟然没有中弹，还活得好好的，真是难以想象。

虽然占领了"33"高地并击退了中国军队的逆袭，但第五中队也有柑本曹长以下多人死伤。在《桧第六十八师团史》中载入的"战殁者名簿"中，在独步117大队第五中队死亡者的名单内，收入了16名战死于"五〇〇高地"的日军姓名（不包括战伤死），其中13名在1944年7月16日战死（包括柑本纯一郎准尉，应为死后晋升为准尉），他们显然就是第五中队在"33"高地的战死人员，这个"五〇〇高地"就是

"33"高地。虽然这个名簿很可能存在遗漏之处，不过还是可以大致推测第五中队在16日的"33"高地战斗中共死伤数十人，确实是代价高昂。

第五中队确保了阵地，中国军队从"33"高地撤退了。但到了夜间中国军队又发动了逆袭，可是这时第五中队已经基本没有弹药了。攻击前他们仅仅携带了手榴弹两颗和步枪弹三四十发。关于当时的情况若野回忆道：

虽然把中国军队留下的手榴弹收集起来，但即使这样也不够使用，所以只好下令把敌人放到近处、只有在肯定能击倒敌兵时才使用手榴弹，当敌人在来自周围高地的支援射击下登上高地斜面后，我们便投下先前收集好的石块。当石头也用光的时候，就抓起壕沟的泥土扔下去。不知道有多少打到了敌人，反正没有别的办法。

中国军队的夜袭此后每晚都在持续着。

和第133联队一样，永里大队的官兵也为恶劣的战场环境所苦。占领"33"高地后，第五中队的士兵们在被中国军队放弃的战壕中动弹不得。连夜都有敌袭。白天，有美机飞来进行轰炸和机枪扫射。此外，还有来自在周围高地占领了阵地的中国军队的狙击。日军只能把身体藏在战壕中。若野回忆了当时的凄惨情景：

太热了，真是太热了。衡阳简直成了亚热带，在七月的烈日下气温恐怕接近四十

度了吧。大家都光着身子，只穿着一条兜裆布和军靴，腰部还别着刺刀。一坐下来下面就感到松松软软的，有种奇怪的柔软感。因为感到很不舒服，就扒开红土一看，中国士兵的尸体正重叠着躺在壕沟底部。因为是在烈日下，尸体已经膨胀起来，生出了很多蛆虫。可是却没有办法把这些清理掉，因为敌人的攻击接连不断地进行着。没办法，只好把毯子铺在上面打盹，不过在混乱的战斗中，感觉已经变得麻木了。

在若野所属的第五中队在"33"高地上战斗和守备的同时，117大队第三中队则在确保"绿"高地中度过。这里的情形也十分悲惨，同"33"高地东邻的"绿"高地上连一棵树也没有，在无风的炎热天气下，壕内充满了战死者的尸臭味，简直让人透不过气来。如果日军姿势稍有抬高就会遭到狙击，而如果走到反斜面上又会被头上的盟军飞机盯上。

更让人头疼的是吃饭。因为煮饭时冒出的炊烟马上就会成为盟军飞机的目标，所以日军只好在遥远的后方趁天亮前煮好饭，而大米还是糙米的状态。煮成红色的米饭并没有被攥成通常的饭团，而是被攥成大个的如铅球般的坚硬球体使其不能破碎，再用荷叶包起来并放进桶里，配上石盐和辣椒在早晨送到阵地上来，但在白天"饭团"就变得

松松垮垮的。据户田芳郎回忆："早饭还算好，不过如果要在白天吃剩下的一半的话，饭粒由于天热已经变得黏糊糊的。这样当然会拉肚子了。在火烤般的太阳下，便臭和敌兵的尸臭让人受不了。"雪上加霜的是，有一名给日军送饭团来的被俘的中国少年兵也中弹受伤。日军从阵地上可以看到中国士兵在中方阵地后方的池塘中采莲藕，如果向其狙击的话就会遭到几倍的还击，再加上缺乏弹药，日军对其不能有所动作，只能"切齿扼腕"。夜间为防范中国军队趁夜逃走，第三中队不得不轮流以一个小队去警备"地狱谷"。①

第三中队为了收容战死在"绿"高地上的己方战死者费了很大力气。户田芳郎兵长回忆道：

我们也是一样。倒在壕外的战友遗体实在没法埋葬，就在炸射的间隙从壕中爬出去慢慢把遗体拉过来。不知道用了多少天……有的面朝下躺着的尸体被翻过来之后发现是腹部中了枪弹，在衬衣上的破口处，紫黑色的血液已经凝固了。千人针从衬衣的破口处露了出来。缠在腹部的千人针……被染得紫黑，上面密密麻麻地布满了黄色的粒状物。那是苍蝇聚集在被鲜血沾污的地方在上面产下了卵。实在让人受不了……我也在腹部缠着千人针，想到如果死者的亲人看到这个可

---

① "地狱谷"系位于"口"、"八"高地一带的隘路，但笔者所见日军资料包括各幅地图中均未明确标出"口"、"八"两高地的位置，根据第68师团战史资料对永里大队作战过程的描述，该两高地应位于铁路线南侧、靠近停兵山和枫树山，大致在两山之间。第68师团战史资料称7月25日半夜永里大队第一中队及配属的机关枪小队消灭了一支来到地狱谷而接近日军阵地的中国军队一个营，并称该营为试图同解围军联络的部队。

怎么办，感到一阵揪心，我下意识地用手不停地拂去在千人针上产下的卵。

"绿"高地夹在稻田和池塘中间大约二三百米。山顶附近有数栋红砖墙壁的民房，屋檐与屋檐紧紧挨着。衡阳战役期间，这一带茂盛地生长着青绿的橘子树，所以被称为"绿高地"，但现在早已面目全非。几十年后，当户田所属的慰灵团于1982年访问衡阳时，此处已经连一棵橘子树也没有了。据户田回忆：

那座山岗（绿高地）的战斗也很激烈。在橘子树下，中队士兵约十人倒在那里。我们埋葬了这些战友。

这时候已经没法把战友的遗体全部烧成骨头。卫生兵过来把遗体的右臂从肘关节砍掉，只把这些胳膊烧掉。然后在橘子树下面挖出一些坑洞埋掉。当然不能在高地上焚烧，是到后方烧掉。

户田把从战友尸体上面砍下的胳膊放进中国农民使用过的水桶内，趁着枪炮射击的间隙用扁担挑着运走：

在火辣辣的太阳暴晒下走在山丘的小路上，装在扁担前后的桶内的上臂的切口和指尖从桶里露了出来，在阳光照射下闪闪发亮。这就是那天早晨之前还在一起的战友们。从桶中露出的胳膊上，战友的容颜一个一个地浮现了出来……实在让人受不了，我便把目光移开，一边看着自己的脚下一边走

路。如果有布或者纸的话，就可以盖在桶上，可是却没有。真是难受啊。这就是战争，所谓的战争，一遍又一遍地对自己这样说道。可即使这么想，也没有感到好受些。

挑着扁担低着头走在红土小路上的户田，突然遇到盟军飞机袭击。当他突然注意到的时候，飞机已经开始俯冲，随后机枪啪啪啪地扫射过来。户田挑着扁担拼命逃开。正巧在道路旁边有一座用泥土盖成的小房子，他便跑了进去。

在房子里有一名其他部队的年轻将校，因足部负伤而在这里避难，此时正盘腿坐在泥土地面上。户田跑进房内把扁担从肩上取下来松了口气，将校看了一眼水桶便开了口："你小子，真是太不像话了，胳膊都露出来了，太不尊重死去的士兵了吧？"户田感到很生气。后来他这样解释当时的想法："最难受的是搬运水桶的我。为什么非要我做这种残酷的事情不可呢？真希望起码用什么东西把桶蒙上，为此最感到痛心的就是我。"

户田不顾一切地对这名将校大声斥责道："你又在做什么？不就是脚上受伤了么？到第一线去呀。知道士兵们打的是什么样的激战吗？看看这桶里的胳膊吧，有多少士兵倒下了啊。还有你这姿势是怎么回事？瞎说些什么呢？"随后户田挑起扁担跑出了房子。这时盟军飞机已经消失了，户田又踏上了红土山岗的道路。太阳正火辣辣地暴晒着。

走了大约一公里后，户田到达了中队

以前作为伙房使用过的农舍。他在那里一个人把战友们埋葬了。在农舍的院子里，户田首先把死者的胳臂摆成一行。因为害怕点燃木头升起的烟火会被敌机发现，所以他就把用来做农舍围墙的竹子烧着了。竹子发出噼噼啪啪的声音，旺盛地燃烧起来。户田把写有战友名字的纸片放在各人的胳臂旁边，但是却被风给吹跑了。为了能弄清死者身份，他就用竹子在地上写下名字。户田蹲在地上一个一个地写下名字，这时战友们的面孔在他眼前浮现出来。眼泪不由自主地流了下来，户田用脏兮兮的拳头一遍又一遍地擦着脸……

烧了几个小时后，战友们的胳膊变成了白骨。户田拣起仍然很烫的骨头，用好不容易保存下来的小纸片包住。他把用纸包起来的遗骨收进背囊底部，一直随身携带到战争结束时，战后又带回了日本。"可是，这是最后一次能够焚烧胳膊了。这以后就只能焚烧手腕，然后变成中指，然后终于连手指都没法烧掉了。"

这种艰苦的对阵生活一直持续到第五中队为攻击芭蕉高地而移动之前，但这些苦难还不算是最糟的，据户田芳郎所述："同芭蕉高地、寺庙高地、森林高地的战斗相比，这还算是比较好的。"

7月16日，永里大队第一中队配属机关枪一个小队从"猫"阵地向"地狱谷"的"口"、"八"高地移动担任警备。

当天，田部大队长因身体极度衰弱不得已撤到后方，由柴田大尉代理大队长。

7月17日，太田旅团长决定在明天实施夜袭，为此进行了如下部署：

一、西山大队以夜袭突破当面之敌阵地，一举突入学校高地；

二、田部大队作为右第一线以夜袭突破当面之中正堂阵地后，向市内深入突进，构成攻略衡阳城之桥头堡；

三、桥本大队以重武器支援田部大队突破中正堂阵地，使其向市内突进更加容易，同时与西山大队相呼应一举突入学校高地；

四、永里大队完全占领枫树山后，准备以主力攻击寺庙高地。

当天，永里大队第二中队接到了攻击"松鼠"高地的命令。下午14时，第二中队向该高地攻击前进，由于守军为躲避日机炸射已经离开，第二中队得以兵不血刃地占领高地。但中国军队在夜间反复实施了逆袭，第二中队最终确保了该高地，损失为森军曹以下若干人受伤。

在第五中队正面也有中国军队的反击，但每次都被拼命击退。

7月18日，西山大队第二中队（小原队）的第一小队（由加藤少尉指挥）为突入学校高地而向当面的鹿砦阵地发动了突击，但很快被中国军队全歼。小原中尉不得已只好独自决定中止攻击。

田部大队也在当日发起攻击，企图在以一部压制中正堂高地的同时，使其余各队专心向城内突击。但大队主力在夜间通过湘江沿岸的道路试图强行突破时被雁峰寺附近的中国军队以猛烈的手榴弹攻击击退，在中正堂高地战斗的两个中队也以失败收场。

当天，中国军队对永里大队第五中队正面发动了猛烈反击，经反复激战后被击退。

7月19日，西山大队以大队炮火全力压制敌火，收容了加藤小队的死伤者（几乎全部战死）。

永里大队第五中队在当天仍然要抵抗中国军队的反击。因为横井少尉战死，中队长将第一、第二、第三小队改编成一个小队，由梅田曹长任小队长，就以该小队守备阵地、防备中国军队的反击。

7月20日拂晓，西山大队向烟囱高地发动了攻击①，但在高地南侧山脚处被打得动弹不得，瞬间被打死三名少尉，最后以惨败收场。

当天，太田旅团受领了师团的大意为暂时中止攻击、准备下期作战的命令，并传达给各队。

这时，永里大队的战力已经十分低下。从这次总攻中途开始，各队的弹药就已不足，虽极力节省也不敷使用。此外伤员的增加、粮食不足造成的营养不良、痢疾患者的激增也都严重影响了部队战力。

此时第133联队也已濒临山穷水尽。

---

① 根据第68师团的记录，烟囱高地在7月15日就已被该大队攻占，关于此后该处的情况缺乏详细记载，但从数日后西山大队再度攻击该高地来看，可推测其已被中国军队夺回。

第十五章　夺命战场

7月11日第二次总攻开始时，第133联队第五中队全员已损耗至30人。前任中队长玉森修中尉在八仙桥负伤、村上准尉在狮形山战死、山下芳信少尉在进攻张家山时战死，又代理队长石松三男少尉也因负伤被后送，中队的将校准士官已全部丧失，中队的指挥由前任下士官村田侃也军曹担任。14日骑马小队长加藤英一中尉被匆忙任命为中队长。14日下午，加藤中尉从足立大队长处受领了攻占"23"高地的命令，在当夜带领村田军曹等数名部下侦察敌情，了解到对该高地除了以肉弹进行攻击之外难以攻占。入夜后加藤中尉在村落的独立房屋中将中队全员集合起来，对如下的大队长命令进行了传达与训示：

一、第五中队定于明十五日晨攻击并夺取"23"高地。

二、此次攻击中全员皆应抱有决死之觉悟。

三、因此各分队应收集遗嘱和指甲并送至指挥班。

15日黎明前，第五中队的掷弹筒分队长国枝光雄伍长正享受着白天炎热的酷暑降临前那沁人肌肤的凉气，脑中正想着是不是要稍稍打个盹，这时他听到了准备出发的命令。

不久第五中队以加藤中尉为先导，在指挥班长小林勇伍长等数名指挥班成员后面是小队长村田军曹、第一、二、三、四分队，排成一列在漆黑的道路上隐秘地开始行动。第五中队作为第二大队的左第一线，开始前进的时间比右方的奥山中队稍晚一些。

中国军队方面仍然鸦雀无声，时光在沉闷寂静中流逝着。这时突然出现了令人头晕目眩的闪光，同时响起了百雷齐鸣般的轰响，一发炮弹在指挥班附近爆炸了，当场有馆俊夫卫生上等兵和德田光男上等兵战死，其他数人负伤。这出乎预料的一弹，给中队的前途投下了一抹阴影。

右第一线的第六中队已经开始前进，而第五中队的企图似已暴露，除前进外别无他途。加藤中队长说道："快走！"便猛地朝山崖下面跑去。村田军曹以下亦随其前进。中国军队射出的弹丸逐渐激烈起来。中村英一上等兵好像在山崖中间中弹，向前一头摔倒在地，不再动弹。不久迫击炮弹发出令人毛骨悚然的声响接连落了下来。中国军队阵地前的木栅前方无遮无挡。队员们不顾一切地冲过约百米的开阔地。有人为来自守军堡垒、散兵壕的交叉炮火击倒，有人踏上地雷被炸飞，不久前尚保持着寂静的战场转瞬间变成了凄惨哀嚎的炼狱。

加藤中尉在守军凶猛的火力中到达了"23"阵前的木栅一线。国枝光雄伍长也拼命进到木栅底部。国枝伍长环视周围，发现少数人也和自己同样地卧倒着。当他把头转向右方的一刹那，位于十米左右远处的加藤上等兵被装置在木栅上的手榴弹轰隆一声炸中胸部，仰面摔倒在地，就这样一命呜呼了。国枝光雄等人向中队长发出声音的左方匍匐移动过去，看到村田军曹和小林伍长、龟井卫生兵长、竹株顺一兵长、入口音次郎上等兵、桥本博上等兵等已经聚集起来，在旁边松尾伍长、浅井候补生伍长身负重伤正躺在地上。掷弹筒分队的国枝光雄伍长和北村安男上等兵、仲保义一等兵、伊藤清治一等兵加入进去后，再加上作业队三人和六号无线兵两人，总共20人左右。

此处的木栅系将圆木、木板、竹子等深深嵌入土中，十分牢固，其外侧围上了铁丝网，根本无法穿过。加藤中队长命令作业队在长木棒的前端安装上炸药，对鹿木栅和铁丝网进行爆破，打开了数米宽的突击道路。在硝烟还未散尽时，以中队长为首，小队长村田侃也军曹、指挥班长小林勇伍长等数人利用爆烟呐喊着冲入阵地。守军好像正等候着这一时刻，高地的所有火力点的弹幕集中射向突击队。手榴弹、掷弹筒弹仿佛塞满天

空一般接连飞来。爆炸声轰隆隆响个不停，好像节日期间的太鼓一样持续不断，此种情景简直可以用"弹如雨下"来形容，日军被打得抬不起头来。国枝光雄向突击道路方向看了一下，看到小林伍长的脸上被鲜血染得通红，其样貌十分凄惨，他使尽浑身力气从壕中探出身子大声喊道："我被打中了，队长和村田军曹也被打中了。请传达给大队本部！"然后便向壕内滑落下去。

这时中队长已经身负重伤，作为中队骨干的村田军曹和小林伍长也都已战死。松尾伍长头部中了两弹，变得人事不省，浅井候补生的右臂也只剩下骨头，鲜血淋漓地躺在地上。中队的指挥最终落到了国枝光雄头上。国枝光雄决心带领不过十人的残存队员重新实施突击，他立即通过六号无线联络大队本部，向其报告了第五中队全灭、全体生存者将进行最后的突击。

国枝光雄终于看好时机说道："上，跟我来"，便冲入了阵地。这时，几乎同时从右侧冲过来的北村安男上等兵被右前方堡垒中的捷克式机枪的一个连射击中胸部而滚落进壕内，瞬间成为异国之鬼。国枝光雄也拼命跳进壕内并向对面看去，看到两名中国士兵正沿着战壕逃走，他怀着满腔仇恨射杀了那两人，又向前方矗立着的堡垒逼近过去。他注意到刚才一直狂暴地喷吐着火舌的捷克式机枪却奇怪地保持着沉默。他在心中想到："就趁现在！"他好不容易进至堡垒的入口前，端着枪大胆地冲了进去。然而出乎他的意料，守兵的身影已经消失不见了。国枝光雄怀着泄气和安心的混杂心情观察了内

部,先前令日军大感痛苦的捷克式机枪的弹壳铺满了地面,堆得高高的,显示了抵抗的激烈。很多木柄手榴弹和背囊、衣服之类的东西还留在角落里。不久跟在他后面不远处的中西仙吉一等兵等三人也相继跑进来了。

国枝光雄通过枪眼向前方望去,看到曾进行了极顽强抵抗的中国军队正向着市区的方向退却。第五中队终于占领并确保了"23"高地。

第五中队进入"23"高地(12时左右)后,张家山上的日军看到好像是在"り"处的机枪阵地中的十多名中国士兵向"54"高地退去。在扛着机枪和弹药奔跑的士兵中,也有人拖着像是大块猪肉的东西,令连日来仅以盐饭过活的张家山上的日军官兵垂涎三尺。自晨以来由于"り"处的中国军队的射击而只能躺在灼热的地面上动弹不得的第五中队的死伤者,至此终于得以收容,令黑濑松了口气。

当天,第五中队有村田军曹、小林伍长以下13人战死。加藤中尉在战斗中受伤后立即被收容,于八月末在衡阳野战医院不治身亡。

7月16日上午,国枝光雄伍长以下第五中队官兵将"23"高地的守备移交给了第八中队。

另一方面,根据第九中队参战者的记录,三浦纪行少尉指挥下的第九中队也参加了攻击占领"23"高地的战斗。此前,第九中队在到达衡阳后作为联队直辖的军旗中队而驻于联队本部,7月15日中队回到了分别约一个月之久的第三大队。关于第九中队开

始攻击"23"高地的时间,据三浦纪行回忆为15日"下午三时左右",而这已经是在第五中队占领并确保该高地之后了。如果这个时间是准确的,则该高地似乎是在第五中队的占领下又被中国军队以逆袭夺回。又据原第九中队的玉木斋吉兵长回忆,由于第二大队自7月14日开始攻击以来的激战苦斗,7月15日联队向第三大队下达了进行支援攻击的命令。第九中队的参战,究竟是由于"23"高地被中国军队夺回后进行的再度攻击,还是出于其他原因?对此日方资料也未能解释清楚。《步兵第百三十三联队史》也只是推测道:"……也许'23'高地周边也存在着顽强的敌阵地,正在黑高地山顶指挥第二大队战况的黑濑联队长,将作为联队预备队的第九中队投入了战斗,令其协助第二大队的攻击。"不管怎样,第九中队在"23"高地的战斗是不能抹消的事实。

根据当时第九中队的三浦纪行少尉和玉木斋吉兵长的回忆,第九中队攻击"23"高地的过程如下所述。7月15日第二大队占领"33"高地之后,第三大队进入了第一线。第九中队回归大队后经衡阳西站向"23"高地发起了攻击,攻击开始时间为下午3时左右。第九中队以第三小队的工藤分队为前锋,在迫击炮、捷克机枪的猛烈射击中匍匐前进逼近守军阵地,突破了坚强的木栅。但日军接近断崖后遭到手榴弹的集中攻击,接连出现损失,即使攀上断崖也为铁丝网所阻而无法突入。虽然要求重机枪和大队炮破坏铁丝网,但并不能够轻易切断。不久,在中队攻击无效后从隔着军用公路的张家山东侧

传达过来黑濑平一的呵斥声："九中队快点突入占领！"傍晚，第九中队主要利用中国军队的手榴弹破坏了铁丝网的一部分，打开了突破口，因此得以突入占领。约在日落时分，大队本部也进入了该高地。据玉木斋吉回忆，第九中队在这次战斗中有大角润太郎一等兵战死，另有许多战死伤者。但根据第133联队战殁者名簿，第九中队在当天有四人战死。第九中队在占领"23"高地之时，人员已经不足40名。

随着第六中队占领"33"高地，第二大队长足立初男拖着疼痛的伤腿到达了"33"高地，确认了第五中队对"23"高地的夺取，继而为攻击"34"高地而同各中队长和配属的重武器队长一起在交通壕中侦察敌情地形，当时速射炮中队长角田和夫中尉、平射炮第一分队长若林（平射炮第一分队奉命应在"33"高地进入阵地）、速射炮小队长田口宗雄少尉及其传令兵佐佐木荣一等兵等也在现场。大约14时左右，在"33"高地上面对中国军队的斜面上，距离掩盖数米远的散兵壕内，足立正在侦察"54"、"34"高地的敌情（当时他左边是堺中尉、右边是角田中尉），突然一发山炮弹（一说为迫击炮弹）在其正前方爆炸，炮弹破片击中了足立的左胸。足立平静地说道："我被打中了。"旁边的人马上问道："不要紧吗？"并解开他上衣的纽扣，稍稍露出左胸，发现似乎是在心脏的位置，鲜血如一条细线般地从此处流出。足立用微弱的声音说："不要紧。"这却成了他的最后一句话。附近的几个人虽然马上对他进行了护理，后来又经过

军医治疗，但仍然无济于事。最终，足立大尉于下午7时左右在大队本部官兵的注视下死去。至此，第133联队参加湘桂作战时的大队长现在已经不剩一人。日军资料对此评价道："责任观念强、富有实行力且外柔内刚，在部下中颇有威信，将这些集于一身的足立大尉的死去，使黑濑联队长感到失去了一个重要的支柱。"

足立受到致命伤后，随田口少尉上山的传令兵佐佐木荣一等兵为了进行联络而返回速射炮中队所在阵地，传达完命令后在复命途中被迫击炮弹击中头部和胸部，最后在7月22日死亡。

此后黑濑平一判断，第二大队已经失去了大队长，而且该大队各步兵中队连一名将校都没有（各中队现皆由下士官指挥），难以使其继续执行今后的进攻，遂决定以第三大队为右第一线，于16日拂晓攻击夺取"34"高地，之后在攻击"54"高地之前，首先以左第一线关根第一大队攻击夺取"55"、"56"高地。

之所以如此决定，是由于"54"高地附近树木很多，使得日军方面对于守军阵地的情况仍有不明之处，而且还考虑到如果左方一线第一大队待命的时间较长，会使得该大队的攻击气势消沉下去。此外如果夺取了"55"、"56"，则"54"也会处于日军火力包围之中。

从15日16时左右开始，黑濑平一逐次下达了要点如下的命令：

一、联队从明十六日拂晓起再兴攻击，

首先夺取"34"高地，随后攻击萧家山。

二、第三大队立即开始行动，推进至"23"附近，作为联队之右第一线于今晚迫近"34"高地准备攻击，明十六日黎明后紧接步炮之突击支援射击后突入"34"阵地并确保该高地，同时准备攻击"54"高地。目前配属于第二大队之步兵炮小队及工兵小队今后配属于第三大队。

三、第二大队中止今后之攻击，确保现在之线，当第三大队进入"23"附近后以主力集结于"33"高地西南侧作为预备队。特别应以一个中队及重武器部队守备"33"高地，并于明日拂晓第三大队攻击"34"高地之际以重武器全力协助之。

四、第一大队仍位置于目前之线，继续加强攻击"55"及"56"高地之准备，特别应于明十六日第三大队攻击"34"高地之际以重武器之一部协助之。

五、炮兵队应以一部适时推进至"33"高地附近，做好自明日拂晓起以全力炮击"34"、"54"、"55"、"56"各阵地要部之准备。

六、石崎部队应于明日拂晓第三大队实施攻击之际压制"54"及"55"高地之敌，协助该大队。

七、其余各队仍继续执行目前之任务。

足立死后，速射炮中队的平射炮小队变换阵地至"33"高地，速射炮小队则仍然留在张家山上，该中队开始为次日拂晓的"34"高地攻击战斗做射击准备。在此期间，中国军队的迫击炮和飞机的炸射仍然不

断地袭击着日军阵地，其中一发落在张家山上的炮弹命中了速射炮中队的中西卫生上等兵和崛兼夫一等兵，两人均死亡（后者于9月15日战伤死）。

据黑濑平一回忆，当日傍晚7时左右，他突然听到手榴弹的连续爆炸声，稍后接到己方部队正在攻击"34"高地的报告。当时第三大队应该尚未着手进行攻击准备，黑濑对此感到奇怪，走出作为战斗指挥所的堡垒一看，为数十多名的一队日军已进入"り"处的独立房屋所在台地上，中国军队则正在独立房屋后方以手榴弹进行防御。不久，日军消失在了爆烟之中。中国军队不断从后方搬来手榴弹，而张家山上的日军步兵炮因敌我双方距离太近，无法实施炮击。不多时，日军攻击部队脱离了中国军队，在"り"处的崖下消失不见了。黑濑判断该股日军应为占领了"34"台地后继续前进的第五中队，可能该中队没有接到第二大队的中止攻击的命令。尽管以少量兵力在没有重武器或炮兵支援的情况下前进到台地上已经十分困难，然而他们竟还企图突入"34"高地，这给黑濑留下了强烈的印象。很可能由于足立大尉的战死，使战斗指挥陷入混乱，因此中止攻击的命令未能传达到该部队。黑濑认为，如果已进入"33"高地的足立大尉还健在的话，将能适时支援该部人马而不至于使他们陷于如此困境中，甚至还可能利用他们所取得的成果成功夺取"34"高地。当时虽然也准备对"34"高地进行突击支援射击，但未能发挥作用。

黑濑虽做了内容如上的回忆，但实际

上他对第五中队当天的战斗详细经过并不清楚。以第五中队所剩无几的力量想要攻克"34"高地毕竟是疯狂之举，而第七、第八中队在当天各有两人战死，但该两中队在当天的活动也缺乏记录，这次对"34"高地进行的失利攻击究竟是何部所为，毋宁说还存在疑问。

15日17时左右，迫第三大队长到达张家山的联队长处，受领了明十六日天明后攻击"34"阵地的命令，在接受了黑濑平一的指导后走下山去。

这时，从早上开始就进行着"55"高地攻击准备的左第一线第一大队长关根大尉得知对"34"高地的攻击延期到明16日天明、因此对"55"高地的攻击更延至其后，遂从17时左右开始屡次向联队长表达了希望于当日以夜袭夺取"55"的意见。黑濑虽认为时机尚未成熟，但被他的积极要求所打动，最终同意了他的意见。

第一作业队自从7月14日第一大队进入"35"东西之线后，便不顾疲劳睁着充满血丝的眼睛寻找用于攻击的合适场所。第一作业队负有开辟"55"的突击道路的任务，计划进入比大队第一线更远的地方，力求尽可能地靠近障碍物。其全体人员仅有队长以下十四五名。

15日薄暮时分，第一作业队组成了三人一组的突击队，计划以数组施行突入。突击道路必须在夜间攻击之前开辟完成。而守军的枪炮火力非但没有减弱，反而愈发激烈起来，机枪、步枪、迫击炮、速射炮、最后是野战炮，以各种武器不间断地射击着。

16时左右，作业队长藤本格也少尉下达了命令。第一组三人以内田上等兵为先导，从壕中冲了出去，却马上受到步机枪火力的集中射击，一颗子弹命中了内田上等兵的钢盔，却奇迹般地在钢盔的内侧滚落了，只是由于被破片擦过而使头部负伤。二组、三组也穿过枪炮火力的间隙跟在后面。在较前更加猛烈的枪炮火力中，日军从壕中只能前进一米到十米左右。守军趁此时机加强了集中炮火，其间并夹杂着狙击。

当各人正要继续前进而采取行动时，一颗子弹贯通了山下才助上等兵的胸部。然而山下上等兵意志旺盛，就这么立着又前进了两步、三步，在向守军靠近的时候"咕咚"一声倒下了。泷本三郎上等兵沿着战壕前进了一二米，已同他人孤立，他的臀部受到贯通枪伤，出血非常严重，不禁叫道："我被打中啦"、"该死"（7月17日因大量出血而死亡）。各人多少都受了伤。伤员的收容已成为当务之急，指挥班受领了收容伤员的命令。伊藤、上野氏等一起在枪火中匍匐前进，将伤员拖入壕中。由于远离了本队，他们已经陷于孤立，不可能进行后送，只能对伤员进行临时包扎。就在这里对包括轻伤员在内的剩余人员进行了重新编组，再次开始攻击。松田上等兵在猛烈之极的枪火中幸运地得以顺利突进，到达了障碍物竹栅栏处，大胆地站起来用双手将其排除，开辟了可容一个人通过的突击道路。然而他也因腹部中弹而战死。夜幕降临后，第一大队于23时左右猛然开始了夜袭，迫近了"55"高地山脚，破坏了木栅，但在企图突入时受到手榴弹的集中攻击，夜袭终于受挫。然而在此期间，位于大队最左翼的第一中队（山本定夫军曹指挥）的古座吉三郎伍长的分队数人占领并确保了"55"高地一角的"ぬ"台地，抵抗住了中国军队多达四次的顽强逆袭。他们将放在阵内的中国军队的手榴弹收集起来应战，最后至次日早晨终于守住了阵地。由于古座伍长以下的战斗，第一大队得以确保"55"高地的一角，于是第一大队以此地作为左翼之依托，在高地山脚附近站稳了脚跟，为16日的攻击创造了条件。①

7月15日夜间9时左右，第三大队受领了夜袭岳屏的命令，第九中队也在"23"高地和张家山之间的军用公路上开始整理夜袭队形，但马上便中止行动，又回到了"23"高地。这个岳屏高地直到衡阳陷落为止也没有被日军攻陷，如果当时对岳屏高地强行实施夜袭的话，第九中队恐将在此处惨遭全灭。

而在"34"高地上，中国军队因为担心夜袭的缘故，在月亮出来之前不断地投掷着手榴弹。

在"55"高地一带，第一作业队也在枪炮火力的交错飞舞中迎来了天亮。16日是个晴天，简直像烤糊了一样。作业队因在混战中陷于孤立，对大队的动向、意图不明。队长藤本少尉决定于14时左右命令石井俊秀同大队本部进行联系，向其通知：为了有利于以后的攻击，将令作业队将其位置进一步向前移动。藤本少尉大胆地抬起头来，在弹雨中正要发出侦察、前进的命令时，右侧头部为机枪子弹击中，就在此处战死了。之后不久，石井带着"友军飞机将要进行支援轰炸，必须中止攻击"的命令好不容易到达了本队。

7月16日拂晓，一颗通红的火球飞向了第一机关枪中队的松谷正岁（松ヶ谷正歳）等七八人所聚集之处。他们本来负有支援第三中队的突击和整理残弹的任务，但在这一刹那发生的事情却使他们横遭噩运。这是中国军队发射的炮弹（似乎是榴弹），就在他们旁边无情地爆炸了。他们都卧倒在地，但是当回复寂静之时，在场的全体人员均身负重伤，无法站起来。松谷正岁的大腿和小腿也受了伤，鲜血染红了军裤。急忙赶来的战友用缠腿、三角巾进行了应急处理之后把他留在原地。其他单位也出现了很多伤员。不久来了命令，让可以步行的伤员自行退到后方，无法行动的伤员则分成三四人一组，各向洼地分散开来。在松谷旁边，第三中队长小山中尉腹部受伤，此时正躺在地上。虽有传令兵和卫生兵随伴，但他们不大工夫就遭到流弹袭击，被迫后退下去了。

小山中尉用悲痛的声音喊道："我是小山中队长，有人在吗？给我拿水来。"可是能够行动的人员都已后退不在这边，留下的都是身体丧失了自由行动能力的人，心里着急也没有办法。小山中尉最后喊了一声便断了气。在此期间，各洼地中的伤员不断呼喊

---

① 第一大队在事前未能侦知"55"高地山脚的洼地中除木栅外还布设有铁丝网，这也是导致突入失败的原因之一。在日军攻占萧家山后，黑濑曾进行过现场勘查，认为第一大队如能按照他当初的判断中止攻击，而利用夜暗将攻击准备位置推进至夜袭失败后占领之线，则此种指导方法更佳。

"卫生兵过来"、"担架队过来"。随着时间的流逝，华南特有的又大又红的月亮也在不久之后升起来了。由于连日来迭遭烈日照射，地面和青草散发的热气几乎使人窒息。到了深夜时分，各处不断传来"担架队过来"的呼唤声。被月亮照亮的天空忽然变得漫天乌云，下起了骤雨。大雨伴随着雷鸣，转眼间便溢满了洼地。伤员躺卧在泥水中，拼命挣扎着以免伤口浸在泥水里。

第二天约在正午时分，盼望已久的担架队终于前来收容了。这时已经是松谷正岁负伤后的第30个小时了，当他被担架队抬起来的时候，才第一次产生"得救了"的感觉。松谷对自己说道："无论如何也要生还。"他看到草地上已经躺着若干阵亡友军的遗体，就在担架上合掌为死者祈求冥福。

7月13日，工兵第116联队第三中队的泷

▲ 松川文吉工兵少尉。

本工兵小队被配属给步兵第133联队第一大队。先前该中队到达衡阳时，小队长松川文吉少尉让罹患脚气的中平一等兵以下数人住院，另外为了和步兵一同参加战斗而将病弱者留在中队本部，因此当松川文吉在张家山上向第一大队长关根大尉报到时，小队的人员已不到30名。

7月15日夜，为了支援第一大队步兵夜袭"55"高地，泷本工兵小队跟在第一大队后面从张家山面向中国军队的斜面下了山。第一大队经过数次激战突入，在凌晨夺取了"55"高地的一角。之后松川工兵少尉奉关根大尉之命，同该大尉一起为侦察突击道路而匍匐前进，爬上了高地。

松川文吉的眼前就是"55"高地。在该阵地前设置有用圆木制成的鹿砦，在其前面又布设了铁丝网。在重要地点上，黑色的枪眼正张着口，阵地上寂静无声，简直令人毛骨悚然。眼前可以看见二三名游动哨，看来那就是中国军队的步哨。无论向右边还是向左边看去，此处都是防卫森严的阵地。

在结束侦察正要返回时，突然听见"啊——"的一声，同松川文吉一起爬上来的松田伍长被中国军队射中。"松田，松田！"松川文吉跑到跟前呼唤他时，松田伍长已经气绝，只见他一动不动，好像是被一颗子弹击中了头部。

这时，松川文吉的侧腹部感觉到有如火烤一般的打击。继松田伍长之后，松川自己也遭到狙击。他一边大声叫喊"大队长，这里危险——"一边伏下身体。松川用手摸了摸身上，发现腰带下面的军裤已经破开了，

侧腹部好像火烧一般灼热。鲜血不断从伤口涌出，手上变得滑溜溜的。

看到发生的情况后，关根大队长对松川文吉说道："工兵小队长，你要保持安静。会有人来接你。"然后便匍匐着后退离开了。之后松川文吉对当时位于鞍部、因为担心小队长而正欲靠近的部下士兵用手势表示："这里危险，不要过来。"

这时在松川文吉前后的地面上扬起了土烟，中国军队只要看见有东西在动就狙击过来，他只好忍耐着一动不动。时间虽然是上午，但七月盛夏的太阳已经热得好像要把人烤焦。身下的红土也被晒得灼热，身体上下均受到烈火般的挤迫，好像三明治一样。腰际的水壶中还残留着一些水，这时也已经变得像开水一样。不过因为只要稍微动一动就会遭到射击，所以无法用来解渴。伤口处也在不断渗出血液，虽然量并不大。

在地上趴了两三个小时后，松川文吉下了决心，突然一下子站了起来，而中国军队并未射击过来，松川成功后退到鞍部。随后松川将藤田军曹和川崎伍长派遣到侦察突破口的关根大尉身边，松川自己只要一动就会出血，因此就在鞍部坐着指挥。虽然他还惦记着留在敌前的松田伍长的尸体，不过稍后总算利用第一大队重机枪的压制而得以撤下。

松川文吉在这初次行动中便失去了"年轻而充满活力"的松田伍长，好像断了一只手一样深受打击。松川的战伤是捷克机枪弹的跳弹所造成的盲贯枪伤，如果再靠向左边二三厘米的话就会成为致命伤。

来自中队本部的卫生兵急忙赶了过来，带来了中队长给他的口信：撤到后方进行交接。但是松川少文吉下定决心要同部下一起战斗到最后，在仅仅接受了临时的止血处理后就留在了阵地上。

泷本工兵小队当时正位于黑高地和"55"高地中间的鞍部，为关根大队的战斗提供了直接支援。根据第133联队资料，在7月15－16日夜间第一大队夜袭"55"高地之后，直到16日傍晚该大队才再次开始攻击"55"高地（详情见后文）。但在松川文吉的记忆中，在16日傍晚之前的白天，泷本工兵小队却正在忙于支援第一大队对"55"高地的攻击，但攻击未能取得进展。尽管存在这样的矛盾，看起来泷本小队确实曾在16日傍晚的陆空协同攻击之前的某段时间支援过第一大队对"55"高地的攻击。无论如何，松川文吉对这段经历的陈述对于了解"55"高地的战斗情形还是有颇有价值的。根据松川文吉的回忆，泷本工兵小队在这段时期的战斗情形有如下所述：

松川文吉接受应急处理后留在阵地上指挥小队作战时，看见中国士兵正在忙着从后方村落向前方阵地搬运弹药，便命令小队暂时停止对"55"高地的攻击，将射击目标变换为搬运弹药的敌兵。小队的射击准确地命中了目标，正在挑着扁担前往阵地的中国士兵一个压一个地接连倒下了。

泷本小队的射击奏效了，中国士兵中断了弹药搬运。但据守"55"高地的中国军队依然斗志旺盛，关根大队的攻击没能如预期的那样取得进展。因此松川文吉向关根大尉建议对"55"高地之敌使用工兵的炸药投掷机进行攻击。

炸药投掷机的射手是久历战阵的越智信行上等兵，他沉着地瞄准"55"高地上的目标阵地，发射了第一弹。随后高地斜面上喷起了猛烈的土烟，响起了宛如重炮炮弹一般的爆炸声，中方阵地立即沉默下来。

接着又发射了第二弹，命中了作为目标的掩盖，木片在尘烟中飞散开来。随后又扣动了第三弹的扳机。然而射弹虽然发火，但装药却没有发火。越智上等兵脸色苍白地向松川文吉报告道："小队长大人，装药没能发火，危险！"松川吓得向部下大声叫喊："散开，散开！"并不顾侧腹部的伤势赶紧滚下斜面。然后他注视着炸药投掷机的方向，这四五秒钟的时间让他感到十分漫长。

随着剧烈的爆炸声响起，炮筒的入口处发生了爆炸，周围的红土飞了起来。爆炸过后，松川一边环视周围，一边不顾伤痛匆忙奔走于各处并询问道："不要紧吧？有没有受伤？"越智上等兵迅速报告说无人出现异常情况，松川放下心来。不过炸药投掷机的炮筒已经像香蕉皮一样裂开了。

这次是由于炸药引信的欠缺而引起的突发事故。虽然炸药投掷机是工兵队的重要武器，但也没有办法。就这样，泷本工兵小队用炸药投掷机进行的攻击，仅仅发射了两弹就虎头蛇尾地结束了。关根大队的攻击依然无法取得进展，稍后联队决定关根大队紧接在今日傍晚时友军飞机对"55"高地等的轰炸后断然实施突击，泷本小队被命令破坏军用公路上的鹿砦。松川向小队传达了命令的要点，下令从川崎分队派出爆破手。川崎伍长在得到本人的同意后，将"勇敢并值得信赖"的藤井伊与次上等兵和一名预备兵作为爆破手并进行了报告。

泷本小队很快准备好了炸药。这时从东方开始飘来大片的黑色密云，刮来了带着湿气的风。就在天气骤然变坏的情况下，在16时左右，从东北方的天空中传来轰鸣声，大家翘首盼望的己方飞机到来了。

对"55"高地的陆空协同攻击即将开始。

攻占"34"高地的战斗也在腥风血雨中进行着。

迫第三大队接替第二大队成为联队右第一线后，于15日日落后利用"23"台地的房屋，逐次迫近了"34"高地，为拂晓攻击该高地进行准备。中国军队察觉到了日军的接近，终夜不断地连续射击着，使日军攻击部队在发起突击前出现了第十中队代理中队长佐藤晃雄少尉战死、第九中队代理中队长池崎觉少尉重伤等损失。[①]又在黎明将至之时，一发迫击炮弹在迫八郎大尉的左后方爆炸，正在第一线指挥中的迫大尉被击成重伤而倒下，随后被送入医院。大队附西口克己中尉随即接管了大队的指挥。战场上，手榴弹、迫击炮弹、捷克式轻机枪等的声音彻夜喧嚣，到黎明时才归于沉寂。

第三大队受领了攻击"34"高地的命令

---

① 但据三浦纪行回忆，池崎少尉是在攻击"34"高地的战斗中，于突入高地之际在山腰处被破片击伤倒下，破片伤及肺部以至于吐血，稍后被后送。

后，第九中队承担了爆破坚固的鹿砦以开辟突击道路的任务。中队全体人员放下背囊以轻装上阵。玉木斋吉兵长看了看放在一起的背囊，不禁悲从中来，心想："到底会有几个人能回来取走背囊呢？"队员们得到了发下来的两个小小饭团，但却眼看着上面黑压压地落满了苍蝇，以至于白色的饭团都看不见了。周围到处是尸体，苍蝇在不断地飞来飞去。

为了完成爆破鹿砦开辟突击道路的任务，第九中队编成了敢死队，以第一小队铃川（兵长）分队七名和作业队两名为第一敢死队，第二小队玉木（兵长）分队七名为第二敢死队。敢死队员们背着爆破鹿砦用的炸药等待17日黎明的到来。约在黎明时分，西口大队长为了鼓励敢死队员而用水杯和他们碰杯。碰杯之后，敢死队随即开始了行动。

铃川第一敢死队首先出发，他们背着炸药在手榴弹和捷克式机枪的猛烈射击中摸索着匍匐前进，不顾负伤的危险迫近了鹿砦，取出炸药企图点火，但中国军队的枪击和手榴弹的爆炸十分猛烈，使他们怎么也点不着火，很快便有人受伤。迭经苦战后，终于在攻击时间将至时点火成功。

第三大队的攻击按照预定计划开始了。炮击从6时开始，步兵炮、速射炮和炮兵各队一起将作为目标的各高地的各火力点击毁。7时20分，突击支援射击开始，石崎部队的迫击炮也开始射击，"34"、"54"、"55"各高地爆烟弥漫。这是第133联队在衡阳战役中的首次强力突击支援射击。在五分钟炮击结束的同时，一队十多名的日军出

现在"り"处独立房屋跟前的台地上（也就是黑濑回忆中15日傍晚第五中队苦战过的地方），他们越过铁丝网之线突入壕内，在短兵相接的同时进行着手榴弹战，终于夺取了山顶。7时40分，"34"高地山顶悬起了太阳旗。

关于第三大队在攻占"34"高地时的攻击部署，日军战史并不十分确定，只是认为很可能是三浦少尉的第九中队、岛田军曹的第十二中队作为第一线达成了突入（其实这种说法是正确的）。关于第九中队攻击情况据三浦纪行回忆：在进攻之前，第九中队在橘园中准备攻击时遭到了中方炮弹的集中轰击。之后，他们越过军用公路，到达了"34"高地南侧的房屋，破坏了鹿砦得以突入，一举占领了山顶和其东侧。

而根据玉木斋吉的回忆，攻占"34"高地的过程如下所述：当铃川第一敢死队爆破鹿砦成功后，西口大队长亲自向他下达了前进命令："玉木，趁现在！前进！"随即玉木斋吉兵长和第二敢死队全体人员一起向"34"高地中央的机枪掩体实施突击。虽然南荣一上等兵、中村修一等兵两人从后方以掷弹筒拼命进行支援射击，但没有其他重武器支援，不得不进行了肉搏战。在作业队西川茂藏及另外两人的支援下，敢死队占领了守军的捷克式机枪掩体，第三小队工藤分队也抓住机会实施攻击，占领了右边的捷克机枪掩体，这样第九中队全员终于成功突入"34"高地。

当时仓成国雄炮兵大队长从停兵山上用炮队镜看到了在"34"高地上展开的白刃

战的情形，他在《湖南战记》中对此记述如下：

> 突出于军用公路方向的小高地"34"被我方交叉炮火完全破坏了阵地组织，其形状也为之改变。敌军的防战也十分激烈，随着增援的到达进行着顽强的抵抗。十数名勇士看准时机破坏了障碍物断然突入，快速逼近了火力点，正以白刃冲杀之际，突然从旁边掷来了手榴弹，队长的身影消失在了爆烟之中。刹那之后，队长忽然跃出烟雾向敌人追去，自交通壕中冲到山顶。士兵们也端着刺刀杀向壕内之敌。增援与逃避的重庆军在壕内互相冲撞着。激战十数分后，该高地终为我所有。

第十二中队在这场战斗中也打得十分艰苦。据山川种雄回忆，第十二中队的战斗经过如下：

当山川种雄兵长从野战医院逃出，于7月15日回到第十二中队时，中队已经进行了重新编组正在准备下面的作战。虽然山川兵长被告知留在现在所在地方，但他提出希望到第一线去，遂被命令随指挥班参战。攻击"34"高地的部署为：第十二中队为第三大队之右第一线，山崎小队为中队之右第一线，山本军曹的小队为左第一线，指挥班由岛田军曹指挥为中第一线，总人数为二十多人，人数虽少，但士气旺盛。第十二中队乘黑夜进入军用公路右侧的"23"高地，待到拂晓时穿过公路，接近了"34"高地。前方设置有如电线杆一般的双层鹿砦，无法找到

突破口。他们找到了中国军队挖掘的壕沟，便沿着壕沟走向深处。虽然走到了更深处，但受到从鹿砦另一边（"54"高地前）掷来手榴弹的攻击，致使前进受阻，他们实在顶不住手榴弹的反击只好沿着壕沟后退。途中中国军队的狙击兵从"34"和"54"高地中间的山凹处向壕沟坍塌处射击，造成村上惠三一等兵前头部贯通，当场死亡。跑过去要进行治疗的杉森敏夫卫生一等兵也被击穿前头部立即死亡，随后山川种雄兵长越过了两人的躯体，但跟在山川兵长后面的加藤茂上等兵也被贯通前头部，三人重叠着死在一起。在山川等人拼命地寻找进入"34"高地的通道时遇到了山崎小队长，又发现"34"高地右端的木栅由于先前的炮击而有所松动，便立刻将粗大的圆木推倒作成了突破口，为从右侧面进行攻击创造了条件。高地斜面已被削成仿佛梯田一般，其每一段的高度足有两米多。队员们互相搭成人梯接连攀上一段、两段、三段。山川兵长和山崎小队长率先靠近了高地山顶的枪眼，已经被炸塌的堡垒内人声嘈杂，中国军队正混乱地挤成一团。山川兵长和山崎小队长向枪眼内掷入手榴弹，但中国军队数量太多，一直连绵到"54"高地，因此山川兵长扔掉手榴弹和步枪，而使用轻机枪向对方进行追击射击。不久弹药用尽，山川兵长向右下方一看，发现岛田曹长正握着刀跪在地上。掷弹筒分队在下方不远处备好了弹药，正在这时，中国军队的迫击炮弹飞过山川的头顶落在他身后附近，在炮弹爆炸的一瞬间，藤森秀男兵长、山下辰夫一等兵、太田定男一等兵、龟田幸

三郎上等兵战死，山本光藏上等兵等五六人受伤。山本小队也从左方登上"34"高地山顶，第12中队完全占领了"34"高地。时间是7时40分左右。第12中队仅剩山本军曹以下十余人。

日军占领"34"高地后不久，中国军队便一边投掷手榴弹一边逆袭过来，开始反复进行顽强的逆袭，双方展开了手榴弹战。日军自己所携带的手榴弹在突入占领高地时即已用尽，依靠"23"高地上大队本部的官兵们前送过来的手榴弹才得以应战。日军也不断将对方投掷过来的手榴弹捡起来反投回去。阵地上还遗留着很多中国军队的"掷弹筒"的弹丸，本来日军也可以将其作为手榴弹使用，但却没能注意到这一点，三浦纪行对此用"愚蠢"来评价。中国军队的逆袭终被击退。玉木斋吉兵长在战斗中被手榴弹破片击伤右大腿，西川茂藏也受了伤，待到傍晚时被移送向后方。逆袭告一段落后，日军对位于山腰的堡垒检查时，突然有中国士兵端着上了刺刀的枪支从里面冲了出来，但迅速被击毙。

第九中队在"34"高地战斗中有十人战死。第九中队由于这次战斗，日后被联队长黑濑平一授予了赏词。16日下午第九中队在"34"高地上参加了支援第一大队对"55"高地的陆空协同攻击的行动。晚上，三浦纪行在塞满交通壕的中国军队的遗体上面打盹，同时还要防备中国军队的逆袭。后来第九中队将阵地交接给第一大队，进入了"56"高地。

第九中队老兵浦田幸一曾在一次访谈

中回忆了"34"高地的战斗情况。但是他的回忆存在很大问题：根据浦田的说法，这次战斗是三浦队长"初次参加战斗"，但是三浦纪行在衡阳的首次实战并不是"34"高地而是"23"高地战斗。浦田并回忆说当时第九中队是在拂晓从"23"高地向"34"高地发起攻击，而"23"高地正是第十一中队全灭的地方。但实际上第十一中队是在"24"高地受到重大损失的，至于"23"高地战斗则并未参加。另外浦田还提到"34"高地是"生长着橘子的山岗"，但这却是"23"高地的特征。基于以上的矛盾之处，笔者认为浦田幸一极可能是将"23"高地和"34"高地的战斗相混淆，他口中"34"高地战斗其实是发生在"23"高地。不过，由于浦田幸一的回忆有些含混不清，要百分之百地确认真相还很困难。这里暂且将浦田幸一的回忆中关于"34"高地战斗的情节整理如下：

在攻击"'34'高地"之前，第九中队组织了由三浦领头的四五人的敢死队，浦田幸一也在其中。在"'23'高地"和"'34'高地"之间有一片凹地，在其侧面筑有堡垒，因地形的关系，从"'23'高地"用火炮射击枪眼并无效果，所以只好以敢死队进行攻击。上面决定单独用第九中队夺取该堡垒。敢死队只配备了手榴弹和步枪，仅以中队的轻机枪进行支援。

拂晓，三浦小队向这座位于"'34'高地"山麓处的堡垒匍匐前进，在轻机枪火力支援下向左迂回至死角处。堡垒内部的圆形房间约十平米，在其中挖了枪眼。敢死队向没有枪眼的死角接近过去。全体人员进入死角后，顺利地向堡垒掷入了两颗手榴弹。因为手榴弹发火后被迅速掷出后，马上就会被反投回来，所以这次在手榴弹发火过了数秒之后才掷出。手榴弹握在手中不知何时会爆炸，稍有差错就会把自己炸掉，十分危险，所幸没有发生事故。手榴弹爆炸后，堡垒内似乎应没有生存的迹象。日军从后面进入堡垒确认内部情况时，发现中国军队已经"全部"倒下，几名中国军人死在里面。但里面实际上还有幸存者，日军在堡垒内部的狭小空间中同唯一生存着的中国军人突然相遇，发生了拼死的肉搏战。初次上阵的三浦队长挥舞着军刀，但怎么也砍不中对方。浦田幸一见此情形，便低下身子用刺刀一下子将对方刺死。由于夺取了该堡垒，第九中队得以突入并占领了"'34'高地"。

在"34"高地攻击战斗期间，速射炮中队受到来自"34"高地上的侧防机枪的射击，该机枪已经过巧妙的伪装，然而在日军遭到射击后其枪座（机枪掩体）位置终于暴露，速射炮小队长田口宗雄少尉在发现机枪后立即向水谷实藏分队长、佐佐木实雄分队长指示目标，发射了两三发炮弹即使该机枪从此沉默。但速射炮中队所处的阵地较为暴露，在这种地形上变换阵地亦不容易，结果遭到中国军队枪炮的同时射击，造成广田信一一等兵、福冈佐太郎一等兵死亡（均为战伤死）。

在当天的作战中，位于车站东北"23"台地上的第三步兵炮小队也受到了沉重打击。当时在场的第一分队的土保贤听到队长发令："目标前方之敌兵，直接瞄准，放！"随后，连复命的工夫都没到，突然随着"咻——咣当！"的声音，中国军队发射的迫击炮弹爆炸了，土保贤也被击倒。当土保清醒过来时，发现西冈宗一炮分队长正脸朝下趴在他的膝盖上，人已经断气了。他又听到从后方传来"喔喔"的呻吟声，这是一号炮手横关兵长腹部受到盲贯伤，正在为痛苦所折磨，而在其旁边，二号炮手宇田兵长的头部已经被劈开，队长传令兵寺嶋上等兵的肩部也被切开，两人均当场死亡。约半小时后横关兵长也咽了气。就这样，一颗炮弹就夺去了四条性命，而中国军队仍在继续集中攻击，射击似乎是来自东方二三百米的至近距离，弹着点十分准确。土保贤的身体一动也不能动，也无法移动火炮，只好等待攻击告一段落，好不容易才得以乘隙移动到台地西北的洼地。

第一分队遭殃后，完成射击准备的第二分队像是要为第一分队报仇，向"34"高地开了火。在发射第一弹的瞬间，突然受到中方炮弹的袭击，一号炮手石垣兵长当场死亡，分队长铃木伍长右眼被炸坏，左踝受到盲贯伤。三木一等兵左上臂也受到盲贯伤。这次又是因为一发炮弹而造成了严重损失。由于人员减少，小队只好暂时编成为一门炮，以临时命令受领者桥本军曹为炮分队长，以藤田兵长为命令受领者。即使如此，一号炮手以下至弹药手的编成也只是勉强完成。傍晚稍晚些时候，小队同弹药分队进行了联络，将一门炮撤向后方。这天以后，该小队从"33"高地进入"34"高地，此后在确保"56"高地当中度过了若干天，后来就以一门炮继续战斗到8月8日战役结束。

在夺占"34"高地的战斗中，第133联队的战死者有：第九中队五名、第十中队七名（包括佐藤晃雄少尉）、第11中队四名、第12中队十一名、第三机关枪中队一名、第三步兵炮小队五名、大队本部一名、联队步兵炮中队一名，共计35人，伤员数量则更多，真是名副其实地损失惨重。

迫八郎大尉在被收容后的8月1日晋级为少佐，但其后就在8月4日战伤死。据说他是一名身材魁伟的剑道高手，陷入困境的联队官兵本来正对他抱有厚望，不料却很快传来噩耗。

第十六章　陆空协同

第133联队占领"34"高地后，暂缓进攻"54"高地而准备攻击"55"高地，以使状况紧急的第一大队方面的作战取得进展。正在准备中时，联队接到师团的通报，内容为今日傍晚可以得到友军轻轰炸机飞行队的协助。于是联队报告称希望于16时对"55"及"56"两高地进行轰炸。万一未能得到飞行队的支援，联队也要独力实施攻击，为此下令进行如下之准备：

1. 第一大队首先夺取"55"高地，随后向"56"高地扩大战果。

2. 第三大队在确保"34"高地的同时，以攻击"54"高地为目的进行对敌情、地形之搜索，特别应在第一大队攻击"55"高地之际，尽量以机枪及步兵炮小队支援第一大队。

3. 速射炮中队将阵地推进至"34"高地以支援第一大队。

4. 炮兵队对"55"及"56"两高地之阵地要部进行破坏和压制。

5. 突击支援射击为一次四分钟，并有进行另一次四分钟射击之准备，射击地区划分为炮兵队负责"55"高地，石崎部队负责

"56"高地。

6. 工兵中队爆破位于"55"高地前方凹地内之铁丝网，支援第一大队的突击。

7. 夺取"55"及"56"两高地后，两高地间之鞍部附近开放为炮兵队之观测所。

速射炮中队在"34"高地陷落后受领了黑濑下达的转换阵地至"35"高地以协助第一大队的攻击的命令，但后来改为将阵地变换至"34"高地，这里面是有一番原委的。速射炮中队受领该命令后，速射炮小队长田口宗雄少尉为了进行阵地侦察，带着第二分队长水谷实藏军曹、传令兵及二三名士兵向"35"高地走去。走到"35"高地脚下时，遇到了从上面下来的第一大队炮小队长山下少尉，他是田口的同乡及同期生。山下问道："田口少尉，你要去哪里？"田口回答道："要在这座山上安放火炮。"山下却劝道："这里不行。这里是迫击炮集中射击的地区，非常危险。我的分队从昨天以来在这上面就有分队长、炮手以下大部战死。"虽然提出了这样的忠告，但事到如今已经不能返回，田口遂说道："不管怎样还是要去上面看看。"然后一行人以水谷军曹为先导，

按照田口、传令兵、士兵的顺序成一路纵队向山上走去。当他们上到高地中间时，一发迫击炮弹在水谷军曹和田口少尉之间爆炸了。

水谷军曹在瞬间便一声不吭地倒下了。泥土吧嗒吧嗒地落了田口一身，周围烟尘弥漫。田口立即指示士兵们退到下方的道路处。他又看了看水谷军曹，发现他的左臂、左腹、左足及身体左侧均被迫击炮弹破片击伤，情状十分凄惨。其他人摊开帐篷将水谷放在上面，帐篷上很快便积满了鲜血。稍后田口命令手下士兵立即用担架将水谷送往后方。水谷军曹在三天后的7月19日死于野战医院。

之后田口带着传令兵走到高地上一看，发现确实无法安放火炮，便赶紧返回向黑濑陈述了意见，最后决定应在上午将阵地变换至第三大队占领的"34"高地。在此期间，在张家山上待命的乙种干部候补生桥本义次上等兵被迫击炮弹击伤足部而被后送。桥本于9月14日死于战伤。田口则立即指挥速射炮小队进入"34"高地，完成了对"55"、"56"高地的射击准备。

接近14时，联队接到师团的通报称飞行队将在16时轰炸萧家山以支援攻击。

萧家山是双峰并立的长方形的高地，左边是"56"、右边是"55"阵地。如果将其夺取，则第133联队的最终目标即衡阳阵地带的核心岳屏高地的全貌将暴露在日军眼前。

日军终于完成了攻击准备，第一大队各步枪中队的兵员此时合计只有百人左右，但据说仍然"锐气勃勃"。其中第二中队的战

力只有30多名，其黑川队长和小熊中尉都已损失，原本由矢形军曹代理指挥该中队，7月16日堂彻正少尉（6月16日在株洲负伤住院）追赶部队到达衡阳后，向黑濑说明了战况并奉命带领中队向"55"高地实施突击。堂少尉对前一日为止的激战情况并不了解，黑濑却命令他："只须勇猛突入敌阵便可。"

连日来天气炎热，16日这天也是从早晨开始就像火烤一样。此时，第二中队正在公路左侧沿着山边排成两列待命。在最前面有两人携带着梯子伏在地上，梯子是准备用来搭在"55"高地底部断崖处的。配属给第二中队的两名工兵将大炸药箱夹在侧腹，也在其旁边等待时机，他们准备爆破30米外军用公路上的木栅。立着木栅的军用公路两侧都紧挨着沟渠，如果不将木栅排除，中队就无法前进一步。

时间在流逝着。在被火辣辣的太阳灼烤的战场上，突然间乌云蔽日，刮起了闷热的风。这时衡阳攻略战开始以来首次发生天气的明显变化，使人不禁担心会妨碍好不容易盼来的友军飞行队的支援。盟军飞机也消失不见了。在滚滚浓云之中，时针指向16时，而日机仍未出现，只有中国军队的枪炮声在狂吼着。

16时5分，忽然传来了隆隆的猛烈爆炸声。随着爆炸声的响起，在低垂密布的乌云缝隙中，以第一飞行团（战斗机）及飞行第六战队（轰炸机）的主力编成的战斗机和轰炸机的联合大编队现身了。对于下面的日军来说，这40多架日机在空中飞行的身影已是

他们许久未能看到的景象了。第133联队官兵怀着惊讶的心情仰头看去。步兵已将太阳旗展开在地面上作为战线标识，最前面的一架飞机在确认了该标识后左右摆动机翼以表示"明白了"，然后便在空中盘旋起来，继而飞向"55"高地的中国军队阵地一边扫射一边下降并扔下炸弹。

第133联队官兵看到日机一架接着一架地翻转机翼，朝着"55"高地的中国军队阵地俯冲下去，在将要撞到地面时突然闪避开，立即上升飞走了。在日机轰炸"55"阵地的同时，日军的山炮也开始了支援射击。爆炸声撼动着大地，地面上掀起泥土烟尘，阵地上的掩盖被炸掉，木片、器材飞到空中。一转眼的工夫，萧家山的形状都为之改变，爆烟弥漫以至笼罩全山。这时开始下起大雨，在夹杂着爆炸气浪的风暴中，在山的正面占领阵地的中国士兵急忙跑上斜面后退了。对于这些后退中的成群的中国士兵，日军用山炮进行了追击射击。整座"55"高地都化作了黑暗的阿修罗地狱图。

各架飞机重复进行了两次轰炸，在最后一架飞机投下炸弹后，松川文吉以祈祷般的心情向爆破班的方向看去，看到爆破手藤井伊与次上等兵立即抱着已经点火的炸药，在连绵的雨中向鹿砦冲去。

"哒哒哒哒哒——"从烟雨中传来瞄准藤井上等兵的捷克机枪的射击声。松川心想："可要平安回来呀。"在他探出身子等待时，藤井上等兵抱着炸药滚向鹿砦。"被打中了吗？"想到这里，松川不由得攥紧了拳头。但藤井上等兵却像条件反射似地爬了

起来，弯着腰浑身是泥地跑向这边。中国军队再次猛烈射击过来，但可能是在雨中难以瞄准的缘故，并没能命中。

这时，一直在等待工兵队打开突破口的关根大尉一边踩着稀泥一边呐喊着率领第一大队发起突击。步兵搭起竹梯攀上了断崖，一举突入阵地，并爬上陡坡开始向山顶攀登。中国军队掷来雨点般的手榴弹，来自岳屏高地的侧射火力亦颇为激烈。

在第二中队方面，先前在轰炸炮击进行的同时，位于前方的两名工兵乘隙冲向军用公路安放炸药。他们的身影消失在了爆烟中。突然，从爆烟中传来了"中队长大人，已经爆破完毕了。请赶快前进吧"的喊声，随即两人的身影又折返回来了。与此同时，第二中队官兵一齐发起突击，猛跑过光滑的军用公路，他们身影也被炮火硝烟所包围。

在第一大队官兵攀登陡坡时，骤雨却正如决堤之水般猛然落下，无情地阻挡了他们的前进道路。大颗的雨点打在已经烤焦的地面上，扬起了小片的尘土。黏土质的红土山在雨中转瞬间就变得溜滑，在这种情况下，向前攀上一步就要滑下两步，前进极为困难，第一线的突击因此受阻。雨越下越大，从张家山上已经看不到前方日军的身影了。约一小时后，大雨向北移去，但攀登仍极为困难。然而，第一大队终于以堂少尉的第二中队为先导突入了骤雨已经停止的山顶。

再说第二中队发起突击后，堂少尉冲过公路，蹿上了搭在断崖上的梯子，当他正要跳到断崖的上缘时，却被已经切断的铁丝网挂住了钢盔的带子。他努力想要将带子拉

回，在试了两三次之后，来自崖下的爆炸气浪将他连同梯子一起冲倒，掉在了军用公路上。跟在堂少尉后面正企图登上梯子的通信兵也触到了地雷，梯子被炸得形迹全无，两名通信兵也被远远地炸飞到了沟渠里，两人均当场死亡。堂少尉只好在左侧面找到较缓的斜坡，企图横穿军用公路时，在路上的关根大队长头部受到贯通枪伤，叉开四肢仰面倒下了，发出"嗯一"、"嗯一"的呻吟声。关根大尉先前还激励说"给我好好干"，现在却踏上了前往冥府的道路。在关根大尉身边有两三名士兵倒下了，但是未发出任何声音。堂少尉从旁边斜跑过去，从左斜面穿过铁丝网跳进壕内。壕内满是尸体和重伤员，他只好狠下心来不顾哀求着的负伤者跑过壕内进到了半山腰，但由于来自正面的手榴弹和右侧防武器的阻击而无法再前进一步。在堂少尉眼前，武田龙夫一等兵刚把身子探出去就"咔咕"一声趴下了。能看到鲜血从他的左侧腹部流出，而另一发子弹则打中了足部。然而，堂少尉却无法将他拉到身边，自己也没办法后退，何况还下着沛然大雨，简直令他痛恨之极。终于，堂少尉看到上方15米处有一个半坏的掩盖，便瞅准时机一口气跑了上去并跳入其中，引来了雨点般的子弹。有一个人跟在他后面、然后又有一个人跳了进去，这样第二中队的六人先后进入掩盖。

堂少尉以下进入掩盖后，就在他们喘息未定的工夫，中国军队从上方十米处的堡垒中出来并向两侧分开接近过来。中国军队掷出手榴弹炸中了半坏的掩盖，泥土落到他们

头上。堂少尉等人只有步枪，连一颗手榴弹也没有。在黄昏时分光线昏暗下来之后，他们暂且退出掩盖，但之后再次攀登上去并得以确保，而且为了防备对方逆袭还在两侧布上了铁丝网。由于两名通信兵已全部损失，只能用口头传达的方法同本部联络，虽然请求补给手榴弹，但对方却答复说："关于友军的手榴弹，联队本部也是一颗都没有，现在正全力收集敌军的带柄手榴弹。"他们左等右等，总算送来了煞费苦心收集到的数十颗手榴弹，但转眼间就用光了。中国军队通宵反复以手榴弹进行攻击，但终未能突入。就这样，当夜以第二中队主力六名确保了该阵地。

天黑后，黑濑对中国军队可能发动的逆袭感到担忧。22时左右，黑濑终于收到第一大队的报告称已经占领并确保山顶（实际上此时日军并未完全占领"55"高地），遂指示其须特别注意警戒来自"56"高地方向的逆袭。

从7月15日晚到16日期间，第一大队为夺取"55"高地而出现了众多战死者，包括关根彰大尉、第三中队长小山长四郎中尉、大队作业小队长藤本格也少尉、第一中队的山本定夫军曹以下包括下士官七名在内共47人，并有很多人受伤。各部战死者数目为：第一中队十名、第二中队九名、第三中队八名、第四中队11名、第一机关枪中队五名、大队本部四名。

日方资料认为7月16日的步空协同突击十分"壮烈"，且实行的颇为"理想"，据说当时位于城内的中国第十军参谋长也在

▲从市民医院看到的萧家山。

手记中赞赏道："日军（以往）的陆空协同颇为拙劣，但萧家山的陆空协同却颇为理想。"从14日开始的第二次总攻中，第133联队在三天中损失了大队长三名，136人战死（不包括战伤死和战病死者）。

第一大队由第一机关枪中队长藤田贞明中尉代理大队长，在步兵中队的将校中，仅剩下广野少尉、堂少尉两人；第二大队由大队副官堺靖男中尉指挥，步兵中队中已无一名将校；第三大队在大队附西口克己中尉指挥下，步兵中队将校中仅剩西村少尉、三浦少尉、胁田少尉。关于步枪中队的兵力，各大队的四个中队加起来也不足百名。唯有各

重武器中队尚健在。

此时，根据计划，133联队要在夺取"55"高地之后迅速夺取"56"高地（虽然实际上日军尚未完全占领"55"高地），将重武器和炮兵阵地、观测所等向前推进，继续进攻岳屏和"虾"高地。但自昨日以来第133联队已经损失了三名大队长，黑濑为起用哪个大队攻击"56"高地而苦恼。24时左右接到师团电话称："明十七日上午之内将第34师团的步兵第218联队（联队长针谷逸郎大佐）的第三大队（大队长平冈卓大尉已经战死，由中队长渡边直喜大尉指挥）配属给你联队。"黑濑遂指示该大队首先集结于

两路口西南侧地区。

第二中队官兵也在"55"高地上迎来了17日天亮，噩梦般的漫漫长夜终于结束了，昨夜的雨已经消失不见，炽热的太阳暴晒着连一草一木都没有的红色光秃的"55"高地。第二中队匆匆集结起兵力，结果只有堂代理中队长以下19名。在16日的战斗中，除了两名通信兵外，第二中队的战死者有：

齐藤权三军曹、岛实藏兵长、山路谦吉上等兵、浜冈龟一上等兵、西村盛雄（卫生）上等兵、大衫三好一等兵、武田龙夫一等兵、酒井清司一等兵、桥本喜助一等兵。

第二中队共战死九人，其余全部负了轻重伤，残存者19人。堂少尉记起来从昨天早上开始就什么东西都没吃，而且还感到口渴。装着饭团的篮子虽然到达了远处山下的军用公路，但从山上可以看见篮子翻倒在地，似乎是被敌弹所阻止。然而中队已经无暇顾及饭团了。因为第二中队接到命令，预定于12时对仍残留在"55"高地山顶的巨大堡垒进行突击。虽然中国军队至昨夜为止的攻击在天亮时有所减弱，但该坚固堡垒的枪眼正从山顶上阴森森地睥睨着日军。

第二中队的全部19人以堂少尉为中心在其左右成一线展开，于12时突入了山顶堡垒。堂少尉在昨天和梯子一起被爆炸气浪刮倒时丢失了军刀，今天他一只手握着小军锹、一只手握着手榴弹冲在最前面，向枪眼里掷入了手榴弹，然后又将腰部的木柄手榴弹投入，但中国军队并未进行反击。堂少尉感到可疑，遂从枪眼窥视内部，然后中队全员突进占领了该处，由此"55"高地完全被日军占领。中国军队似乎在当日拂晓前就撤出了阵地，阵地内留下了在枪座上握着机枪被炸碎头部的中国士兵的遗体，还遗留下很多弹药和薤头、腌菜等食物。

第十七章　战局变化

7月17日，由于"55"高地被占领，位于第133联队左侧第120联队的正面、两路口北侧的张飞山的守军撤退了，但第133联队对于"56"高地方面的敌情并不清楚，特别是对于该地是否还有中国军队尚未确认。黑濑决定让新配属的第218联队渡边大队在17日下午首先攻击"56"高地。9时，黑濑下达了要点如下的命令：

一、步兵第二一八联队第三大队新配属于本联队。

二、联队将于本十七日以新配属之大队夺取"56"高地。

三、该大队应于本十七日黄昏攻击并夺取"56"高地。

四、步兵炮中队应于"黑"高地占领阵地，支援对"56"高地之攻击。

五、炮兵队应以主力支援攻击"56"高地之大队。

六、工兵中队应掌握现配属于第一、第三大队之小队，继续执行先前之任务。

七、其余诸队仍继续执行现行任务。

12时稍前，新配属大队（代理大队长渡边直喜大尉）在两路口西南侧地区完成集结，黑濑在张家山召见渡边大队长，向其说明了现地的一般情况，之后口头传达了攻击"56"高地的命令，令其立即着手进行攻击准备。该大队于16时左右在"56"高地西北侧展开，完成了攻击准备。黑濑遂命令炮兵队开始压制射击，但发现该高地守军似乎已经撤退，便命令渡边大队攻击前进。渡边大队未受到任何抵抗，于17时左右突入阵地，兵不血刃地占领了"56"高地。

"56"高地、张飞山及其北侧高地的中国军队虽已撤退，但中国军队仍控制着"虾"高地前面、杏花村附近的"58"高地，并不时地向两路口东北地区射击，威胁着日军的交通。而且该高地也是第133联队攻击"虾"高地所需要的重要据点。因此黑濑于19时左右向渡边大队下达了"今晚应以夜袭夺取'58'高地并确保之"的命令。渡边大队乘薄暮进入杏花村东端，准备突入"58"高地，但中国军队的炮火非常猛烈，使第一线中队的突击有所迟疑。最后该大队在渡边大尉亲临一线指挥下实施夜袭，至半夜夺取了"58"高地的东半部。

18日晨，第133联队受领了内容为"步

兵第一三三联队在确保现在之线的同时准备下期攻击"的师团命令。这实际上就是命令第133联队停止第二次总攻。于是第133联队不得不一边遥望中国军队防御体系的核心岳屏高地，一边再次收兵中止总攻。这时联队重武器的弹药已经基本用尽，步兵的战力也受到极大削弱，第133联队的进攻实际上已经难以为继。

自第二次总攻开始以来，日军各攻城部队均损失惨重，却仅仅夺取了衡阳外廓阵地的一部分，战况陷入了胶着状态。中国军队仍据有西禅寺（章鱼）－58（乌贼）－天马山（螃蟹）－78（虾）－岳屏－寺庙高地－森林高地（回雁寺）－学校高地--芭蕉高地（22日陷落）一线，且斗志依然顽强。7月20日，第11军被迫中止对衡阳的第二次总攻。

自第一次总攻以来，第116、第68两师团已在衡阳苦战20余日，在受到中国军队顽强抵抗和弹药补给匮乏的情况下，第一线日军官兵在衡阳城周边血流成河。

中国派遣军虽然希望衡阳能被迅速攻克，但第11军始终将湘桂作战的指导方针的重点置于歼灭敌军上面，期望着在东方万洋山系内对救援衡阳的中国军队主力展开歼灭战，因此并不急于攻占衡阳。

但是随着日本整体战局的恶化，第11军接受了大本营的指示，计划在当年年末结束湘桂作战，为此须尽快攻克衡阳。7月26日，第11军判断东方山地内的歼灭战已经取得成果，大局已定。27日，第11军司令官横山勇中将决定直接指挥衡阳攻击战，在催

促加紧修复汽车道路和重炮队及军辎重队向衡阳前进的同时，令各师团进行总攻击的准备。

在此期间，盟军飞机继续旁若无人地在衡阳上空飞来飞去，以低空盘旋威胁着日军，一看到地面上的日军就进入超低空急袭过来。日军即使进入民房，飞机也会瞄准窗户用12.7毫米口径的机枪进行扫射，子弹轻易就能击穿民房的20厘米厚的土墙并钻入另一边的墙壁内。

不过，当地面在进行战斗时，可能是出于担心被飞过空中的迫击炮弹撞上，盟军飞机会停止在低空盘旋，这才使在地面战斗的日军得以免去更多麻烦。

在中美空军掌握制空权的情况下，日机只能利用早晚盟军飞机活动的间隙飞来轰炸衡阳市街，有时也会发生激烈的空战。到衡阳陷落时，市街的大部分已经被炸毁烧掉，使巷战设施的利用价值下降。在整个衡阳攻略战期间，虽然日机蒙受了相当损失，仍以旧式的浮筒水上飞机于早晚必来提供支援。

衡阳守军的迫击炮弹看来渐渐变得匮乏，开始以夜间空运进行补充。然而，在第二次总攻期间第133联队深深楔入了中国军队的阵地带，可能是因为无法在夜间从空中准确辨识，许多空投物资落在了第133联队的占领地区内，令日军喜出望外。当时由于缺乏火柴，给香烟点火很不方便，于是用降落伞的带子作为火绳的代用品，并将大块的伞布作为被单，为过着穴居生活的日军官兵提供了很大帮助。

在给养方面，由于后方兵站的推进迟迟

▲日机正在轰炸衡阳市区。

不见进展，日军在弹药运输尚且严重不足的状态下更无法获得粮食的补给。不过稻米在夏天炎热之地成熟较早，六月末日军初到衡阳时还未抽穗的青苗地到七月下旬谷粒就已经成熟，因此在主食方面尚可维持供应。在仍然是青苗地的稻田内，第133联队的渡边高级会计给各大队分配了脱粒的区域。结果有的部队在收获时发现全是糯米，只能干瞪眼。

副食与蔬菜则基本没有，日军只能将辣椒叶或南瓜的叶和梗用盐煮熟做成唯一的菜肴，后来甚至连这些东西也被采光而难以寻觅了。这种状况导致攻城部队中营养不良患者数量激增。黑濑平一曾令各大队以预备队替换第一线以促进营养的均衡，而各大队虽然也对变更部署予以留意，但出于战术上的要求，在这方面进行的并不是很顺利。

由于缺乏饮用水的补给，所以日军经常到水塘边喝水，在烈日下用水壶把池水喝个痛快。水塘中的战死者遗体由于腐烂而嘭嘭地鼓胀起来漂浮在水面上。日军虽然知道这样的生水是不能饮用的，但嗓子实在干渴得要命，而且白天一直在忍耐着，所以就在晚上出去把池水喝得饱饱的。这样一来就很容易罹患痢疾，而患者会排出血便、粘血便，苍蝇又落在尸体和粪便上，使志贺氏菌传播开来，推动了痢疾的流行。

中国的七月正值盛夏，炎热的天气日

复一日几无断绝，加之处在如老鹰一般在低空盘旋着的盟军飞机的监视下，日军在白天只能蛰居在闷热的堡垒中或者交通壕、断崖的横洞之中，这种鼹鼠般的生活实在苦不堪言。

此外张家山经过7月1日、2日两天的激战，所留下的痕迹使这里简直成了一块墓地，令人颇为难受。高地上供联队长使用的堡垒（由工兵中队构筑）系在旧时的坟墓所在之处开掘修筑的，其侧壁处塞满了白灰，被埋葬的卧棺的外表像壁画一样清晰可见。在所有已被占领的高地上，在中国军队所修建的堡垒内无一例外地均遗留有中国士兵的尸体，而且尸体已经腐烂，仅仅在上面覆上了泥土而没有运走，堡垒就是在这样的情况下继续被使用着。这是因为山顶上空间狭小，已无新建堡垒的余地，不得已才只好这样办。而到了晚上便臭气熏人，脚下也常常一走动便噗嗤噗嗤地使人直打趔趄。有的堡垒还爬出蛆来，实非平时所能忍受。黑濑平一在回忆录中写道："像这样地践踏尸体或者坐卧其上，实在是对不住这些无名战士，然而当时我们正同重庆兵于近处对峙中，正徘徊于生死之间，对于战友的遗体之处理尚且难以顾及，这种事情实在是难以避免。"

大约在第二次总攻结束后，速射炮中队的角田中队长成为联队本部附，中队的指挥由田口宗雄少尉接管。速射炮中队在第二次总攻中有水谷军曹以下多人死亡，又从第一次总攻开始已经有"不计其数"的人员患病住院，中队的战力变得愈加低下。

第二次总攻后的对峙期间，在第133联队等攻城部队正在各自确保占领地并待命的同时，泷本工兵小队也在"55"高地、"56"高地的中间附近待机准备作战。

"56"高地的坑道正被第133联队的步兵占据着，泷本小队将狭窄的掩盖枪座内部作为临时的宿舍。在七月下旬的盛夏中，掩盖内就像蒸笼一样酷热。小队的阵地是在秃山上面，一点树荫都没有。湖南的夏天经常是无风的日子，炊烟也变成一条白线笔直地高高升上天空。虽然有时也会吹起舒缓的微风，但在旷野中如火炉一般的地面的炙烤下却变成了温热的风，根本感觉不到凉爽。虽然在温热的风中也能稍微休息一会儿，但只要一站在山上，捷克机枪就会马上如同骤雨般地从正面的中国军队阵地中扫射过来，所以不能随便站起来。

在吃饭方面只有每天两次的饭团，配菜则只有食盐而已。然而，每天仅以食盐过活实在让人难以忍受，士兵们不惜冒险从附近的田地中采来白薯的叶子和藤蔓，用盐汁做汤料吃掉。

有时也能吃到烤鲫鱼。虽然听起来很好吃，但实际上却臭不可闻，简直令人作呕。其气味同尸体的臭气很相似，似乎吸收了漂浮在水塘中的已经腐烂的战死士兵尸体的臭气。但因为是唯一的蛋白质来源，即使捏住鼻子也得吃掉。为了弄到鲫鱼，士兵们将附近的水渠和池塘的堤坝全部切断排干，在宿营地的房前像渔村一样将鲫鱼的干物悬挂起来。

酷暑之下，人的尸体过了两三天就会变成黑紫色并肿胀起来。经过一周时间，蛆虫便会从嘴巴、鼻子、眼睛、耳朵、伤口处黑黢黢地冒出来爬来爬去，恶臭到极点。经过一个月尸体便会化作白骨。许多战死者的遗体散乱在阵地和壕中，战斗期间无法掩埋，日军就这样和这些尸体在壕中同居，尸臭深深地渗进士兵们的衣服中。

于是便出现了下面的一幕。

对峙期间的某一天。第133联队长黑濑平一大佐前来视察阵地。忽然黑濑向松川文吉走过来，又用手指向前方："小队长，那不是地雷么？"

在黑濑联队长亲自垂询下，松川文吉开始动手在地上挖起来。忽听得"啪嗒"一声，有东西粘到了手上，并散发出刺鼻的臭味。

松川正要抽出军锹时却被毛发状的东西缠住了，只见头皮剥落，露出了头盖骨。原来是一具战死者的尸体，其四周都充斥着恶臭。

黑濑大佐一言不发地离开了。

大约在这前后，松川文吉被晋升为少尉。

某天，松川文吉少尉下到了位于两路口的村落处。这是个只有二三十户的小村落，其大半已经在战火中毁坏。

松川少尉进入了一间半毁的房子。他突然听到房内有声响，心想敌兵是不是已经来到这里了，感到非常紧张，但映入眼帘的却是一个70岁左右的老太婆。

老太婆在炉灶中生起火，正在煮着什么东西。村落中的人都已经逃掉了，只有她一个人留下来，竟然没有中弹，仍然安然无恙地活着。

松川少尉试着跟她交谈，但老太婆却并不通晓"军队中国话"，只是说道："我的不懂。"她不管听到什么都说不懂。

中国军队曾经在这间房子中安装了爆破装置，但导线已经在战火中断开了。

松川少尉侧腹部的枪伤在对峙期间进一步恶化了。由于军裤裤带的摩擦刺激了伤口，使伤口在暑气中化脓并发出恶臭。本来这种战伤需要住院治疗，但松川少尉的责任感较为强烈，不想留下部下小队自己下山去。但是又不能总是放着不管，于是由卫生兵抹上碘酒，在化脓的腹部更换了包扎三角巾的位置以减轻痛疼。

在这期间，他得到了部下三井靖清一等兵在医院死亡的消息。

由于兵站线无法确立、连弹药的补给也很不顺畅，在这种困窘状态下野战医院无法得到医疗用品和粮食的补给，住院患者的数量却很多，很多患者没能得到军医的治疗而相继死去了。

在前线也不过是一天给两个饭团，野战医院的粮食情况当然更加恶劣。

三井一等兵是东大理学部出身的才俊，如果没有战争的话很可能会成为出人头地的人才。

前些天在西站附近的铁路线上，为了防备来自高地的侧射而构筑障碍物完毕后，冈光少尉在归途中被不知从何处袭来的迫击炮弹破片击中（第十二章已经提及），成为中队中负伤的第一人，在野战医院住院的第二天死去。

冈光少尉也是陆士出身的大有前途的青年，这样的人才却被战争扼杀掉。松川少尉的心情变得忧郁而又复杂。

……

虽然7月18日第133联队接到了令联队中止总攻的师团命令，但作战行动并未完全停止。就在当天，黑濑决定在第11军的第三次总攻开始前夺取"54"高地和萧家山北侧的"57"高地，为第133联队攻击岳屏和"虾"高地做准备。对"54"高地的攻击时间预定为21日，为此要将位于"56"、"58"高地的渡边大队移至"33"，准备攻击"54"；位于"33"的堺第二大队负责守备"34"、"55"，位于"34"的西口第三大队接替渡边大队负责守备"56"、"58"，位于"55"的藤田第一大队将作为预备队在西站西侧地区集结。当日11时左右，黑濑下达了相关命令，其要点如下：

一、联队将在尽速整理态势的同时夺取"54"高地及"57"高地，以促进对岳屏高地及"虾"高地的攻击准备。

二、渡边大队应于明十九日夜将现在之线的守备移交给本联队第三大队，然后从第二大队接过"33"高地的守备，并在该高地附近准备对"54"高地的攻击。攻击的实施预定为二十一日，将另下命令。

三、第二大队应于本十八日夜从第三大队接过"34"高地的守备，并于明十九日夜向渡边大队移交"33"高地的守备，二十日夜接替第一大队守备"55"高地，在确保自"34"高地至"55"高地之线的同时准备下

期攻击。

四、第三大队应于本十八日夜将"34"高地的守备移交给第二大队，然后集结于该高地南侧地区，于明十九日夜接替渡边大队守备"56"高地及"58"高地，在确保自"56"至"58"高地之线的同时进行为夺取"57"高地而进行的敌情地形搜索。

五、第一大队应于后天二十一日夜将"55"高地的守备移交给第二大队，然后退至西站西侧地区作为预备队。但本十八日日落后应派遣一个中队至"黑"高地，替换现第二大队担任军旗护卫之中队。

六、位于萧家山的第一线两大队的警备责任以该高地中央鞍部的最低处为境界线。

七、速射炮中队应继续位置于现阵地，在渡边大队攻击"54"高地时根据需要向花药山及岳屏高地之敌射击以支援该大队的攻击。

八、步兵炮中队应于后天二十日夜将阵地推进至"56"高地，随时支援第二、第三大队。

九、炮兵队应大致位置于现阵地，做好准备随时支援第一线各大队，特别当渡边大队攻击"54"高地时应以全力支援之。

十、石崎部队应继续位置于现阵地，准备向"54"东北地区射击以支援渡边大队攻击"54"高地及占领后的确保。另今后应以神经战为目的，于夜间适时向衡阳市街及岳屏高地附近发射数发炮弹。

十一、工兵中队应继续执行现任务。

十二、各部队根据本命令所进行的移动，应在日落以后开始。另在守备地区交接

之际的转移警备责任时间，应为交接当日的二十四时。

十三、本人将位于"黑"高地。

下达了上述命令后，各大队在从18日夜到20日夜的三个夜晚中抓紧时间进行位置的变更。

18日，任命联队旗手泽田耕介少尉代理第二中队长，第二中队的堂彻正少尉则被任命为联队旗手。

19日夜，各大队按照命令顺利而安静地进行了守备的交接。20日，转移至"33"高地准备攻击"54"高地的渡边大队发现"54"高地上的中国军队已经撤退，正在第一线的中队长独自做出决定，于15时左右兵不血刃地占领了"54"高地。

黑濑将"34"、"54"作为渡边大队的负责地区，而兵力持续减少的第二大队的负责地区则变更为仅有"55"高地。

当天，步兵炮中队长桑田大尉因病住院，联队本部附松林嘉门中尉被任命为代理中队长。

21日（晴），张家山上的步兵炮被推进至"56"高地，之后师团炮兵一个中队（山炮一门）被调至张家山。该中队的山炮系在日军进攻东北时所缴获的张学良军队的武器，其精度虽较日军的步兵炮（四一式山炮）为劣，但在中队长世古中尉的指挥下，以后就作为黑濑平一的近身炮发挥了作用。特别是对于接龙山的三座堡垒（被认为是中国军队的战斗指挥所）屡屡发射了有效弹，被认为具有相当的威慑效果。

当天，同第133联队左翼相邻接的第120联队的联队长和尔基隆大佐战死。

22日，前来救援衡阳的中国军队一部前进至张家山东南约三公里的大眼附近的台地上。当时，中国解围军的攻击重点指向衡阳西站以西的日军阵地，即第116师团所在地区。第68师团的志摩旅团为击退该部中国军队而脱离战线向此处转进。10时，第133联队也接到命令要其派出一个大队。之后，第一大队奉联队之命在藤田贞明中尉的指挥下，在接受命令30分钟后即开始在张家山南方的水田中散开前进。虽说是一个大队，兵力却已不满二百名，且已疲惫不堪。然而由于日军的反击，中国军队很快便向西方退去。藤田大队于傍晚时解除任务返回。

23日，新任大队长东条公夫大尉到任，被任命为第二大队队长。当天，正在"54"高地上的师团炮兵仓成少佐足部受伤，但仍然在前线继续指挥部队。

当天，中美空军的袭击甚为猛烈，第八中队的神田卯之助伍长、松原辉男伍长在轰炸中战死，荒木弘上等兵因受枪击负伤，后在医院中死亡。

24日（晴）15时，黑濑召集第三大队代理大队长西口克己中尉和工兵中队长至"56"高地，在现场进行指示并口头下达了准备攻击"57"高地的命令。

"57"高地是在攻取岳屏高地和"虾"高地前所必须夺取的最后一座高地，在当时被日军称为"卜高地"。然而该高地处于来自花药山、岳屏、"虾"、天马山各阵地的支援火力的包围下，其阵地前亦以侧射火力遮断。因此须在经过充分准备后以夜间强袭夺取之，并在天亮前即完成确保阵地的处置。

黑濑所下达的准备命令的要点如下：

一、联队将于二十六日夜以强袭夺取"57"高地。

二、实施攻击之部队为第三大队。

大队应在即将突入时以掷弹筒强袭据推测为敌投掷手榴弹之位置，封杀其手榴弹战，一举夺取该高地。为此应于明二十五日以后随时根据需要对要点进行试射，以完成夜间射击之标定。另取阵地后对于预期将来自高地西侧村落之逆袭应预先进行部署以便击退之，同时对于天明后预期之来自岳屏高地及"虾"高地之集中火力应完成相关处置。

三、工兵中队应支援第三大队之夜袭，在攻击部队即将突入时应爆破敌阵地前之鹿砦，夜袭成功后为阻止高地西侧部队之逆袭（现地指示）应设置移动障碍物。另对于来自花药山及天马山方向对"57"高地南侧道路之纵射应以堡笼（利用中国的竹筐装满沙土）于天明之前构筑安全通路。

命令第三项中关于通过"57"高地南侧道路时的安全通路的构筑，系以中国的竹筐填以沙土堆积起来而筑成。

第三大队从25日晨开始实施了掷弹筒的标定试射，工兵亦忙于作业。当天，在张家山山顶供联队长使用的壕沟被中国军队的山炮弹命中，正在打盹的黑濑被破片和泥土所覆盖，但本人安然无恙。

26日晨，第三大队发布了攻击"57"高地的命令，黑濑为了指挥战斗于傍晚时进入"56"高地。第133联队第三大队待到日落后开始行动，为攻击做准备。中国军队似乎并未觉察到日军的企图，没有干扰日军的行动，这个夜晚就在平静中过去了。

泷本工兵小队也受领了命令："泷本工兵小队应爆破位于'57'高地南麓敌阵地之鹿砦以支援步兵之突击部队。"这是松川文吉少尉继上次爆破"55"高地的鹿砦后，所受领的第二次爆破命令。稍后，松川带着川崎伍长登上"55"高地，又走过交通壕、穿过道路，从东端侦察了眼前的鹿砦。根据侦察的结果，这次的爆破被定在凌晨的黑暗时刻。他对完成任务充满了信心。

关于突击中队和细节的商谈结束后，松川于26日夜下达命令招来了川崎伍长、藤井伊与次上等兵、越智上等兵。藤井伊与次上等兵在上次的"55"高地爆破中积累了经验，这次爆破正好可以充分加以利用。他本人也深得小队长信赖，总之十分适合执行这次爆破。藤井欣然同意，接受了这第二次爆破任务。越智上等兵则奉命进行掩护。

27日凌晨，第三大队以第11中队（代理中队长西村安太郎少尉）按照计划实施了夜袭。

松山小队从昏暗的坑道中跑了下去，随后步兵突击部队也跑了下去。

3时左右，突然响起了掷弹筒的发射声，随后从"57"高地上传来二十几发弹丸的爆炸声，继之以爆破筒的爆裂声，然后战场又恢复了平静。

松山小队的爆破取得了成功。

第11中队紧跟在掷弹筒的压制射击和对障碍物的爆破之后,从藤井上等兵爆破形成的突破口冲入,向"57"高地猛扑过去。为了确保阵地,工兵的西天小队带着蛇腹形铁丝网从后面跟了上来。

就这样,第11中队在工兵协助下一举突入阵地,兵不血刃地占领了"57"高地(乌贼高地)。工兵亦随之突进,按照命令布设了蛇腹形铁丝网以协助确保阵地,并构筑了可供日军弯腰前进的安全通道。黑濑平一也在第三大队开始进攻后不久便接到了代理第三大队长西口中尉的报告:"第11中队已完全占领'57'高地。"

虽然日军不费吹灰之力便占领了"57"高地,但中国军队也在拂晓时开始了凶猛的反击,正在重建阵地的第11中队遭到来自正面的岳屏和虾高地发射的经过计算和标定的迫击炮的集中攻击,整个"57"高地都变成了火的风暴。这次迫击炮急袭造成第11中队的百百竹松军曹以下六人战死、西村少尉以下多人重伤。加上当天死于战伤的人员,第11中队在当日共有十余人死亡。"57"高地虽说是"无血占领",但该中队实际付出的代价却颇为惊人。

第11中队遭到迫击炮袭击后,黑濑立即命令位于"56"高地的步兵炮中队和石崎部队对中国军队的迫击炮进行压制,但一直未能判明迫击炮的位置,结果在日军发炮前迫击炮便停止了射击。

在这阵炮击中,正在掩盖中的泷本小队

的一个分队也在瞬间被炸飞。掩盖是在圆木上面堆上25厘米泥土的简易掩盖,迫击炮弹将其贯穿后爆炸。松川少尉当时正从高地上观察敌情,待在外面的他幸免于迫击炮弹的直接命中,但在本应安全的掩盖中的士兵却全部死伤。对此一无所知的中队打来电话命令泷本小队挖掘壕沟,但松川报告了一个分队全灭的事情,稍后从金沢小队得到了一个分队的增援。

泷本小队的战死者包括:石津芳隆伍长、中岛重三上等兵、近藤光芳上等兵。其余人员皆身负重伤,被工兵联队本部收容。

在攻占"57"高地之前,第九中队原本为了以夜袭占领该高地,而于26日跟在第11中队之后绕过"56"高地东北侧,从通往军用公路的交通壕中前进,但后来第11中队轻易占领高地,而第九中队并没有参加战斗,只不过是完成了攻击准备而已。27日,由于第11中队在占领高地后蒙受了很大损失,第九中队接替该中队进入了"57"高地。当天,第九中队的松原光雄在"57"高地的大堡垒处被迫击炮弹掀去半个左脑,几小时后死亡。第九中队进驻"57"高地后,遇到盟军飞机在这一带投下弹药。盟军飞机还不知道该处阵地已被日军占领,把这里当成中国军队的阵地而投下了作为补给品的弹药的捆包。但是日军的枪支无法使用空投下来的弹药,弹药不足的情况并未能得到改善。

由于夺取了"57"高地,第133联队的第一线终于形成了同岳屏高地、虾高地针锋相对的态势。

28日(晴),第116师团向第133联队下达了关于第三次总攻的命令，其要点如下：

一、军定于八月四日开始第三次总攻，第58师团将作为本师团之左邻兵团参加总攻。

二、本师团与第68师团之作战地区之境界线改为自西站经岳屏西侧至通往衡阳市街之公路，公路上属于本师团。

步兵第133联队与步兵第120联队之战斗地区之境界线照旧。

三、步兵第133联队应从八月四日拂晓开始攻击"虾"高地，一举突入并扫荡衡阳市街。

步兵第218联队第三大队应于今日回归原所属部队，另以步兵第109联队第一大队配属于第133联队。

如上所述，第11军将投入第58师团使其与第116师团的左翼相邻接，并令其从衡阳的北半部进行攻击；从8月4日起以第116、68、58这三个师团将开始最后的总攻。

夺取岳屏高地以压制衡阳城是第133联队自参加衡阳攻略战以来所承担的任务，是该联队官兵的最后目标。自张家山攻击战斗以来，第133联队官兵为了实现这个最终目标而反复突击、相继死伤。然而根据上述命令，岳屏高地却被划入第68师团的战斗地境之内，第133联队的目标被限定在夺取虾高地上面。据黑濑平一回忆："这可能是军根据我联队的战力特别是突击兵力的现状，担心对岳屏高地和'虾'高地的攻击已是不堪承受的负担。"无论怎样解释，战斗地境线

的改变对于第133联队来说都是一件难堪的事情，事实上等于宣布该联队的战力已受到严重削弱。

同时，根据上述命令，渡边大队也返回步兵第218联队，饭岛大队（步兵第109联队第一大队）则被配属给第133联队。

29日，渡边大队将"34"、"54"高地交接给志摩旅团回归原所属部队，第133联队速射炮中队则从"34"高地变换阵地至"55"高地。下午，饭岛大队到达两路口，从第三大队手中接过了"58"高地的守备，为攻击虾高地而进行了准备。

30日（晴），鉴于第133联队由于步兵中队兵力的减少和联队将校的缺乏，已经丧失了作为战斗单位的实质，黑濑将各大队的4个步枪中队集中起来编成三个突击队：

第一突击队 队长：广野茂生少尉 队附：沢田少尉、铃木齐少尉

由第一一第四中队编成

第二突击队 队长：第二大队 队长东条公夫大尉兼任

由第五一第八中队编成

第三突击队 队长：三浦纪行少尉 队附：胁田少尉

由第9一第12中队编成

人员较多的突击队有80多人，人数较少的则只有78人。而且以铃木、胁田两少尉为首的四分之一左右的人员还是受伤后留在中队中继续战斗的轻伤员。全部12个中队中仅有五名将校尚在队伍之中。

另一方面，第68师团的志摩旅团（步兵第57旅团）也在完成了击退中方解围军的任务后回到该师团的左翼加入了战线。第68师团计划由志摩旅团攻击岳屏高地和寺庙高地，太田旅团（步兵第58旅团）则将战力集中指向学校高地，并进而向森林高地方向展开攻击。

31日上午，饭岛大队发现在"58"高地的西半部有中国军队的大型掩蔽部存在，遂在接战格斗之后将其占领。这是由于从17日到现在，双方一直在该高地上彼此相邻的缘故。[①]

为了在第三次总攻前使各队转入准备攻击的新态势和扫荡"57"与"58"高地中间地区的中国军队以推进攻击准备位置，黑濑于当天14时左右召集各队长至"56"高地的坑道内下达了要点如下的命令，并且为了彻底执行该命令而依次将各队长招至"56"高地上于现地进行了细节方面的指示。

一、联队将从本三十一日傍晚开始进一步推进攻击"虾"高地之准备。

二、第二大队（配属第一大队（欠一个中队）及工兵一个小队）为右第一线，应以一部于本三十一日夜接替第三大队现在之守备，随后于八月二日傍晚之前扫荡"57"高地与"58"高地中间地区之敌，于三日晨之前将攻击准备位置推进至从"57"高地北端延续至该高地西侧部落之西北端之线，准备对"虾"高地之攻击，特别应以一部确保

"55"高地。

三、饭岛大队（配属工兵一个小队）为左第一线，应在确保现在之线的同时准备对"虾"高地之攻击。

四、第一线两大队战斗地区之境界线为两路口东北段－"58"高地南端高地山脚－"虾"高地之中央－西大门之连接线，线上属于饭岛大队。

五、步兵炮中队仍位于"56"高地，应随时准备支援第一线两大队，特别应搜索天马山方面之侧防机枪并准备扑灭之。

六、速射炮中队应位于"55"高地，特别应搜索岳屏高地方面之侧防机枪并准备扑灭之。

七、炮兵队应以一部推进阵地至萧家山，直接协同第一线两大队，同时应准备适时以全力破坏、压制"虾"高地之敌阵地要部，特别应搜索来自岳屏高地及天马山方面对"虾"高地正面之侧防机枪并准备扑灭之。

八、石崎部队应以迫击炮队推进阵地至"56"高地南侧，准备射击"虾"高地北半部及该高地东西之地区。

九、工兵中队（欠两个小队）应于右第一线大队突击"虾"高地之际喷射火焰，并制作及携带便于移动之障碍物。

十、第三大队将现在之线移交给第二大队之后应作为预备队位置于两路口。

十一、本命令所规定之部队移动应于本日日落后开始，于八月三日晨之前完成。

[①]　第133联队战史资料关于日军攻占"58"高地等阵地的经过与第218联队战史资料的记录相矛盾，后面将以专章介绍，此处仍按第133联队战史资料进行叙述。

夜间，东条第二大队长合并指挥第一大队，使该大队从第三大队手中接过"57"、"56"的守备，第三大队则作为预备队向两路口集结。

7月的最后一天行将结束，第133联队即将迎来又一个血腥的月份。

第十八章　渡边大队

如前所述，根据第133联队战史资料记载，该联队于7月16日攻占了"34"高地及"55"高地（实际是"55"高地大部，残留的山顶堡垒于次日被占领，不过这一情况通常被日军战史忽略），7月17日则以第218联队渡边大队占领了"56"高地和"58"高地东半部，"54"高地则在7月20日被渡边大队夺取。

第11军绝密电报（旭参电三六九号，7月17日19:00时发）中也有这样的记录："黑濑联队于昨十六日傍晚紧接袭击战队之轰炸夺取了两路口东北方约400米四岔路附近之据点。"

第五航空军绝密电报（五航军汉参电第1010号，7月18日8:20时发）的航空军战斗概要（七月十六日）中也提到："岩部队之一部于今晚十八时六分紧接轰炸后完全攻占了两路口东方300米之敌重要据点四岔路高地。"①

这两份电文中提到的"四岔路高地"或"四岔路附近之据点"很明显就是"55"高地，因为该高地正好紧挨着四岔路（十字路）口，而且其所处位置（位于两路口东北偏东）也基本符合电文中的描述。因此在第11军和第五航空军的绝密电报中都报告了第133联队在16日攻占"55"高地之事，这似乎进一步佐证了第133联队战史资料的准确性。

然而实际情形恐怕并非如此简单。根据步兵第218联队战史资料的记录，渡边大队各中队从7月17日到18日相继夺取了"54"、"55"、"56"、"34"诸阵地，其中只有攻占"56"高地的时间和第133联队战史资料相一致（但前后过程也存在微妙差异），其余"54"、"55"、"34"高地的陷落时间和过程则完全不同，与第133联队战史资料存在重大差异，与前述第68师团资料同第133联队战史资料之间的矛盾倒颇为相似。

第218联队战史资料中关于渡边大队在此期间的行动记录，不仅有战死者的相关资料为佐证，而且战斗参加者的证言也是一致的，具有相当高的可靠性。至于为何会同第133联队战史出现这种矛盾，这又

---

① 《战史丛书》在引用该电报时，将"四岔路高地"的位置写成了"两路口东南300米"，显然是将电报原文看错了。

是一个让人感到头疼的问题，看起来第133联队战史资料中确有未能言尽之处，阵地的争夺过程实际上比表面所见还要更加曲折。《步兵第二百十八联队史》的编撰者也注意到了两联队战史所存在的矛盾，并对此评论道：

此一矛盾的答案，或许在于黑濑联队第一大队未能完全占领该处（指"55"高地），又或者由于受到逆袭而必须由渡边大队再次攻击，两者应居其一。

笔者也认为这种解释比较合理，并且还认为可以进一步大胆推断：第133联队攻占"54"、"55"、"34"高地后并未能确保阵地，这几处阵地又被中国军队以殊死逆袭夺回，因此不得不以渡边大队再行攻击，这种情况可能性更大。

类似的矛盾不仅存在于日军攻占"54"、"55"、"34"诸阵地的过程中，关于占领"58"（乌贼）高地的过程等等在第133联队与第218联队战史资料之间也存在诸多差异。

为完整呈现这一时期的战斗情况，笔者在下面根据第218联队相关资料重新整理了"54"、"55"、"56"、"34"诸阵地最终陷落的经过。

第二次总攻开始时，渡边大队正在辖神渡南侧附近布阵准备再次投入攻击。7月15日根据第11军的命令，针支队（步兵第218联队第一、第三大队为基干）将渡边第三大队（欠第11中队）抽出配属给黑濑联队。渡边大队遂向西方作大幅度迂回向南方移动，于17日晨到达西站附近。途中，时任第十中队队长的井崎易治中尉隐隐望到了远处衡阳的街景：

东方远处的衡阳街市映照在西方太阳下，街道上屋檐排成一线、稍微有些起伏，成排的屋檐或连绵白墙的下面被荷叶的绿色遮住了。市街的西方被一连串池塘或小河包围着。这的确是困难的地形，无法从西面攻击大概就是因为这个缘故吧……

井崎中尉原为第一中队队附。6月5日第三大队在营田附近、湘阴县堆三咀的战斗中蒙受重大损失，大队长加治屋克郎少佐战死，第十中队也死伤惨重，中队长藤堂俊良中尉战死。之后大队长之职由原第九中队长渡边直喜中尉代理，第十中队长则由羽根金次见习士官代理。井崎易治于6月12日在白沙洲就任第十中队队长。日后他在渡边大队攻克杏花村（日军资料中均记为"杏家村"）附近"58"高地的战斗中扮演了重要角色。

在到达西站前，渡边大队先在两路口集结，进入第133联队指挥下待命。据井崎易治回忆，在此期间日军一直遭到盟军飞机P-40的炸射，这附近一带的民房也已经烧毁了。关于当时的情况，井崎回忆道："时正位于两路口南方四百米的丘陵地带，其后又到铁路沿线集结待命，不久到达了月台处，好像是西站。此处西北方就是张家山即'黑'高地。在过了该站之处停下待命。各队长奉命到西侧的秃山'黑'高地集合……"

渡边大队到达西站后不久，渡边大队长偕同各中队长登上了张家山。他们在第133联队军旗前行了鞠躬之礼，然后从黑濑平一供奉军旗的堡垒处被领到了另一处堡垒内，在这里立即进行了有关攻击部署和详细指示的商讨。据井崎描述，张家山一带构筑了可配置两个中队的大型阵地。

可能由于先前他们陆续登上张家山时被中国军队看到，在他们向作为会议地点的堡垒移动时，炽烈的迫击炮弹开始落下。这时井崎中尉目睹了炮击现场的奇异景象：

在这里令人感到不可思议的是，（黑濑部队的）下士官和士兵们竟轻易被炮弹一个接一个地击中。为何不迅速进入壕中？壕内掘有很多横洞，足以充分应付空袭和炮击。这动作简直像电影中的慢镜头一样。

张家山上几乎全部是光秃秃的，山后是无法攀登的陡坡，只有这里还保存着杂草和灌木的绿色。在清澈的蓝天映衬下，动作迟钝的士兵们在光秃的山上正成为炮击的绝好目标。虽有人下令"快进入壕内！"但士兵们的动作仍极迟缓，各处开始传出悲鸣之声。

这一幕情景生动地展现了第133联队官兵已经疲劳憔悴到了何种程度。

炮击中出现的伤员们被运到后面的山崖处。此处崖下苍蝇成群，死伤者就是从这里被顺坡滑下，这里也是日本兵的粪便堆积之处，粪便的积存似乎已经历相当时日，简直

堆积成山。虽说是战场，这种不洁不净的景况也实在是到了无以复加的程度。

还有一件事情值得一提。在张家山上商讨作战部署期间，黑濑平一对渡边等人作了详细的指示，包括以"青吊星"信号弹作为突入信号。提问结束后，黑濑和师团山炮指挥官前田少佐不厌其烦地反复强调要看准时机突入，不要错失机会。由于两人喋喋不休地一次又一次地叮嘱"看准时机突入"，直说得口干舌燥，似乎把对方当成了饭桶，这使得渡边大队长和中队长们的脸上开始青筋暴起，觉得这种做法无礼之极，简直是在愚弄"和歌山健儿"，但只能强压怒火忍耐到底。这件事使井崎感觉到：看起来在此前的炮兵支援射击中，进攻部队总是在炮兵刚射完炮弹时被中国军队的手榴弹挡住前进道路。

此后渡边大队长根据黑濑的命令对各中队的攻击行动进行了部署：石井第九中队负责攻击"54"高地、山口第12中队负责攻击"55"高地、井崎第十中队负责攻击"56"高地。各中队均应在16时前完成攻击准备，紧接在炮兵队的五分钟压制射击之后进行突击。前田机关枪中队主力将从张家山支援对"55"、"56"高地的攻击，另有大队炮一门从"33"高地支援攻击"54"高地，均同炮兵队同时提供支援。

渡边大队各中队按照部署进入了攻击发起位置，进行了攻击准备。

据《步兵第二百十八联队史》记载，石井第九中队攻击"55"高地的经过如下所述：

突击发起前，已经前进至"54"高地西南侧村落的石井队（配属机关枪富冈小队）隐藏在房屋后面，秘密地进行着突击准备。中队长石井中尉在村落前端的房屋内召集分队长以上干部通过墙上挖出的小洞对中国军队阵地的情况进行了侦察。"54"高地的比高约为20米，南北约50米、东西约25米，已为木栅所包围，正对面的缺口处设置有拒马。拒马背后、稍微向左一些的地方可以看到一处掩盖枪座，距离目前所在地点约70米。

这时，石井中尉通过望远镜看到了一幅意想不到的画面。有三名日本兵正在推开拒马向木栅外走来。然而他们的双手和脖子上都拿着或挂着手榴弹，毫无疑问是中国士兵假扮的。石井中尉向旁边的掷弹分队长山田伍长下达了射击命令，与此同时他立即下定了决心，拔出了军刀：敌人自己移开拒马是为我军打开了突击道路，这正是求之不得的良机，不应等待炮兵的支援，必须独断实施突击。

掷弹筒发射的一发弹丸正好直接命中了中国士兵。随后石井中尉冲在最前面、带领小队长笹崎曹长以下向前猛冲过去。阵地上似乎没有防备，正面的枪眼并未开火。那三名中国士兵很可能就是这个枪座的守兵。

关于当时的情形，宫本敏男手记中有这样的记载：

最前面的石井中尉用身体猛地撞开拒马，突入了阵地。我到达掩盖枪座附近时，有手榴弹轰然炸开。感到右手好像针扎似地疼痛。我被爆炸气浪推进了一米多的洼地中。中队长的身体摇摇晃晃将要倒下的情景映入了眼帘。

石井中尉在这时被手榴弹破片击中了大腿部而负伤，但仍继续指挥战斗。各小队在将落到身旁的手榴弹反投回去的同时相继冲杀过来，同守军展开了激烈的阵内战斗。虽然部分守军能够英勇无畏地抗击日军，但由于受到意外的突然袭击而不可避免地发生的混乱，大部分守军都逃走了。第九中队在约一小时后扫荡完毕，将"54"高地完全占领，损失为松本健次郎上等兵战死，另有石井中尉以下数人受伤。

之后，该中队在仅存的一名将校本胁少尉指挥下击退了数次逆袭，一直确保阵地到28日将该阵地移交给第68师团为止。中国军队留下的大量手榴弹为他们抵抗逆袭起到了很大作用，不过日军也在确保阵地期间接连出现损失。7月18日，配属的大队炮的分队长小桥昌和伍长和同队的鸣海良二兵长因受到来自岳屏方向的狙击而死亡。在独立野炮兵于19日将阵地推进至此处后，日军又受到来自岳屏方面的集中炮火的攻击而增加了损失，第九中队的岩坂义治伍长、谷本丰吉上等兵以及高木卯一、中井信夫、新村用镇、山本荣重、石原信吉一等兵相继战死，配属的机关枪富冈小队也有坂本二郎上等兵战死，另有富冈曹长以下十多人受伤。

分别负责攻击萧家山的"55"、"56"两阵地的山口队、井崎队于17日16时在炮兵队及前田队的大队炮、重机枪的支援射击下开始匍匐前进，紧跟在最后一发炮弹后面进行了突击，如公式般展开了战斗。在此期间，第133联队也以不足一个小队的兵力参加了战斗。

"56"高地的守军在日军进行突击前便迅速撤退了，井崎队兵不血刃地占领了此处。

然而据井崎易治手记所述，第九中队的攻击目标是"55"高地东侧的"海带高地"而未提到"54"高地，整个行动过程（主要是关于第九中队的部分）也与第218联队史所述稍有差异。

根据井崎易治手记，这次战斗前后的详细情形如下：

第10中队在攻击发起前于"35"高地西北麓完成了攻击准备，第12中队和第9中队则为了进入攻击出发位置不得不在短时间内跑过湘桂大道。道路约五米宽，每次由一个中队快速跑过，须越过约60米距离。第10中队和提供支援的重机枪已经全部做好了压制来自"34"阵地的射击的准备。起初是第12中队跑向"55"高地山麓，但"34"高地并未射来一弹。接着第9中队也向前跑去，这次仍然没有受到射击。再接下来重机枪的两个分队也同样安然无恙地跑过。就这样，第12中队、第9中队和机关枪中队一部均平安通过该处道路，其间"34"高地方面始终没有开火。在重机枪两个分队通过后，该轮到第133联队的一个小队开始前进。此前第133

联队副官铃木义雄中尉表示：看在联队的面子上，请让他们参加攻击。

该小队即将开始前进时，井崎觉得这回敌人肯定要进行射击了，担任支援射击者也都做好了万全准备静候射击命令。第九中队方面向该小队发出了信号，该小队随即向前奔跑而去。随后第三大队全员目睹了该小队奇特的跑步方式并为之愕然：这也算是日军吗？这些人的脚上仿佛系上了十余公斤的重物，一边喊着"哟嘿快跑起来啊，快跑啊"一边往前跑，就好像在被赶着进行赛跑。其双脚又好似被大地黏住一般难以抬起，奔跑时步履蹒跚摇摇晃晃，令人感觉十分勉强。井崎对此深有感慨："其处境之凄惨与顽强奋斗之情状令人动容。令人不禁想到若我等也连续激战逾二十日，所余精力究竟能否达到彼等之水平？"渡边大队官兵只需15－20秒钟即可跑过的道路，他们却用了将近一分钟才通过。如果这时他们遭到射击，将会大有死伤，瞬间即遭毁灭。然而"34"高地方面仍然一弹未发，毫无动静。不久，在炮兵的突击支援射击下，第十中队毫无困难地占领了萧家山"56"阵地，且中国军队全然没有发动反击的迹象。在该处阵地前的铁丝网和鹿砦上挂着大量手榴弹，其间掺杂着南瓜，这一景象令井崎感到吃惊。此外附近还用炮弹代替南瓜和手榴弹一起悬挂着。[①]井崎对此评论道："在青吊星升起前，中队全员皆得以穿过这些障碍物，因此能在无人负伤的情况下取得攻击成功，这实

---

① 井崎没有解释中国军队为什么南瓜和手榴弹一起悬挂，笔者认为这很可能是为了迷惑日军。

属幸事。"

相形之下,攻击"55"高地的山口第12中队则花费了不少工夫。尽管相邻的"56"阵地的守军已经撤退,但此处守军并未丧失斗志,相反却进行了顽强的抵抗。日军在陡坡之上不易站稳,其前进为交错的障碍物和大量的手榴弹所阻。但山口队经过"慎重巧妙"的攻击,终于在18日拂晓时完全占领该阵地,并且未损失一人。很多年后,劳耀民少校曾对日军参战者表示,当时阵地上仅剩下他和李文秀上尉及四名士兵而已。虽然如此,他们仍然同日军进行了英勇战斗。劳耀民还曾表示己方曾三次成功夺回萧家山,但第四次来攻的日军却与之前不同,其活动十分机敏,且精神饱满,服装整洁,看来日军已将新锐部队派来此一战线。劳耀民所言显然是指渡边大队,与已经变成半人半鬼的第133联队官兵相比,渡边大队的确堪称一支"新锐力量"。不过,第133联队官兵所经历的苦难,也将在不久后为渡边大队官兵所痛切体验到。

18日,萧家山被移交给第133联队第一大队,山口队还击退了"34"高地的残存守军而将此处占领。在此期间,井崎队移动到了"烟囱高地"(并非第68师团西山大队攻击过的"烟囱高地",后者靠近湘江岸边),准备视战况变化增援山口队。

就这样,渡边大队确保了从"54"高地经"34"高地之线,但和石井队一样,井崎队、山口队及前田队也受到来自岳屏方面的迫击炮弹攻击,造成井崎队的坂口金吾兵长、浅井武上等兵,山口队的寺本兼市军

曹、堀江博上等兵,前田队的森川森楠上等兵、山本弘上等兵战死。

在18日攻击"34"高地的战斗中,山口队对炮兵指挥官的表现感到惊讶。本来已经决定在炮兵的支援射击下向攻击目标实施突击,山口队也早已完成攻击准备,只剩下等待炮兵完成准备了。然而炮兵队因阵地的整备和观测通信的开设等耗费了时间,射击准备所花时间出人意料地漫长。在炎热太阳的炙烤下伏在红土大地之上等待的士兵们头晕眼花,辛苦忍耐,难以忍受。从山口队的出发位置到对方阵地大约有二百米距离。眼看着太阳渐渐西斜,山口队感到十分焦急,最后他们似乎到了极限,终于在没有炮兵支援的情况下开始攻击。只见散兵如飞蝗般冲出,眨眼间便到达了指定的突击出发位置。因山口队的第一线小队要求进行掷弹筒的突击支援射击,于是该中队的掷弹筒以每具发射四发进行支援射击。炮兵的联络员急急忙忙跑到炮兵大队长前田少佐处,向其报告了山口队发动进攻的情况,于是其副官赶紧跑过来,随后前田少佐也急忙赶了过来。然而为时已晚,山口队的突击已经取得成功并转入确保阵地。山口队并无伤亡,且精神振奋。炮兵部队的干部们目瞪口呆地观看了战况进展。第68师团也看到了在萧家山攻击战斗时初次听闻的"和歌山健儿"攻击"34"阵地的景象。位于大队本部的渡边大队的中队长们也观看了进攻情形,有人说道:"情况结束,今日演习就此完毕",然后各人开始点起香烟。无地自容的前田少佐开了口:"这样的步兵还是第一次见到,真是靠得住

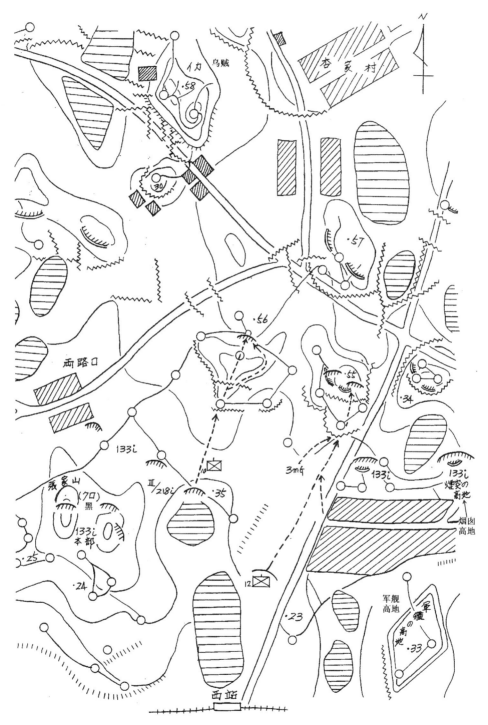

▲第133联队所配属之第218联队第三大队攻击要图。

的步兵啊。诸位实在抱歉，因为炮兵的磨蹭，没能赶上支援突击，炮兵的目标和脸面都一起丢掉了。今天就只剩下志气还没丢掉，我们会（把炮弹）打进那边岳屏的枪眼给你们看，今天的事就请原谅吧。"然后向副官下令将目标改为向岳屏射击，并强调："听好了，一直打到命中为止。"副官听完便向炮列飞奔而去。

渡边大队的战斗在日军电文中也有提到。7月18日所发之第11军绝密电报（旭参电第401号，7月18日21：00时发）中有这样的记录："衡阳攻击部队主要利用夜间及袭击战队之轰炸成果，正努力锐意扩张战果中。黑濑联队完全夺取了岳屏西南偏西约400米四岔路高地及岳屏南方约503米高地。"从地图上看，这两座高地应分别指萧家山"55"高地和"54"高地，当可视为渡边大队于17日薄暮至晚间夺取了"55"和"34"高地之真实性的证明。因渡边大队当时配属于第133联队，所以在电报中将战果算在第133联队头上也是可以理解的。

如前所述，渡边大队将占领的萧家山"55"、"56"高地移交给第133联队后，井崎第十中队转移到了"烟囱高地"。关于这座烟囱高地的具体位置，《步兵第二百十八联队史》第334页提到该高地在"34"和"54"高地之间。笔者见到的日军地图中，只有《步兵第二百十八联队第十中队史》第476页的"第133联队配属第218联队第3大队攻击要图"中标注了烟囱高地的位置，根据该地图，烟囱高地位于军舰高地北侧、"34"和"54"高地南侧，即大致位

于"33"、"34"、"54"高地之间。虽然该地图有些地方并不十分准确，不过还是可以作为参考。

井崎手记中提到第116师团曾反复攻击烟囱高地，并因此出现很多死伤者。不过第133联队战史资料中没有关于烟囱高地战斗的记录。

井崎队进入烟囱高地时，这座高地上战火的余烬仍未消失，淡淡的烟雾从燃烧过的瓦砾堆上呈细长的线条状垂直升入空中。高地上烟囱的高度约为十米，但已经变得扭曲，只见两根焦黑的柱子相互偎依纠缠在一起。队员们发现附近一带有二人或三人为一组的几组日本兵在低着头转来转去，不知道在干什么，好像是在寻找什么好东西。当这些士兵正在用圆锹或十字镐挖土的时候，井崎中尉走近一看，映入眼帘的却是他前所未见的景象，不由得大吃一惊。原来这些士兵正在掩埋日本兵的腐烂尸体，很可能是他们的战友或长官的尸体。对于如此景象，井崎现在才算亲眼见到，且如此清晰，简直纤毫毕现，触目惊心。大约几十具日军尸体散布在各处，已然腐烂，其中有的白骨上还穿着鞋子。对于迭经苦战的友军部队中的愈来愈少的生存者来说，这些尸体的掩埋作业确是一项沉重的负担，尽管如此他们仍然在尽力掩埋，但其动作却极为缓慢。这些士兵手脚并用将几乎烤焦的坚硬红土挖开，而这种劳动已经超出了他们体力的极限，按理说应该挖出60厘米深的坑洞，但呼哧呼哧地挖出的坑穴只有大约10厘米到20厘米而已，仅能容下伏卧姿势的人体。而将尸体放入浅坑中也

算得上是十足艰辛的重体力劳动，之后盖在上面的泥土也不过是以能将尸体埋没不见为度。这幅景象使他不禁想到不久之后自己是否也将被如此这般埋掉。[①]

山口队在占领"34"高地后，井崎队又进一步扩张了这一带阵地，并为确保阵地而进行了部署。在阵地的下方近处有处池塘，井崎队开始从此处池塘中搜寻食物，其他各队也随之效法。各队士兵从附近的民房中找来提桶或者用挖排水沟等手段将水排出池塘。从事排水的各队士兵有大约二十名，现场一时热闹非凡，人们喜气洋洋，仿佛回到了童年时代。一日之内池水被排掉了三分之二。次日早晨，有人早早便过来将剩余的池水进一步汲出，然后下网打鱼。各种鱼类被打了上来，不过没有太大个的鱼，个头最大的就是约长十厘米的鲫鱼，另有其他各种小鱼。这时忽有五架P-40袭来，围观者立即跑开躲进壕内。再看池塘那边，几名打鱼者仍然手拿鱼网，正抬头看着空中。虽然有人喊道："赶快进入壕里！"但他们在盟军飞机盘旋扫射下只是把网搭在脑袋上硬挺着。稍顷，倾泻而下的机枪子弹在地面上画出了十字花纹，那几个人却依旧站在池中。终于，飞行员好像死了心，向蒸水方向飞走了……就这样，虽然尽是些小鱼，但这一天里日军从水塘中收获甚丰。当天晚上，各处都飘溢着烤鱼的香味。

无独有偶，第68师团独立步兵第61大队官兵也在这一带目睹了日军暴尸战场的惨景。7月末，刚经过雨母山惨烈战斗洗礼的第61大队通过衡阳西站附近进入了停兵山东麓，并布阵于市民医院一带，同岳屏阵地正面的第34师团针谷支队交接了阵地。《独立步兵第六十一大队战史》在介绍当时的情况时，出现了一句奇怪的话："针谷支队由于连日激战几近全灭。"接下来又介绍了该大队步兵炮中队的见闻：

当时，步兵炮中队趁黑夜移动到了"岳屏高地附近约一公里的地点"。在七月下旬的酷热天气下，双方战死者的尸体高度腐败，整个战线上都充斥着异样的尸臭味，使人感到阴气逼人。队员间互相说道："不光有敌人的尸体，还有友军的遗体呢，忍一忍吧。"

天亮后，周围变得明亮起来，可以看到无数遗体。在附近民房的白墙上还发现了友军用烧饭后留下的炭灰写下的字迹，内容为"针谷支队某中队某人"，很可能是突击队员在赴死前留下的遗墨。这幅景象使见者为之落泪……

根据第61大队在第三次总攻前后活动的图文记录，该大队步兵炮中队布阵之处应在渡边大队战斗和驻防过的"34"、"54"

---

① 《步兵第二百十八联队第十中队史》第484-485页。另井崎手记中还奇怪地将烟囱高地称为"志摩支队的激战地"，虽然手记的前文提到第116师团曾反复攻击此一高地。实际上第68师团的志摩旅团从7月下旬开始才陆续转移到衡阳市区西南方向，井崎应该是将后来到达的志摩旅团同之前攻击烟囱高地的部队混为一谈，烟囱高地附近的日军腐尸应该是第133联队，或许还有永里大队所留下的尸体。

高地一带。然而根据步兵第218联队战史资料，在日军第三次总攻前，针谷支队的渡边大队在这一带并未遭受重大损失，更没有达到"几近全灭"的地步。步兵炮中队官兵所目睹的日军尸体应该主要是第二次总攻期间第133联队官兵留下的尸骨。

至于在白墙上发现的遗墨，应是渡边大队官兵所留下的，他们可能因目睹友军的惨状而预感到自己可能死期将至。若果真如此，那么不久之后，山口队和井崎队在7月31日开始的"58"高地（乌贼高地）攻击战斗中的经历则印证了这种预感确有先见之明。

第十九章　魔之阵地

如前文所述，根据第133联队战史资料的记录，7月17日黑濑平一命令当时配属于第133联队的第218联队渡边大队夜袭"58"（乌贼）高地，该大队至半夜时夺取了"58"高地的东半部。7月31日，配属于第133联队的第109联队饭岛大队又攻占了"58"高地的西半部。至此，"58"高地全部被第133联队占领。

然而根据第218联队战史资料，7月17日渡边大队所攻之阵地为"54"、"55"、"56"高地，却并无攻击"58"高地之事。从7月31日开始，渡边大队才发动了攻击"58"高地的战斗，至8月2日才攻占并确保了该阵地。

井崎易治手记中在写到7月29日的情况时则有这样的语句："黑濑联队……目前正致力于'58'（乌贼）高地的攻防战。……几度突击却一再失败，仅存的生存者又受到进一步消耗。"手记中并进一步提到第133联队在7月29、30日这两天中曾在"58"高地陷入苦战。很明显，在7月31日渡边大队的攻击战斗发起之前，第133联队或其配属部队确实曾对"58"高地发动过数次攻击，但均以失败告终。

不过关于"58"高地战斗的情况，第133联队及第109联队的战史资料中均无详细记载。然而第218联队却留下了十分详细的记录，并且这些记录具有相当高的可信度。两相对比，后者关于"58"高地战斗的记载更加可靠。

需要记住的是，衡阳西南战场面积狭小，小丘陵众多，如果不认真辨识很容易混淆，并且衡阳战役中双方互有攻防，往来冲杀，逆袭频仍，战场情况瞬息万变，阵地不断易手或被双方各占一部，要准确清晰地叙述全部战斗经过的确比较困难。很可能由于上述原因，第133联队战史资料的记述上发生了一些混乱，特别是要考虑到7月17日配属第133联队的渡边大队要同时进攻三座高地，而加上需要压制的阵地则还要更多。另外，这种记载上的混乱也可能与战史资料编撰者出于面子不愿过多提及本部队失利战斗的心理有关。无论如何，可以确定的事实是，"58"高地直到日军第三次总攻前夕的8月2日才真正陷于日军之手。

"58"高地位于张飞山东方约300米，在天马山、西禅寺和苏仙井高地（"虾"高地）之间，可得到来自此三处阵地的掩护，

"深坑绝壁，形势强固"（白天霖书语）。夺取该高地不仅对于第133联队进攻"虾"高地实属必要，对于第218联队和第120联队进攻西禅寺和天马山也具有重要意义，因此成为日军必攻之地。同第133联队攻击过的衡阳西南诸阵地一样，"58"高地由英勇善战的中国军人所固守，其战斗过程甚为惨烈，渡边大队所属官兵只能踏着战友的尸体以血肉之躯强行冲杀，迭经殊死搏斗方才将其攻下。而攻下这座高地的渡边大队同第133联队之间存在着紧密而奇妙的关系。在衡阳战役期间，渡边大队不仅曾一度配属于第133联队，而且在第三次总攻前夕也作为配属于第116师团的针支队的一部分在"58"高地陷入苦战，而夺取该高地实际上也扫清了第133联队在第三次总攻中进攻"虾"高地的障碍，其作战经历同第133联队战史事实上难以分离。"58"高地本身是第133联队在第三次总攻前必须解决的重要目标，只是由于该联队战力所限，而不得不由渡边大队代为夺取。渡边大队参战官兵，也由于这场战斗而深切体会到了第133联队官兵所承受的痛苦。因此，笔者在本章及下一章中，特根据第218联队战史资料，将渡边大队进攻"58"高地战斗的详细过程整理于下。

7月28日，针支队受领了将本支队配属于第116师团的命令。当天，渡边大队也在将"54"高地－"34"高地一线转让给第68师团的泽多大队后集结于两路口北侧，同时解除了对第133联队的配属而回归第218联队。7月31日，支队长针谷大佐以下的指挥机关及中队长以上指挥官经辖神渡先行到达位于两路口的师团司令部（13时左右），受领了关于进攻的师团命令。

关于第三次总攻时的部署，针支队得到的指示为：作为第116师团的中央队攻占天马山（螃蟹）。左翼儿玉联队（第120联队）、右翼黑濑联队（第133联队）的进攻目标则分别为西禅寺（章鱼）和"78"（虾）高地。为了不致落后于左右两翼，支队必须在总攻开始前先夺取天马山前面的"58"（乌贼）高地。为此，针谷大佐不等岛田大队主力到达就在师团司令部向渡边大队下达了攻占"乌贼"高地的命令。

与"乌贼"高地相对，萧家山北侧的"57"高地也是在进攻"虾高地"前必须夺取的阵地，从该阵地可以向进攻"乌贼"高地的日军施以斜射。第133联队战史资料和《步兵第二百十八联队史》均认为"57"高地已经在27日被第133联队占领。然而奇怪的是，井崎手记中反复提到来自"57"阵地的射击对渡边大队进攻"乌贼"高地所造成的妨害，提到该阵地次数之多让人不得不怀疑这里是否还在日军手中。如果井崎关于该阵地的记忆是准确的，那就说明该阵地或其附近仍有中国军队在活动。第133联队战史资料曾提到该联队在8月2日上午扫荡了"57"高地西侧的村落，至12时左右将其完全占领。这也说明至少在该高地附近地方仍有中国军队据守。关于"57"高地在渡边大队进攻"乌贼"高地期间的情况，后文将以井崎回忆为准。

渡边大队在受领了攻占"乌贼"高地的命令后，于当日16时左右进入了"30"高地

（"乌贼"高地南侧的小阵地，已被中国军队放弃）附近，开始进行攻击准备。"30"高地距离"乌贼"高地脚下不过百米，平时来看差不多只是一步之遥而已，但此时该阵地已被高四至五米的人工断崖和数重之字形铁丝网保护起来，绝非可以轻易进入。

"乌贼"高地是一座规模不大的小山丘，阵地前的倾斜地已全部被削成断崖。阵地前横卧着一条约五米宽的道路，这条道路向西通往西禅寺方向，向东通往花药山南侧、市民医院北侧。阵地已被交错的铁丝网严密封锁，加上来自崖上的手榴弹、来自西禅寺的侧防火力、来自"57"阵地的斜射使得夺取这个小小的据点看来几无成功的希望。第133联队曾在7月29、30日多次攻击"58"高地，但因受到来自一处侧防机枪阵地的火网的拦阻，突击均告失败。此处机枪阵地内的重机枪被日军称为"魔之机枪"[1]、"幻之机枪"。由外号即可看出该机枪阵地使日军产生了何等强烈的恐怖感。该机枪阵地已被巧妙地隐蔽起来，日军无法确认其位置，重武器也很难实施压制射击。第133联队的攻击队伍总是在竭尽全力接近崖下时被"魔之机枪"阻断进路，在其前进道路上不仅缺少遮蔽物，而且还受到铁丝网的阻碍，从路边到崖下几无立足之处，这里变成了阿鼻叫唤之地。此外进攻者还必须同自身的极度疲劳、营养不良、脚气病、睡眠不足等"内敌"作战，战斗之艰苦难以言表。在第133联队攻击"58"高地期间的某个时候，曾有几名正闲得无事可干的将校来到位于大队本部的渡边大尉处打发时间。这时从"30"阵地方向传来了勃朗宁重机枪的射击声。于是渡边大尉满脸阴郁地嘟哝道："就是它了。这个魔之机枪，怎么也找不到它，知道它位置的人还没开口就一个接一个地死掉了。"当天晚上再三从远处传来"魔之机枪"的咆哮声。

进攻开始前不久，渡边大队发生了一起非同寻常的事件：部队中有一名叫坂本末吉的士兵因先前涉及军旗凌辱事件而正等待被送上军事法庭，但本人并未被拘禁，就这样在所属分队内待命中。坂本曾对人吹嘘说："在这种地方还能死掉？""在这种地方还要豁出命去打仗？"但后来却又改口要求道："反正要被送上军事法庭，就请让我死在这个战场吧"，显得很了不起。但让人意想不到的是，他却在7月28日深夜到29日拂晓期间于敌前逃亡。遗憾的是，关于他在逃亡之后的下落，并没有任何记录。[2]

7月31日晨，渡边大队在"30"高地上第133联队的"58"高地攻击部队本部交接了攻击部署并获取了有关情况，之后重新制定了攻击计划。山口第12中队被选为攻击"58"阵地的突击中队，井崎第十中队则以掷弹筒进行突击支援射击，大队的战斗指挥

---

[1] 日文原文为"魔の機関銃"，在白天霖书中被译为"魔鬼机枪"，但笔者以为"魔"应为佛教用语，与基督教观念中的"魔鬼"有所区别，故笔者直接译成"魔之机枪"。日军资料中多次出现佛教用语，故笔者作如此想。

[2] 此事见于井崎手记，但手记中对此事写得十分简略，关于坂本的军衔、所属单位、最后下落和"军旗凌辱事件"的详情均无记录，他似乎是第十中队士兵。

所设于"30"高地上的堡垒中。

山口队在"30"高地西侧山麓进行攻击准备,进入了突击出发位置。井崎队在萧家山西方约二百五十米附近的小山上部署了中队的全部掷弹筒,以此构成了绵密的火网。

炎炎烈日渐渐向西沉下。傍晚时,从本部发出了攻击开始的信号。山口队在前田机关枪中队的重机枪和井崎队的掷弹筒以及迫击炮队的支援下开始进攻。由于目标很近,迫击炮的射角极大,在夕阳映照下,迫击炮弹在落地之前变得犹如发光体一般,发出闪亮光芒。"58"高地上黑烟滚滚,阵地被遮蔽不见。掷弹筒预定发射弹丸数为每具四发,转眼间便射光了。然而山口队却被钉在突击出发位置动弹不得。不久从大队本部派出的传令兵前来通知井崎队:山口队将重新发起突击,支援射击的进行和上次一样。

不久从本部发出了实施第二次突击的信号,掷弹筒和迫击炮开始齐射,很快将预定弹数打光。井崎中尉从方才开始就用望远镜注视着山口队的动向。只见山口队最前面的突击分队抬起身子开始前进,他们时而卧倒时而起立。井崎感到可疑,仔细观察了突击道路,发现从崖下到突击道路一带犹如骤雨激起水花一般,被大量枪弹击中地面掀起土烟,以至于地面也几乎隐没不见。突击道路一带只有约四坪①面积,弹雨集中向那里倾泻而下。火力不仅来自"魔之机枪",还来自西禅寺和"57"阵地的侧射斜射所构成的交叉集中射击。

山口队的前进因此变得极为艰难,他们在突破铁丝网时在侧射重机枪火力的猛烈射击下接连出现伤亡。前田队的重机枪小队长井谷士郎军曹为搜索目标而进行观察时因头部中弹而死亡。好不容易逼近高地脚下的士兵们又遭到手榴弹雨的攻击。结果第二次攻击也告受挫,渡边大队长决心进行夜间攻击。

夜间攻击预定从22时开始,井崎队则奉命在原处待命。22时,突击重新开始,然而那个"魔之机枪"的狂吼声又频频响起。在手榴弹爆炸的瞬间,闪光映出了山口队士兵的身影。片刻之后战场沉寂下来,井崎猜测突击或许已经成功。但不久之后有人从大队本部带来噩耗。来人传令井崎队替换山口队,并传达了山口队已经覆灭,山口中尉头部受到贯通枪伤、现正在昏迷中的消息。

山口队的这次夜间攻击遭到了彻底的失败。突击小队约30人中死伤小队长大谷久雄准尉(战伤)以下20多人,丧失了突击力。随后中队长山口林作中尉为了整理态势再兴突击而试图确认侧防火力点(魔之机枪)的方向,在此一行动期间被击成重伤。当时,指挥班的桃田河久里曹长首先从突击出发位置爬出,同时向右方转头看去,试图找到"魔之机枪"的方位,随后山口中尉也从后面过来。桃田曹长在爬行时像尺蠖一样拱起身子,只有腹部不着地。他仔细看了看"乌贼"高地的右下方,发现有黑色民房模样的东西存在,房内幽黑阴森。房子似乎被

---

① 坪是日本计量单位,1坪约为3.305785124平方米。

黑暗的空间所吸收，其轮廓和黑暗空间不易区分。他闭眼之后再睁眼凝视，就可以隐约看到比黑暗空间更显发黑的民房。桃田曹长小声嘀咕道："好像就是它了。"这时民房又从曹长的眼中消失，视野中只剩下一片黑暗。他再次嘀咕起来："果然是幻之机枪啊。"山口中尉听了之后说道："喂，让我也看看。"说完便过来爬到桃田曹长的背上，像曹长一样转头向右方看去。中尉向那个方向凝视了片刻，然后贴近曹长的右耳轻声说道："就是那个看着朦朦胧胧的民房吧？""好像就是它。"突然，从民房深处吐出了火舌，打破了黑夜的寂静。中尉头部被一颗机枪子弹贯穿。转瞬之间，曹长感到背上中尉的身体变得更加沉重了。曹长心想："队长被打中啦。"于是曹长就这样背着队长开始缓慢后退。

由于山口中尉丧失战力，渡边大队长决定起用井崎队以代替山口队，并令井崎中尉赶来大队本部。

井崎中尉在命令羽根见习士官使中队做好集结移动的准备后，急忙赶到"30"高地上渡边大队长处一看，渡边大尉正为山口队遭到毁灭性打击而憔悴哀伤中。井崎未跟大队长说起任何多余的话，他决定首先前往确认现状，然后再回到本部同大队长商谈攻击计划。于是他下山赶往山口队所在之处。当时夜色极其晦暗，除惨淡星光外再无任何光亮，在地上几乎什么都看不到，但这里飘荡的鬼魂气息令人不寒而栗。在山口队的攻击开始地点，死伤者重叠相枕，几无下脚之处。伤员的凄惨呻吟声从阴暗的地表传来。

在倒卧者中有人一直默不作声，那意味着此人已经断气。

井崎认为当下之急是把山口队的死伤者赶快从这里转移到安全收容地点，更何况现在他对第十中队的战力究竟如何心中没底，不希望队员们看到听到这宛如阿修罗地狱般的阿鼻叫唤之惨景。井崎也帮忙参加了收容作业。亲自参与收容死伤者令井崎深刻感受到战况的惨烈。在收容时对死者和重伤员就用一根绳子绑在身上某处，也有用一根绳子绑了两个人的。累累死伤者几乎将突击道路塞满，通常拿着绳子摸到什么就绑起来拉着走。收容作业充满危险，有的持绳捆人者也可能已成为倒卧者中的一员。当认为大致收拾妥当的时候，井崎派出传令兵以引导中队主力赶来此处，但这时还有伤员未被收容，悲痛的哀鸣声再次响起。

死伤者总数大约有50人。最后一名被收容的是山口中尉，两名勤务兵正在用砍下的芭蕉叶充作"扇子"给他扇风。山口中尉身上的衣服几乎被扒光，只剩下一条兜裆布。井崎中尉上前握住他的手说道："喂，山口，我是井崎啊。"不过对方应该已经听不见了。诡异的是，明明伤在头上，山口中尉却摸着肚子说胡话："这里好疼，治疗这里好吗？"又一个劲儿地胡闹说："好热好热，把兜裆布给我脱掉。"……不久中队主力到来，井崎中尉为了使部队避开对方手榴弹的杀伤和天亮后的空袭，指示中队在橘园中散开。

山口中尉终于在当晚气绝身亡，死前不停地说着胡话，就好像在号令部下突击一样。

井崎再次前往大队本部，在"30"高地上渡边大尉所在的本部堡垒中开始同大队长商谈攻击计划细节。渡边大尉听取了井崎的意见后，对井崎的腹案没有做任何修改就同意了他的方案。但渡边大尉又告诉井崎：没有任何部队提供支援，希望中队能独力攻下敌阵地。井崎对此感到很奇怪。不过当时渡边大队已回到第218联队而不在第133联队指挥下，而针支队主力（岛田第一大队）尚未到达衡阳攻城前线，演武坪战线也在等待第58师团的到来。考虑到这些，就不难理解渡边大队不得不单独作战的处境了。而且目前能够支援第十中队的实力完整的中队连一个

▲步兵第218联队第10中队第四代中队长井崎易治中尉。

也没有（第11中队正在担任独立野战重炮兵第15联队的护卫），重机枪、大队炮在这样近距离的战斗中又难以发挥作用。因此井崎中尉做好了独力攻击的精神准备，只是对于手榴弹能否顺利补充有所担心。此外，井崎还判断攻击"58"阵地的成败关键在于能否首先发现"魔之机枪"的位置并予以扑灭。对"58"阵地的攻击预定将于8月1日12时再次开始，而在此之前必须找到"魔之机枪"所在的侧防阵地以制定压制该阵地的方案。

井崎中尉通过同山口队的生存者、伤员们交谈，推测"魔之机枪"应在山口中尉被射穿头部之处向右大约30米、在道路的某一侧。若果真如此，那么大队的战斗指挥部所在的"30"高地就并没有被日军完全占领，在高地的北侧也就是敌方斜面处仍然被中国军队占据着。而且战斗指挥部对于这部分中国军队实际上处于赤裸裸的无防备状态。想到这点，井崎不禁感到脊背发凉，遂立即联系第九中队长派出战斗指挥部的直接警戒小队。

之后井崎带着羽根小队长前往侦察位于敌方斜面处的山脚，为明天早晨以肉搏战夺取北侧斜面的山脚做准备。另外他还指示堀本小队作为中队所余之主力在"30"高地西麓的橘园中散开。

在"乌贼"和"30"两座高地之间那条东西向的直路北侧、"乌贼"东南侧有一处已经损毁的房屋。井崎中尉怀疑这里就是隐藏的侧防阵地，羽根小队长的观察也支持了他的想法。隔着道路在路的南侧也有类似的荒废房屋，判明有交通壕从"30"高地通

到这里，应能利用其侦察道路对面的可疑地点。

8月1日凌晨5时左右东方微微发白时，羽根金次见习士官的第一小队在井崎中尉带领下开始攻击"30"高地北麓。正如预想的那样，一座白色墙壁的民房背朝斜面而建，房内有五名中国兵。双方互掷手榴弹约五分钟后，日军将房屋占领。

夺取房屋后，井崎中尉和东田龙一伍长从房屋西侧方向、羽根小队长和第二分队长从东侧方向各自寻找窗口以窥视房屋北面、道路对面的民房。井崎中尉和东田伍长总算在西面房间的墙下发现了一个用作通风孔的小洞，便一起趴在地上向对面窥视。果然在道路对面，"幻之机枪阵地"出现在眼前。东田伍长在窥视时是把脚伸向西面趴着，而在脚的方向有一处窗口，潜伏的中国军队突然从窗口投进手榴弹，然后迅速逃往机枪阵地。东田伍长的腹部被炸出大口子，很快就奄奄一息了，最终不治身亡。①

据说东田伍长是一名射击高手，曾在师团内部的各次大会上取得了优异的成绩，在联队内无人不识，但这次还没来得及一展身手就失去了性命。

这时天已完全放亮，可以发现"魔之机枪阵地"出乎意料的坚固。对面房屋的内部已被完全拆除，被修成了坚固的掩盖枪座，并挖掘了纵横曲折的战壕。铁丝网一直严密敷设至道路边缘。两挺勃朗宁重机枪踞

守在阴暗的屋内，判断阵地内的中国兵大约有十五六人的样子。对方似乎也正怒目凝视己方。如此坚固的阵地显然并非可以轻易攻破。

虽然昨晚井崎已经和渡边大队长商定了攻击时间，但联队本部却无视此一情况，严命从12时开始攻击，因此不得不对攻击计划做少许更改：羽根小队将在中队主力开始突击攀登"58"高地前三分钟，开始强袭侧防机枪阵地，突击兵力则乘机攀登突入。羽根小队能在多大程度上牵制对方的侧防武器，将决定中队主力行动的成败。

中队主力方面由堀本贞次军曹编成人梯子组，以三人为一组共六组18人，全部赤脚裸身，仅穿着兜裆布，再把雨衣的下摆披起来变成类似法被②的样子穿在身上，腰带上只挂着刺刀和后盒，此外身上就只携带手榴弹。后盒在组成人梯时被用作踏板。井崎认为如果中队主力能在羽根小队战力尚存时完成向崖上的攀登，那么进攻就已经大约成功了一半，之后就可以补充战力应付逆袭了。在人梯子组突进之前，由留着浓密胡须的笹内昊军曹编成的突击路作业班打头阵，这部分人员以两人为一组共三组六人，服装和人梯子组相同，装备方面则以铁丝剪取代步枪。人梯子组和突击路作业班均为身穿法被模样，且每人均携带手榴弹四颗。至于羽根小队则只有突击分队每人携带手榴弹三颗。手榴弹能配备到这种程度已经是竭尽全

---

①　《步兵第二百十八联队史》称东田伍长于8月2日死于野战医院，但井崎手记中称东田伍长在被抬进山上的本部时已经死亡。

②　法被是在领上或后背印有字号或家徽等图案的日式短外衣，是手艺人或工匠的工作服，也常在节日庆典上穿戴。

力了。堀本军曹以下18人则组成手榴弹突击队，携带九六式轻机枪一挺，所带刀剑（刺刀或军刀）被用细绳绑成几近与腰带垂直的样子（即刀剑贴近身体，刀鞘垂向地面，另一头靠近胸口，类似江户时代武士的佩剑方式，日文中描述这种佩剑方式的词语为"落とし差し"）以避免在晃动时伤及自己。按照计划，一俟手榴弹突击队攀登成功，后续的分队立即送来步枪。中队的全部掷弹筒由古久保龙军曹指挥以封杀对方的手榴弹战。

12时的读秒由羽根小队长和井崎中尉担当，此外渡边大队长、前田大尉及联队本部的针谷大佐、田村副官也各自盯着自己的手表。时刻一到，羽根小队按照计划首先开始实施手榴弹战。随即中国军队也从"58"阵地的崖上向第十中队主力（实际只有第二小队和指挥班）掷来雨点般的手榴弹，爆炸产生的白烟愈加浓厚，好像使用了发烟筒一样。井崎中尉注视着笹内军曹，将手臂抬起然后猛然放下，笹内军曹等六人立即手持铁丝剪在手榴弹爆炸的白烟中飞奔向前。不久，井崎中尉在手榴弹爆炸间歇向堀本军曹发出了开始突击的信号。井崎的右手划了一个大大的弧形指向崖下，堀本军曹默默地点了点头，用手指向第一组。第一组也默默地起身向着白烟冲去。接着第二组也冲了过去。羽根小队的牵制行动果然奏效，中队主力方面没有像前一天山口队那样吃尽侧射的苦头，顺利突进到了"乌贼"高地脚下。第

一组人员两两抱住肩膀紧靠崖下，喊道："好了，快爬！"这是人梯的最下段，随后第二组开始攀登，脚踩前一人腰间的后盒骑在他的肩上。由于只靠第一组和第二组还无法够到敌阵地，于是又出动了第三、第四组。第三人骑上第二人的肩膀，脚踩在第一人的钢盔上。就这样，各人陆续向上爬去。在后方的"30"高地和张家山上观战的本部各名军官咬紧牙关提心吊胆地注视着这一景象。联队长以下目睹人柱从笼罩"58"高地山脚的白云中伸出，从一人、两人渐次加高，深深为其所"感动"。

受到羽根小队攻击的侧防阵地仍在全力对付羽根小队的猛攻，人柱顺利地延伸着，突击兵也冲向数把"梯子"①，眼见其即将突入崖上阵地。就在这时，人梯突然崩塌。这是由于最上部受到来自西禅寺和"57"阵地的狙击。人柱最上部在向左右两侧喷出血烟的同时猛然塌落。缩短的人柱立即被修补完好等待突击兵冲入敌阵地。此刻"魔之机枪阵地"仍在对付羽根小队的攻击，没有向人柱扫射。有两人在弥漫的白烟中爬了上去，随即又被侧射击落。突击路作业班也放下铁丝剪加入人柱，拼死搭起人梯，结果也接连从人柱上方带着如泉血柱坠下。但崖上的手榴弹兵也在日军的顽强突击下退却，手榴弹的投掷停止了。于是弥漫的白烟很快消散，从路上也能看到人梯的下部。之前人梯的下段一直没有被枪弹击中，只是在忍受着小块手榴弹碎片的侵袭。然而现在随着白烟

---

① 按照井崎手记的描述，人梯子组为三人一组，因此应有三把"梯子"，但《步兵第二百十八联队史》称有四把"梯子"。

的散去，下段也开始遭到集中射击。处于人
梯下段的人员被射穿双脚，导致人柱完全崩
塌。人梯在瞬间被重新搭起，然后再次被击
中。下一组马上冲来补上人柱缩短的部分。
有的士兵在脚上中弹后以单膝跪地继续坚
守，有的人在双脚中弹后将自己的后背作为
突击兵的踏板。日军很快便在崖下死伤枕
藉。

羽根小队的攻击力也达到了极限。之
前一直沉默的"魔之机枪"也开始向人梯最
下段射击。"魔之机枪"火力所及之处，鲜
血如泉水般喷出。几把"梯子"又带着血烟
崩塌，已成血人的士兵马上又要搭起人梯，
然而"梯子"在重新搭好之前又喷出血雾倒
下。井崎中尉急得咬牙跺脚，独自决定中断
攻击。

第十中队的死伤者在崖下重叠相枕，
呻吟声此伏彼起，宛若地狱景色。有五名能
走动的伤员自行返回，动弹不了的死伤者约
有15人。井崎中尉和堀本军曹站在山口中
尉中弹的地方担任一线指挥之责。进攻虽已
结束，但死伤者的收容作业仍然需要很大勇
气。身处此一地狱画卷中的下士官和士兵们
在中队长的指挥下以收容为目的开始了新的
战斗。日军以三四秒钟的间隔向"魔之机枪
阵地"连续掷出三颗手榴弹。第一颗手榴弹
刚一爆炸，收容班就如脱兔般冲向崖下，用
皮带套住死伤者的脚腕或手腕拖回去。手榴
弹爆炸争取到的时间约为十秒钟，就这样收
容班在手榴弹的掩护下先后出动了三次。收
容作业的完成比预想中的更加顺利，而且在
此期间收容班无人受伤。井崎中尉在收容作

业期间被来自崖上的手榴弹击中左上膊部，
受到盲贯破片伤，但伤势较轻，在当场做了
临时处理后继续在一线指挥。堀本军曹的运
气却没这么好，他被来自西禅寺的狙击弹贯
通大腿，于8月2日晨死去。

羽根小队方面也受创严重。当"魔之
机枪"的火力复活时，即已宣告了羽根小队
的突击受挫。该小队在进攻该处侧防火力点
时以枪击和投掷手榴弹做掩护，竹中兵吉兵
长利用小队的掩护以一个分队进行了大胆突
击，但未能突破铁丝网障碍。日军为大量手
榴弹所压倒，只好退到道路南侧整理态势。
竹中兵长以下三人在翻越重重铁丝网时战
死，尸体挂在铁丝网上未能收容，就这样留
在了原处。羽根小队的死伤者除了这三人外
均得以收容完毕。

关于第十中队在这次战斗中的损失，
白天霖书中收入的井崎手记的译文中称中队
主力战死六人、重伤后送野战医院十人、轻
伤八人，羽根小队战死五人、重伤六人、轻
伤三人。但《步兵第二百八联队第十中队
史》中转载的井崎手记却写道："中队主力
的损失为战死七名、重伤十名（后送野战医
院）、轻伤三名。"参照两书各自的前后
文，显然后者在介绍损失数字时漏抄了一部
分，至于所谓中队主力战死七人应是包括了
堀本军曹。

以上数字应是根据井崎本人的回忆整理
而成。且不论井崎所回忆的死伤数字是否准
确，问题在于他似乎没有将战死者和战伤死
者严格区分开来。除了井崎手记之外，关于
第十中队在"58"高地战斗中伤亡情况的记

录有以下几种资料来源可供参考：

1.《步兵第二百十八联队第十中队史》第515页中，根据日后调查的结果整理出了第十中队战死、战伤死者的姓名，并按日期列出（其中8月1日、2日两天的死亡者未区分战死和战伤死）；

2.《步兵第二百十八联队第十中队史》书末的"步兵第二百十八联队第十中队行动概要（从编成至终战）"，逐日记录了该中队的行动和损失情况，并区分了战死、战伤死、战病死者；

3.《步兵第二百十八联队第十中队史》书末的"步兵第二百十八联队第十中队战殁者名簿"中按日期列出了该中队在各时期的死亡人员，但并非所有死者都标明了死亡原因，而且列出的军衔系死后追晋；

4.《步兵第二百十八联队史》第346页列举了从7月31日至8月2日间第十中队和第十二中队的战斗死亡者（含野战医院收容后的战伤死者）姓名，未区分战死和战伤死者，系按照军衔依次列出而未按日期排序；

5.《步兵第二百十八联队史》书末的战殁者名簿中按日期列出了死亡者姓名，但未标明死亡原因、军衔等情况。

以上几种资料来源存在若干冲突之处，但大体上是一致的，且可以相互对照分析。笔者对这几种记载进行了对比分析之后，确定了8月1日攻击战斗中第十中队的直接战死

者包括：

西山昇军曹、尾上昌三伍长、中胜彦兵长、新田幸次郎兵长、竹中兵吉兵长。①

第十中队在当天还有十多人受伤（"步兵第二百十八联队第十中队行动概要"）。日后因战伤而死亡者应有数人（第十中队在8月1日至2日期间的战斗中出现的伤员中共有十多人在日后不治身亡）。笔者估计8月1日第十中队在攻击战斗中出现的战死、战伤死者合计应有十人左右。

攻击停止后，针谷大佐为第十中队中止攻击一事所激怒，向大队本部打来了电话。针谷大佐在电话中怒吼道："明明只差一点点就能爬到崖上了，到底是怎么回事？！"接电话的是第三机关枪中队长前田大尉，他什么都没说就扯断了电话线。渡边大尉和前田大尉都对联队本部所指示的攻击计划暗中感到气愤，第十中队亦然。井崎中尉在死伤者收容完毕后，首先让士兵们撤到橘园中休整，自己则前往"30"高地上的大队本部。井崎希望以后的攻击计划由自己独自拟定，对渡边大尉表示："58"阵地如果由自己再次攻击一定可以攻下，因此希望以后的攻击全部按照自己的方案进行，为此请发给红色或蓝色瓦斯弹两枚和手榴弹百颗，攻击重新开始的实际时间为明晨天亮之前。渡边大尉听完井崎的陈述后全部同意了他的要求，并立即开始张罗瓦斯弹和手榴弹的筹措事宜。

通信中队的原中尉带着五名士兵从联队

---

① 这一名单不包括进攻发起前受伤的东田龙一伍长和次日死亡的堀本贞次军曹。

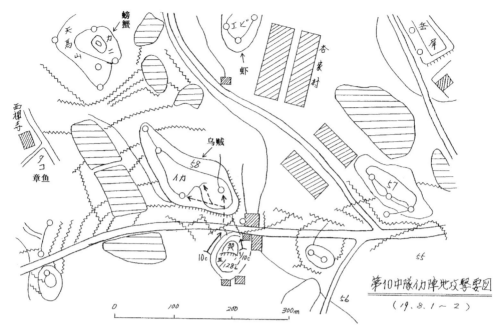

▲步兵第218联队第十中队"乌贼"阵地攻击要图（1944年8月1日—2日）。图中下方中央的"128i"应为"218i"，表示步兵第218联队。

本部前来修复电话线。前田大尉说道："电话线是我弄断的，断掉的地方在这里，现在还不能接上，会一直等到大队长到联队长那里为止。"然后除留下两名士兵外，其他人都被打发走了。不久，大队长前往联队本部，联队长同意了渡边大尉的意见。联队长还询问有什么事可以帮上忙的。已经了解井崎中尉意图的渡边大尉在苦笑之后替井崎中尉进行了说明：对"乌贼"的攻击由于地形的关系，战场十分狭小，攻击方的迫击炮、联队炮、重机枪并不适用，只有火焰喷射器、手榴弹、掷弹筒、九六式轻机枪这样便于近战的手段才能奏效，希望提供瓦斯弹两枚和手榴弹百颗。联队长也对井崎中尉的作战经历和战绩非常了解，很爽快地同意了。

同"魔之机枪阵地"对阵的羽根小队和橘园中的中队主力在经过噩梦般的战斗之后，现在已经像死人一般酣然入睡。

井崎中尉在战后回忆当时的攻击方法时认为：当时工兵队装备有火焰喷射器（施放距离30米），为何没有促其使用？如果来不及用上火焰喷射器，又为何没有考虑使用火攻？还有为何没有讨论过大队炮的零距离射击？"魔之机枪阵地"距离东田伍长死去的墙下小洞隔着道路仅有四五米远，应该可以奏效，此外还可以使用燃烧瓶。然而当时第133联队的士兵已经失去了思考能力，自己这边或许也和他们一样开始变糊涂了。

夕阳西下，黄昏已至。井崎中尉将兵长以上人员从橘园中招来，对明晨的攻击计划进行了说明。提供两枚瓦斯弹的要求未能得到师团准许，只提供了两个小型发烟筒作为替代物。至于手榴弹则只补给了60颗[①]。虽然如此，毕竟是渡边大尉努力的结果，不能期待更多。井崎中尉怀着感谢的心情向兵长以上人员介绍了以上的情况。井崎认为，即使凭借这两个小型发烟筒也足以取胜，预定将其用于从中队主力到"魔之机枪"和崖下突击路中间的道路上。因为攻击是在早晨发动，应当处于无风状态下，烟雾会飘荡在低处，如此扩散开去。发烟所致的遮蔽效果如果能持续15分钟，两阵地便都有望攻克。

攻击定于8月2日拂晓4时开始。不知何时，士兵们已经造好了一架结实的梯子，正放在不远处。先前曾要求上面提供梯子以取代人梯，但终究未能得到，于是井崎队士兵们便自己收集材料制成了这架梯子。

夜晚愈加深沉，为了明天早晨的突击，士兵们已经在黑暗中紧挨着躺下。井崎看着在橘园中熟睡的士兵们，不禁合起双手，对着士兵们的睡姿合掌祈祷。井崎自己却怎么也睡不着，整夜没有合眼，种种事情如走马灯般在脑海里转来转去。

又一个血腥夏日即将到来。

---

① 井崎手记称发给手榴弹60颗，但《步兵第二百十八联队史》称补给了80颗。

第二十章　生死之间

8月2日（晴，东南微风），传令兵前来向井崎中尉报告羽根小队准备完毕。中队主力方面，久保田已代治军曹、笹内昊军曹也报称攻击准备完毕。

4时稍前，队员们进入了突击出发位置（与昨天位置相同）待命。4时整[①]，发烟筒点火后，笹内军曹和羽根小队长各自将其投向预定目标。发烟筒在滚动的时候从两头发出响声。不久，发烟筒开始喷出滚滚浓烟。在全然无风的黑暗中，烟幕在低处漂浮扩散，高度也逐渐增加。烟幕的扩展比井崎所预想的还要理想。笹内军曹和羽根小队长各自投出的发烟筒所喷出的烟幕合为一体，浓密沉闷的烟幕恰似"魔之烟雾"一般开始罩住"魔之机枪"和突击道路。然后烟幕开始顺着断崖上升。见时机已到，井崎喊道："好，就趁现在！"各分队随即开始前进。白烟中不时亮起手榴弹爆炸所发出的橙色闪光，映出了队员们的身影。井崎中尉起身时，正好有一颗手榴弹在白烟中发出闪光，这是从"乌贼"阵地投出的最后一颗手榴弹。

羽根小队同"魔之机枪阵地"的战斗似正在顺利进展中，重机枪完全没有向中队主力方面开火。步兵利用烟幕进至崖上后，一口气袭击了正面左右的堡垒，经过激烈的手榴弹战后将其夺取。

当步兵进攻崖上阵地时，井崎看到在断崖上方的棱线上，一个又一个黑影遮住了星光，正陆续向西面堡垒冲去。最前面的黑影刚到达那座堡垒，就大声喊道："乌贼高地攻下了！"声音从昏暗中传来，此人正是留着大胡子的大野正二兵长。在大野兵长所处的位置，中国军队已经开始了手榴弹的反击战。然而这股中国军队终于撤退了，各分队开始调整阵地的部署。在夺取"乌贼"高地的战斗中，第十中队有十多人受伤被后送。

"魔之机枪阵地"也落入了羽根小队手中，但小队自身死伤过半，羽根小队长也身负重伤，处于濒死状态，马上被抬进大队本部的临时包扎所。小队仅以残存的八人确保了该阵地。

此外，渡边大尉从山口队中抽出桃田阿久里曹长的第三小队（十二人）在井崎中尉

[①]　关于使用发烟筒的时间，井崎手记中记为4时整，《步兵第二百十八联队史》记为4时30分。

指挥下也参加了对"乌贼"高地的攻击。为确保阵地，桃田小队进入了高地东北端的壕沟以防备对方逆袭，7时左右同第十中队的人员交接后从高地下来返回原队，小队中无人伤亡。

天大亮后，发烟筒的糊味已渐渐散去，视野变得开阔起来。于是日军开始一个接一个地倒在中国军队的狙击下。指挥班长笹内昊军曹在"乌贼"阵地东端堡垒的北口处观察五显庙附近的中方阵地时被射中眉间和胸部而死去。在壕中观察中国军队的六名士兵也被击中。这样一来，东面堡垒周边便陷入无防备状态。大野兵长所在的西堡垒周围受到来自西禅寺和天马山的交叉集中射击，立刻就有三人受重伤被后送。在中央战壕的人员也因受到来自五显庙附近的房屋中的狙击而造成四人重伤，另有三人受伤后可独自行走。接替堀本军曹的古久保龙军曹也在井崎中尉身旁被来自五显庙的狙击命中，从断崖下去离开了（傍晚时返回战列）。从断崖下去穿过道路十分危险，无论是经过断崖上山还是下山都绝非易事。来自西禅寺和"57"阵地的狙击十分利害。"乌贼"阵地上现有井崎中尉以下17人，全部同后方断绝往来，陷入孤立无援的境地，虽然事先大队长曾特地将一台六号无线机配属给中队，但如果利用这台无线机进行对话，中国军队也可以听得一清二楚。中国军队的频繁射击终于暂时平静下来，大概是在休息中。于是井崎对阵地上残存人员的部署进行了调整，阵地总算稳定下来。灼热的太阳发出耀眼光芒从东方升起，阳光开始穿过岳屏的森林斜射过来。

井崎中尉试图挖掘战壕整修阵地，亲自拿起军锹试着挖了挖，然而这里的红土像砖块一样坚硬，步兵携带的军锹实在挖不动，只得放弃。完全依靠已有的阵地虽然有所不便，但也只好将就使用。

中国军队的狙击十分精准。用金属丝（六号无线机的天线）绑上细树枝或竹棍竖起来之后，往往会被来自西禅寺的狙击打折。中国军队似乎使用了带有瞄准镜的步枪。

根据井崎手记的记录，在9时前后第十中队的兵力部署情况为：

左阵地约11人；中央敌方斜面阵地约十名；右阵地约十名；右方东向阵地约十名。在崖下可以看见"魔之机枪阵地"之处有第12中队桃田曹长以下约十人。

右阵地的大致编成：

井崎中尉、久保田军曹、泰地伍长、山中上等兵、石本上等兵、六号无线兵、槙卫生上等兵及另外四人。大野兵长（分队长）已经在进攻中受伤后退。

但上述兵力情况与前面提到的"井崎中尉以下十七人"（同出于井崎手记）相矛盾，除去桃田小队之外，人员合计达40人左右。9时前后第十中队在阵地上的实际兵力应该没有这么多。而且其中还提到了桃田小队，但该小队应该已经离开阵地。很可能井崎将当天早晨刚确保阵地时的兵力同9时前后的兵力情况相混淆了。另外"井崎中尉以下十七人"应当不包括同井崎失去联系的北向斜面壕内的人员（见后文）。9时前后第十中队在"乌贼"阵地上的兵力应有20余人，不超过30人。

为了一举夺回"58"高地，中国军队从西禅寺（章鱼）、天马山（螃蟹）、苏仙井（虾）、岳屏、"57"诸阵地调集兵力，并为了能够协同配合而进行了充分的准备。完成准备大约是在9时。井崎等人由此经历到了前所未有的逆袭战。

9时左右，中国军队开始向"乌贼"高地发动真正的反击。来自五个方向的集中交叉炮火向日军倾泻而下。特别是迫击炮的射击极为卓越精妙，完全可以作为"艺术"来欣赏，其射击指挥和弹着所体现的水准之高，纵是日军的掷弹筒也无法效仿。中国军队的迫击炮火变化自如，甚为巧妙，使井崎队官兵一整天内都在狭窄的阵地上饱受煎熬。

来自不同方向的枪炮齐射持续了约40分钟，突然间全部停止了。中国军队的步兵随即开始进攻，在向西堡垒投掷手榴弹的同时推进过来。日军用以应战的只有少数手榴弹以及轻机枪，且用起来十分吝啬。日军虽想冲到壕上纵情冲杀，但在相互协同的来自五处阵地的集中射击下只能是白白送死，无实现可能。中国军队似乎也在小心躲避"30"高地上日军的射击。

看到仅以手榴弹进行反击无法动摇日军防守，中国军队又恢复了迫击炮的轰击。"乌贼"阵地台上是东西约三十米、南北约八米的狭长台地，迫击炮的弹着以五米为一个区间，从东端移向西端。之后中国军队又判断"中央"为中队长所在之处，于是反复对"中央部"（实际是"乌贼"阵地东南部）施加集中炮火。这种精细周到的射击指挥令井崎中尉甚为吃惊。井崎自认对掷弹筒射击的研究颇有心得，但却未达到如此精细水准。惊叹、恐惧和钦佩三种情绪在井崎心中翻腾涌动。每当炮弹爆炸，日军都被迫低下头。井崎从内心渴望会见对方的迫击炮指挥官，想看看指挥这场炮击的男人究竟是什么样的军官。很多年后井崎才得知这些迫击炮由步兵第28团迫击炮连长白天霖任总指挥，并同他在台北见了面。

迫击炮的炮击也突然停止了，随后手榴弹开始从敌方斜面频频掷向中央井崎等人所在的地方。日军这边的手榴弹投掷却显得比较稀落。为了夺回西堡垒，有相当多的中国军队一边投掷手榴弹一边接近过来，日军在对方压迫下渐渐不支，终于丢掉了堡垒。中国军队夺回西堡垒后又继续涌来。日军为了守住第三个战壕拐角处而拼尽了全力。如果这个拐角被占领，"乌贼"阵地就会全面崩溃，日军将被赶落崖下。现在"乌贼"阵地残存的确保中的据点只剩下了这个拐角，所以井崎中尉以下从此再不能后退一步，否则将全盘皆输。此时所谓的"'乌贼'阵地"不过只剩下了从中央到空无一人的东堡垒为止的一条战壕而已，壕内仅有井崎中尉以下13人。在一步也不动的井崎中尉前面是九六式轻机枪手山中丈夫上等兵。井崎后面是泰地伍长、六号无线兵、久保田军曹三人，后三人正负责监视拐角处的敌情。争夺拐角的战斗从此在狭窄的壕内展开。

阵地上的日军虽然仅有一挺轻机枪，但比较有利的是九六式枪身较短，可以比较容易地端起来射击,在狭窄的壕内用起来颇为方便。日军守在拐角处,当中国军队接近时便端起机枪迅速将其射杀,然后马上藏好身体。如此反复进行,中国军队在壕内留下了累累尸体。不知过了多久,从这处拐角到另一个拐角之间已经重叠堆起八具尸体。中国军队似乎暂时放弃了突击。此时日军的脸上已经沾满了先前炮击所掀起的泥土,看起来好像黄豆粉年糕一样。汗水干结后留下的白色痕迹又好像在年糕上撒上了砂糖。中国军队反复进行的手榴弹投掷刚刚停下,日军好不容易喘了口气,迫击炮火又再次落下掀起泥土。每当炮弹落下,泥土就会落到后颈并滑到后背。耳朵、鼻子和嘴巴里面也进入了尘土。炮弹扬起的烟尘简直让人窒息。山中上等兵用毛巾盖住了九六式轻机枪的备用弹夹。因预计一旦炮击停止中国军队就会开始突击,日军还准备在必要时跳到壕上。

暴雨般的炮击终于停止,中国军队随即沿着西斜面的战壕前进,陆续进入了西堡垒,一边将手榴弹投向大致的方向一边逼近过来。井崎心想如果己方也有手榴弹该多好。随着中国军队的前进,可以清楚地看到他们的头顶不断伸出又低下。井崎指示山中上等兵:“现在还不行,等能看清脸再打。”中国军队在壕中的交叉路口处迷了路。井崎正在想对方会不会一直往那边走去,但他们很快又返回来,扭着头向自己这边逼近过来。井崎中尉和山中上等兵互相看了看对方,不禁笑了起来,原来他们都想到了同一件事:“他们不是这个阵地上的兵,这个阵地原来的守军已经全灭了。这群人是

来自其他地方的增援部队。”一个中国士兵踮起脚向日军这边张望时,立即喷出鲜血倒下。这天早上井崎中尉曾在北向斜面的壕内部署了持有十一年式轻机枪的六人,但之后便完全失去了联系,派往那里的通讯员也没能回来,看来是进行了名副其实的死守。尚无迹象表明中国军队从那条壕中踏过尸体攻来。那条战壕前面是约1.5米高的断崖,好像有人不时从崖下投来手榴弹。井崎想到在这边壕内排成一列的十人左右的“中队主力”大概也将在不久之后全灭,对方迟早会踏过我等的尸体。担心、恐惧、不详的预感一次又一次地闪过井崎的脑海。从早上开始井崎等人已经两度经受了迫击炮的集中炮火的洗浴,但不可思议的是尚无一人因炮击而伤亡。第二次集中炮火结束后,有组织的手榴弹战又持续了约30分钟,在这期间有大约15名中国兵被打死在壕内。中国军队终于对日军无可奈何了,只是时而掷来手榴弹,好像在表示自己的存在一样。此外中国军队还不时派出侦察人员,但一把头露出来就会被山中上等兵手中的轻机枪打倒。就这样,尸体在壕内连绵约十米长度,几乎将壕内填满。

13时左右,中国军队又开始了持续约40分钟的第三次逆袭战。这次逆袭战仍然以炽烈的交叉炮火开始。有的中国士兵在集中炮火中冒死突进过来。山中上等兵在估计炮击扬起的烟尘已经消散时将其射杀。如此再三重复着。这时第116师团长岩永汪中将以下幕僚和针谷大佐也在用望远镜观看着第十中队在猛烈炮击下的苦战情形。狭小的“乌

▲手持十一年式轻机枪的步兵第218联队第十中队士兵。

贼"阵地笼罩在炮击扬起的烟尘中，看上去似乎连一只蚂蚁都很难生存下来，井崎中尉以下不管怎样坚强恐怕也难逃覆灭下场，使人痛感："呜呼哀哉，好不容易夺取的'乌贼'阵地，现在恐怕已经无人生还了吧。"然而每当烟尘消散，必定会响起九六式轻机枪的射击声。继而会有五六个戴着钢盔的圆脑袋一个接一个地露出来。从最前面数起第二个脑袋就是井崎中尉，岩永中将和针谷大佐也知道这一点。幕僚们和联队本部军官们数着从壕中露出来的脑袋数目，为此又喜又忧。后来人们以为"乌贼"阵地上大概已经无人生还就在中途放弃了。当第十中队的钢盔出现时，岩永中将感到十分兴奋。岩永得意地对身边的幕僚们说："那就是和歌山的

兵。"这其中含有对自己旧时部下的赞许之意（岩永汪曾在第34师团任步兵团团长）。

当井崎队正在炮击下肢体不能动弹、忍受着土烟蒙住头部的不快时，从大队本部来了指示，着令报告目前之实际情况。六号无线机手利用炮弹爆炸的间歇报告了现状："中队长现位于山中上等兵轻机枪手之后，正脸朝下一边咬牙一边用双拳敲打大地。""损失情况与前相同，无异常情况，目前为中队长以下十三名。"不久炮烟弹雨散去，突击兵袭来又退去，反击战终于结束。之后只有零星的手榴弹掷来，但后来就连这个也停止了。至此，经过三度的枪炮齐射和逆袭，战场到下午又恢复了寂静。

井崎中尉仍有些害怕，出于谨慎将头

部稍稍探出，观察了一下阵地内的情况。结果令他大吃一惊，一句话也说不出来。原来在炮击中有很多炮弹没有爆炸，大量未爆弹覆盖在红土山上，只露出尾部立于地面，犹如通宵打麻将后在照明火盆中林立的烟头一样。由于炮火集中于阵地中央，那里三坪左右区域内就有20发以上的未爆弹尾朝上立于地面，令他感到异常害怕。

在中国军队发动逆袭期间，"乌贼"阵地东北端及西面堡垒附近有十多名日军死伤。

根据中方记载，杏花村东侧141高地（即"乌贼"高地）守军为第3师（师长周庆祥）第9团第5连，至8月2日拂晓该连全部牺牲。后第9团团长萧圭田上校命第6连发起逆袭，恢复了一半阵地，与日军呈胶着状态。

8月2日早上中国军队开始攻击"乌贼"高地后，阵地上的日军忙于应战处于高度紧张中，完全忘记了吃饭和排泄。这一天对井崎中尉来说是他一生中最感漫长的一天。从天亮前仍然昏暗时起，他就没喝过一滴水、没吃过任何东西，小便什么的大都变成了汗水，身上好像用红土的粉末和汗水和在一起化过妆。当第三次集中炮火和逆袭战结束时，第十中队尚有约15人留在高地南侧的橘园中从事补给等任务。这队人员的分队长得到命令须将大队本部制作的饭团装在篮子中送到羽根小队所在处和"乌贼"阵地这两个地方。将饭团送到"乌贼"阵地绝非易事，为此招募了一名不怕死的士兵，由他带着饭团横穿道路冲向"乌贼"阵地。然而西禅寺

的中国军队并没有放过机会，立即进行了狙击。这名士兵当即死亡，死后仍抱着装饭团的篮子。这些饭团在晚上22时左右才被送到"乌贼"阵地。糙米做成的饭团染上了鲜血，此时血液已干，官兵们嘎吱嘎吱地将饭团吃了下去。对官兵们来说，这些饭团已经无比珍贵。当时第116师团、第68师团、针支队、独立山炮和野战医院等部队在以衡阳为中心的15公里半径内已经很难找到食物，除桂林大道沿线外食物几乎被日军吃光。在渡边大队中负责收集稻穗的是第九中队。该中队因从事此项工作而得到额外好处，可以顺便搞到蚂蚱和泥鳅。日军收集到未熟的稻穗后，用两三天时间将其晒干，然后放在钢盔中舂成糙米，只是能凑合着吃下去而已。虽说是未熟的糙米，也是辛辛苦苦地一粒一粒加工而成的。每天都有拿着扁担和篮子的日本兵络绎不绝地到衡阳外围寻找粮食。

8月2日下午14时左右，作为新任大队长刚刚来到衡阳战线赴任的平冈卓大尉（原第八中队长）详细听取了渡边大尉（到现在为止一直是代理大队长）的战况报告等并深为"感动"，遂开口说道："既然（他们）如此辛苦，我一定要亲自到'乌贼'阵地慰劳他们的劳苦。"周围的人听了都深感震惊。渡边和前田两名大尉竭力劝阻，央求他至少应该等到天黑后再过去，但平冈大尉对此充耳不闻，终于还是去了。大队本部立即通过六号无线机通知第十中队：新任大队长平冈大尉将到彼处，务必严密注意敌情云云。平冈大尉幸运地平安登上了"乌贼"高地。灼热的红土阵地上一片寂静，连一声枪响都听

不见，使人难以想象这里还处在交战状态下。平冈大尉说道："大家为什么都说得这么夸张呢，现在我不是什么事都没有嘛。"说完便大胆地在壕上缓缓踱步，环视着西禅寺、天马山、市街和岳屏。士兵们强烈地感觉到此刻令人毛骨悚然的寂静恐怕只是暴风雨的前奏。只见平冈大尉一边大声说道："井崎在哪儿呢？我是平冈大尉，大家辛苦了。"一边在壕上踱着步子。井崎中尉惊讶地回头一看，身材高大的平冈大尉正挺直身体站在壕上，脸上笑眯眯地露出了洁白的牙齿。井崎中尉脸色大变，立即举起双手向下方壕内挥动："危险，快撤回来！"平冈大尉被井崎的喊叫声吓了一跳，马上跳进壕中。平冈大尉看到山中上等兵前方层层叠叠的尸体后

咂舌不已。井崎中尉向大尉简单地说明了现状，然后催促他尽早返回本部。大尉说道："嗯，我知道了，我会回去。有没有什么想要的东西？"井崎答道："希望得到手榴弹。""好，我会搜集手榴弹给你，现在先留下一颗再走。"说完大尉便从腰间取下一颗手榴弹放在壕上，留下最后一句话："全部拜托你了。"然后开始返回。大尉从断崖下去时没有使用梯子，而是直接落了下去。他的人生至此走到了尽头。平冈大尉被来自西禅寺方向的狙击枪弹贯通头部，当脚落到地上时已经不在人世了。

据说平冈大尉是一名作风大胆豪爽的军官，深受部下仰慕，在联队内无人不识，因此人们普遍对他的死亡感到惋惜。然而中国

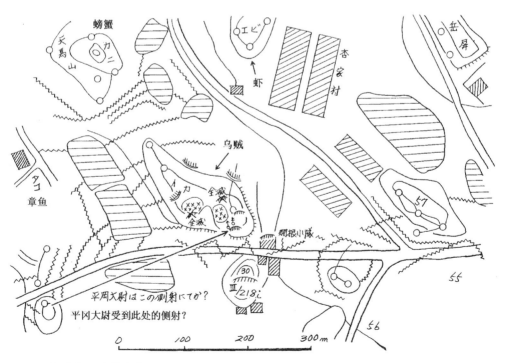

▲平冈大尉战死时第十中队部署情况（8月2日）。

军队并没有因为他在自己部队内的名声而手下留情，在他刚来赴任时就送来了这致命的礼物。结果，第三大队的指挥不得不再次交给渡边大尉。

平冈大尉战死后约20分钟时，预期中的第四次集中炮火和逆袭战开始了。但这时井崎等人已经习以为常，没有那么害怕了，对这次逆袭已经可以泰然处之。他们对时间的流逝也不再感到那样漫长。集中炮火持续了约七分钟，然后逆袭战正式开始，手榴弹投掷又持续了约十五分钟。中国军队的反击战至此结束。这次集中炮火是8月2日最后的炮击，之后再没有发生值得一提的反击，只有零星的手榴弹投掷。

这时太阳已经西斜，照在灼热红土上的阳光稍微柔和了一些，但仍然让人感觉很热。井崎希望此后什么事也别发生，祈愿太阳尽快落下。在第四次逆袭战中，井崎队有三人受伤，现在阵地上只有井崎中尉以下九人，加上"魔之机枪阵地"的四人（据井崎回忆为四人，但《步兵第二百十八联队史》中记为五人）和橘园中的12人，目前第十中队的全部人员只有25名。太阳终于落下，天暗了下来。井崎队这才开始着手收容战死者。井崎令"魔之机枪阵地"上的四人及橘园中的十二人与之会合，全力从事战死者的收容工作。大野兵长以下六人也从大队本部的临时包扎所来到"乌贼"阵地，还随手带来了手榴弹20颗，这使井崎中尉以下九人大受鼓舞。在西堡垒夺回作战期间又有三名伤员志愿回到阵地上来，阵地内的士气愈加高涨。中队编成了大野分队和泰地分队，计划

以前者夺回西堡垒、以后者夺回北斜面的战壕。攻击按照计划开始，大野分队以手榴弹四颗成功夺回了西堡垒，泰地分队也未经战斗毫无损失地完成了占领。如此日军再次完全占领了"乌贼"高地。正在大队本部执行勤务的柿崎富士雄曹长也因大队长的关照而奉命返回了中队，遂委托他指挥橘园中的兵力，帮助推动战死伤者的清理和诸事务的处理。之后中国军队又发动了对西堡垒的逆袭战，但大约十分钟后就结束了，算不上真正的攻击。就在中队全员开始火速进行遮蔽作业和战壕的整修时，前面提到的饭团送到了阵地上。经过长时间的日晒，饭团已经变得干巴巴的，血糊也已干结，队员们恭恭敬敬地接受并吃了下去。吃的时候什么味道都尝不出来，只是默默地咀嚼着。队员们吃饭的时候也在向敌人的方向卧倒着。

8月2日战斗中第十中队的战死者包括：指挥班长笹内昊军曹、川口正夫兵长、山本修兵长、沟口惠愍兵长、井上资则兵长、保关武上等兵、中山俊二上等兵、冈本留男一等兵。受伤者包括：中队长井崎易治中尉、小队长羽根金次见习士官（重伤）、第一分队长古久保龙军曹（受伤后于傍晚返回战列）、泰地经治伍长、大野正二兵长、崎山光雄兵长、第二分队长佐竹小平兵长、黑川昇兵长（重伤）、平井源藏上等兵（重伤）、石本义雄上等兵、木村弘上等兵、广濑秋一上等兵、山中丈夫上等兵及另外十多人。

8月2日深夜11时或12时左右，大队本部派来的传令兵来到阵地上，通知第十中队将

现在占据的阵地转交给第一大队（大队长岛田少佐），在交接中队到达前应确保阵地万无一失。这是井崎中尉做梦也没想到的事，他为终于有部队来替换他们而感到高兴。

井崎队从"乌贼"高地撤退大约是在8月3日1时。前来同井崎队交接阵地的正是井崎中尉以前亲手照料训练过的第一中队（中队长植田中尉），这令井崎激动欲哭。井崎在寂静的黑夜中也能认出对方的面孔，对方也能认出自己来。抱着对第一中队的回忆感想，井崎中尉以下走下了这座吸满队员鲜血的小丘，然后中队又全力从事战死者的埋葬和伤员的后送作业。为使作业在天亮前得以完成，井崎来回激励着队员。战斗结束后处理中队事务的总指挥是柿崎曹长，其指挥颇为雷厉风行，使井崎省了不少事。对伤员的治疗也在大浦和植卫生兵的努力下顺利进展着。这时身上被蚊虫叮咬过的地方都已化脓。有的伤员的伤口中还长出了蛆虫。中队武器虽有损坏或丢失，不过绝大部分都还保存着。由于兵员极度减少，分配给每人的携带量也成倍增加，虽然弹药已有很大消耗，但所分担的重量仍然让人感到难以承担，因为现在约30人的兵员却必须携带当初130人的全套装备。这使中队看起来根本不像是战斗部队，倒更像是武器弹药的运输队。

现在第十中队的体力、理性、判断力均已变得极度低下，正和第133联队的疲劳程度相仿。井崎对此评沦道："这样想来，第133联队（三重）和第120联队（福知山）确实已尽到全力。"

当岛田第一大队同第58师团完成了演武坪以西地区的交接、加入第三大队战列时，已经听说了第三大队陷入苦战中。此前曾传闻"乌贼"阵地还没有被攻陷，没想到该阵地终于被第三大队攻占。由于第三大队中已经没有具有充足战力的中队，于是针谷大佐命第一大队替换第三大队投入战列。

8月2日半夜时，奉命先行的第一中队首先同第十中队交接了部署，稍后第一大队主力集结于"30"高地南麓。第一中队在黑暗中接手"乌贼"阵地时，蜿蜒曲折的狭窄战壕中处处堆积着中国军队的尸体，有的地方几乎被尸体填满。天亮后视野变得开阔起来，其惨状更加触目惊心，惨烈战斗留下的痕迹出现在眼前。

在第一中队部署好的北侧战壕的前面扔着已折成两截的十一年式轻机枪，这无疑是第十中队的遗物。有的死者仍拿着没有枪托底板的步枪躺在敌方斜面上。在他们前来"乌贼"阵地途中，倒于地面的战死伤者已经被清理过，惨状已经消失了不少。但在阵地一角摆满了战死者，缠着白色绷带的伤兵正面无表情地坐在旁边，像是在看守死者。倒在生长着夏草的大地上的尸体大约有40具。接管了"乌贼"阵地的第一中队就这样迎来了八月三日的早晨。

经过对前一章提到的《步兵第二百十八联队第十中队史》和《步兵第二百十八联队史》中的五处记载进行对比分析后，笔者将8月1－2日间井崎第十中队出现的战死者和战伤死者姓名整理成下表：

姓　名	死亡日期	死亡原因	备　注
西山昇军曹	8月1日	战死	
尾上昌三干部候补生	8月1日	战死	一说为伍长
中胜彦兵长	8月1日	战死	
新田幸次郎兵长	8月1日	战死	
竹中兵吉兵长	8月1日	战死	
东田龙一伍长	8月2日	战伤死	
堀本贞次军曹	8月2日	战死	
笹内昊军曹	8月2日	战死	
井上资则干部候补生	8月2日	战死	一说为兵长
川口正夫兵长	8月2日	战死	
山本修兵长	8月2日	战死	
沟口惠愍兵长	8月2日	战死	
保关武上等兵	8月2日	战死	
中山俊二上等兵	8月2日	战死	
冈本留男一等兵	8月2日	战死	
加纳正贵兵长	8月3日	战伤死	
赤坂清治上等兵	8月3日	战伤死	
崎山光雄兵长	8月5日	战伤死	
山下茂雄一等兵	8月6日	战伤死	
原本京一兵长	8月6日	战伤死	一说于8月8日战伤死
日下进次兵长	8月25日	战伤死	
井上楠之丞兵长	9月5日	战伤死	一说战病死
园田幸夫兵长	9月11日	战伤死	
西繁宣上等兵	9月13日	战伤死	
前田浩兵长	9月28日	战伤死	
村上秀雄兵长	9月30日	战伤死	
大谷皓弘一等兵	11月13日	战伤死	一说于10月13日战伤死
西口良藏上等兵	11月28日	战伤死	一说于10月28日战伤死,亦写作"西口良三"
奥山良雄兵长	12月13日	战伤死	
松村贤次上等兵	1945年8月9日	战伤死	

8月1—2日期间第十中队的战伤者有：中队长井崎易治中尉、第一小队长羽根金次见习士官、指挥班长古久保龙军曹、大野正二兵长、泰地经治伍长、黑川昇兵长、石本义雄上等兵、广濑秋一上等兵、山中丈夫上等兵及另外数十人。经过6月5日营田北方推三咀战斗和衡阳"58"高地战斗，第十中队受到了毁灭性打击，至8月3日全部兵力只剩下中队长以下25名（不包括原在大队本部执行勤务的柿崎富士雄曹长以下人员）。

另据《步兵第二百十八联队史》记载，7月31日至8月2日期间第12中队的战死者（含野战医院收容后的战伤死者）包括：

山口林作中尉、西尾正彰军曹、武田正太郎伍长、岩佐胜干部候补生、高垣信雄干部候补生、岩井德起兵长、田中启三兵长、盐谷辰之助兵长、儿岛贞一兵长、半田茂兵长、古谷伊三雄兵长、田中茂久兵长、上田泰士兵长、上野佐一郎上等兵、津田清上等兵、山下市造上等兵、西本昇上等兵、坂本龙三上等兵、田口正义上等兵、山本吉造上等兵、山本春一上等兵、东贞吉一等兵。

另第三机关枪中队的井谷士郎军曹于7月31日死亡。

在7月31日—8月2日期间的"58"高地战斗中，渡边大队合计死亡约50人。

第二十一章 最后总攻

现在回过头来继续讲述第133联队的情况。

8月1日（晴）晨，师团来电话称联队长黑濑大佐晋级为少将，正在住院的迫大尉则晋级为少佐。但是没有发布转职的命令。黑濑派遣骑马小队长小原宪次曹长到医院向迫少佐转达了关于晋级的笔记命令并附上了已经用旧的阶级章。迫少佐接过联队长赠与的旧阶级章时非常高兴，但由于并发了恶性疟疾、病情急剧恶化而于8月4日战伤死。

当天接近中午时，师团长岩永旺中将为了视察总体战况而来到张家山，同时还为黑濑带来了新的阶级章。这是在作战开始前便在武昌准备好并一直秘密携带着的。岩永旺和黑濑平一曾经在中、少尉时代在广岛的步兵联队中共事过，所以较为亲近。

对于黑濑平一的晋级，日方资料有如下评述："当得知黑濑少将仍然留在联队中负责指挥的时候，联队官兵感到极为放心。虾高地尚未陷落。在黑濑联队长的指挥下，衡阳必将陷于步兵第133联队之手。"

然而，以第133联队现在的惨淡状况，要攻取衡阳谈何容易！

8月2日（晴）清晨，黑濑从张家山转移至"56"高地。第二大队（配属第一大队）从8时左右开始扫荡"57"高地西侧村落。

中国军队利用房屋进行了顽强抵抗，但攻击部队在步兵炮中队的支援下发起猛攻，于12时左右完全占领了该处，成功地将攻击准备位置推进至指定之线。

16时左右，黑濑将各队长招至"56"高地集合，下达了关于攻击"虾"高地的联队命令，其要点如下：

一、联队将从八月四日拂晓发扬步炮火力发起突击，一举夺取"虾"高地，突入市街并进入湘江一线。

联队之攻击重点指向右第一线大队正面。

炮击预定于4时开始，将另下命令。

二、第一线两大队（配属部队同前）应于四日天明前大致于现在之线上完成突击准备，紧跟在突击支援射击后一举突入"虾"高地，并向湘江一线突进。

三、步兵炮中队、速射炮中队及炮兵队应于天明后对敌阵地之要部实施破坏射击，然后实施突击支援射击以支援第一线两大队，特别应努力于适时捕捉扑灭敌之侧防机枪。

四、石崎部队在参加突击支援射击后特别应做好阻止对"虾"高地逆袭之准备，同时应努力搜索敌之迫击炮阵地并扑灭之。

五、工兵中队（欠两个小队）应从突击部队之侧面喷射火焰以支援右大队之突击。

根据此一联队命令，攻击重点将指向右第一线第二大队（配属第一大队）正面，该大队将同左第一线饭岛大队一起于4日天明前完成突击准备。

8月3日（晴）清晨，黑濑在"56"高地上视察敌情地形时注意到"虾"高地前面的蓄水池彼此间存在着相当大的高低差，便立刻命令松林步兵炮中队对左第一线饭岛大队正面的两个水池的堤防瞄准其上一点进行射击以使其决口，步兵炮中队发射了约十发炮弹使两个水池的堤防各有一处决口成功，池水汹涌而出。到傍晚之前，这两个水池的池水已几乎流光，只在最深处还剩下一点水，可以看到在池底的水洼中有鱼儿在跳动并划出波纹。炮击的结果，在堤防的两侧露出了大片的池底，但是黑濑并不确定明天早晨泥土的状态是否能够允许突击部队散开并顺利通过池底。池底的泥地对日军的前进和中国军队的逆袭都构成了妨碍。如果在数日前即实施此一行动将水池弄干，饭岛大队便可利用宽广正面作为突击道路，黑濑平一为自己没有想到这件事情而感到惋惜。另外，水池干了之后，中国军队在堤坝上挖了枪眼，可

以从堤坝后面射击，对日军又构成了新的威胁。

先前，速射炮中队受领了在"55"高地占领阵地以扑灭岳屏方面的敌侧防武器，将速射炮一门推进至"57"高地以支援第一线部队攻击的命令。受领命令后，田口宗雄少尉命令第一分队长前田村三军曹为准备在"57"高地进入阵地而进行阵地侦察。前田军曹是一名寡言而沉着的老兵，他一接受命令便带领数名部下出发了，但不久就在"57"高地山脚处被迫击炮弹破片击伤而被后送，几天后在野战医院战伤死。至此速射炮中队已经丧失了本重第二分队长（汨水）、水谷第二分队长（16日）和前田第一分队长三名久经战阵的分队长，田口少尉感到好像失去了双手双脚一样痛心。之后田口少尉任命本山令一为第一分队长、佐佐木实雄为第二分队长。他不得以只好决定自己带着佐佐木第二分队长在"57"高地进入阵地。①

8月3日，奉命应在"57"高地进入阵地的速射炮中队第二分队得到了工兵一个分队的支援，这个工兵分队是黑濑为了在该高地构筑掩盖而配属给第二分队的。第二分队利用薄暮分解搬运火炮，进入了"57"高地。在配属的工兵队的协助下，第二分队利用黑夜在敌前至近距离上开始了掩盖的构筑作业。虽然尽可能隐秘地进行作业，但还是被中国军队听到动静，狙击弹打到了日军身边。工兵队中有一人被狙击弹击中倒下，马

① 此事具体发生时间不详，应为7月31日晚至8月2日期间。

上被送往后方。然后又有一名工兵被打中。即使如此，工兵仍然默默地继续着作业。不久天亮将近，掩盖工事也即将完成。但正在枪眼处作业的工兵又被狙击弹击中了。这次是腹部贯通，然而已经没有时间后送了，就这样把他放在山上。伤员在"喔喔"地呻吟着，令人感到可怜，但是任务不能中断。伤员在痛苦中经过了大约30分钟后终于死去了。而掩体也总算完成了。天色渐渐发白，已能看清"虾"高地的样子了，接下来必须将火炮在掩体中组装起来。队员们陆续将分解后放在外面的火炮各部件快速搬进掩体中。这时天已大亮，朝阳开始升起。田口少尉忽然发现尚有一炮身部件放在外面，如果不把它拿进去的话会很危险。因此田口少尉说道："谁快点去把炮身弄到里面？"正在旁边组装火炮的四号炮手新谷武光上等兵说道："队长大人，我去。"便飞快地冲出掩盖跑到炮身部件所在处。田口喊道："新谷，危险，快卧倒！"几乎就在同时新谷上等兵被狙击弹击中，倒在炮身旁。田口问道："新谷，哪里中弹了，不要紧吧？"但是却没有回答，只能听到"喔喔"的呻吟声。正在田口旁边的从后方驮马部队前来联络的村田芳藏上等兵匍匐移动过去，将新谷

上等兵拽了过来。原来新谷受了胸部贯通枪伤。鲜血不断从其伤口中涌出，虽然迅速用绷带包进行了应急处理并让村田一等兵负责照顾与后送，但新谷上等兵最后还是被战伤夺去了性命。而村田上等兵后来也因病住院，最后在野战医院病死。

第11军司令官横山勇中将于8月2日带领参谋长中山少将等少数人员，将其战斗指挥部推进至衡阳北侧以直接指挥衡阳攻略战。

8月3日所附训示中说：

兹以岩（第116师团）、堤（第68师团）、广（第58师团）、鹿（第13师团）之精锐攻略衡阳之准备业已就绪，切勿错过此一良机而再寻攻略之机。军将以必胜决心一举攻占衡阳。各兵团部队应设法竭力完成使命，为我军之传统增添不朽光辉。旭集团长横山中将。

第11军直辖的野战重炮兵联队（十厘米加农炮、十五厘米榴弹炮）也在向衡阳急进中。

第11军目前正鼓足干劲，即将开始第三次总攻。

第二十二章 连战皆北

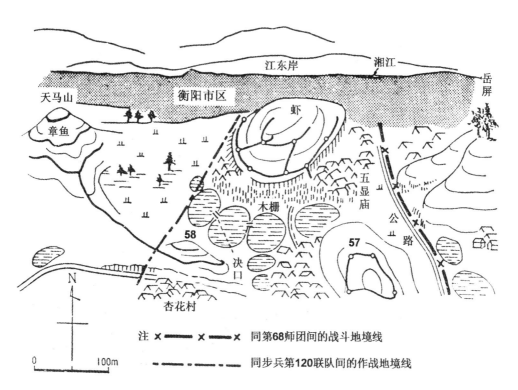

注 ×————×————× 同第68师团间的战斗地境线

————— 同步兵第120联队间的作战地境线

　　8月4日（晴），总攻的日子终于到来了。联队长黑濑平一少将在萧家山坑道的北口处紧张地等待着天明。接近黎明时，左第一线饭岛大队长报告已完成攻击准备。饭岛大尉两次报告："第一线中队一旦突入，大队长即马上冲上高地。"但右大队方面没有任何报告。用电话询问也没有明确回答，实在是奇怪得很。就这样莫名其妙地等了约30分钟，大队副官才报告说攻击准备将推迟约一个小时。

　　炮兵队再三询问射击开始的时间。黑濑认为：左大队业已进入水池南侧新挖的壕沟完成了突击态势，像这样坐等时间流逝的话只会招致损失。黑濑从"56"高地上看到右大队的重武器部队也好像已经完成了准备。黑濑判断在这种情况下不宜将攻击开始时间延后，决定不待右大队报告完成准备就实施炮击，命令步炮同时开始炮击。炮击开始后约四十分钟右大队才报告完成攻击准备。

"虾"高地上的堡垒枪眼和该高地西侧村落靠近日军的房屋、五显庙西端的铁丝网、阵地前的木栅等至此几乎全部被炮击所摧毁。然而随着木栅被破坏，阵地上却显现出了新的异常情况。在之前的多次战斗中，高地上的堡垒往往被日军的炮击轻易压制。但到此时为止，中国军队已经在"虾"高地正面将阵地的最前线下移至蓄水池的边缘，并缩小了枪眼洞口的上下幅度，其上覆以石板路的铺路石，且用木栅将其巧妙地隐藏起来以躲避炮击。日军在占领后实地查看时发现壕内积水甚多，看起来守军不得不浸泡在至少约深及腹部的水中战斗。

黑濑虽命令步兵炮中队压制该阵地，但从高地上难以将炮弹射进枪眼，因此指示第一线大队用机枪予以充分压制。不久左大队要求进行突击支援射击。8时左右，突击支援射击开始，炮兵、步兵炮、步兵的轻重机枪、石崎部队（迫击炮）同时开始了猛烈射击。这时左第一线饭岛大队一部也开始沿着水池的堤防前进，其先头的约20人紧跟在突击支援射击之后突入了已被日军炮弹破坏的房屋。然而，其后续部队在沿堤防前进途中、在堤防的中央附近处为来自天马山方向的侧防火力所遮断而被迫停止，致使已突入之部队陷于孤立。步兵炮中队和炮兵队都为扑灭该侧防阵地而进行了搜索，但却无法判明其位置，徒费时间而已。令日军雪上加霜的是，中国军队又开始实施逆袭，从已毁坏的房屋背后向日军突入部队投掷手榴弹。由于烟雾和房屋围墙的遮挡，无法判明双方的位置。左大队虽已突入中国军队阵地内，但右大队根本没有发起突击。黑濑认为只有等到右大队突入才能挽救左大队正面的危急情况并推动战况进展，因此他再次催促右大队断然发起突击。

来自岳屏高地和天马山方面的侧防火力从一开始就应该预料到，可是应该先于左大队发起突击的右大队却不知因为什么原因，在左大队好不容易突入后竟踌躇不前，而没能利用这一难得的良机实施突击。黑濑要求右大队迅速报告未能决心实施突击的原因，特别是要求具体报告需要压制的中国军队阵地，但完全不得要领。黑濑又严厉命令右大队："必须不惜全灭坚决实施突击！"不久，黑濑看到在右大队正面开始喷射火焰，注视着该大队发起突击。火焰非常明亮。然而日军仍不能压制中国军队的侧防武器，终于未能发起突击。

这时左大队的突入部队似乎已经全灭，在该方面的手榴弹战业已停止。虽然准备再次进行突击支援射击，但黑濑判断目前在右大队这种诡异的状况之下即使继续进行攻击也不可能成功，于是在9时左右命令各队："暂时停止攻击，准备第二次突击。"黑濑对于眼前躺在堤防上正经受着烈日暴晒的数名左大队的死伤者感到颇为难受。

第133联队为了攻击"虾"高地而准备了十多天，其攻击力在物质与精神两方面都达到了最佳状态。黑濑虽然已经准备好蒙受相当损失，但坚信能够轻取"虾"高地。可结果是，经过长时间持续准备的第133联队在蓄势待发之下射出的第一箭却未能击穿目标，虽然配属的饭岛大队颇为"勇猛"，仍遭受了意外的挫折。

来自岳屏高地和天马山方面对"虾"高地正面的猛烈侧防火力是第133联队第一次突击"虾"高地失败的原因之一。

先前泷本工兵小队在"57"高地被步兵占领后，跟在步兵后面进入该高地，并进行了对该阵地的强化和对位于该阵地正下方的市街地的侦察。

岳屏高地就在右前方隔着一个池塘的地方。从"57"高地通往衡阳城内的道路西侧的村落已经在战火中化为废墟。从化为废墟的村落的另一边到中国军队阵地之间，是一条平坦的混凝土状的道路，在其上无处藏身，其两侧都有池塘。正是由于从隔着该池塘的岳屏高地山麓的阵地水平射来的猛烈的侧防重机枪火力，导致8月4日第133联队对"虾"高地的攻击以失败告终。中国军队很可能是因为此前位于山顶和山腰的阵地中的重武器成为日军炮兵和飞机的集中目标，所以才将重武器重新部署至山麓的阵地。

当时，与第133联队右侧相毗邻的志摩旅团虽然正向岳屏高地攻击中，但该旅团的第一线仍在市民医院附近，并未直接攻击该高地；而在左方的步兵第120联队的正面，西禅寺、天马山等中国军队阵地也仍然健在，未被日军占领。"虾"高地正是处于这些阵地的包围火力中。但黑濑认为不能再因友邻部队的战况发展而踌躇不前了，因此他决定要在烟幕的掩护下，经过炮兵和步兵炮的压制射击后再实施突击。8月4日夜，第133联队做了如下部署：以石崎部队的加濑中尉指挥下的大型发烟筒在第一线大队外侧构成烟幕以削弱中国军队的侧防火力，同时步兵炮中队和位于"56"高地的炮兵大队对中国军队第一线阵地实施一分钟的压制射击，然后强行实施突击。

接近22时，黑濑收到了第一线两大队完成攻击准备的报告，遂下令于22时开始发烟，并在5分钟后开始炮击。黑濑过去曾在习志野学校任教官，故对烟幕的使用颇为熟悉。由石崎部队的野战瓦斯第八小队（小队长加濑中尉）使用的大型发烟筒所发出的烟雾在西南向的微风推送下很"理想"地在第一线大队的外侧展开，遮蔽了守军的视线。随后十多发炮弹在守军阵地最前线轰然炸响。中国军队基本停止了射击，但是两大队最终也没能发起突击。黑濑从"56"高地上看到烟幕施放得十分"理想"，而且中国军队也几乎没有射击，在这种对己方极为有利的情况下，两大队却未能发起突击，令他感到非常遗憾。黑濑对此的反省认为，这是由于部队缺乏利用烟幕进行突击方面的训练，对于已经损失了几乎全部将校的部队来说这实在是一种困难的攻击方法。可聊以自慰的仅有饭岛大队利用这一机会收容了在早晨的突击中倒下的大部分死伤者。

当晚战斗中的炮兵为师团炮兵谷重第三中队，该中队在日落后将阵地从"56"高地进一步推进至左第一线大队的最前线，进行了紧密的支援。谷重中尉自浙赣、常德作战以来即与第133联队相熟识，该中队在此次

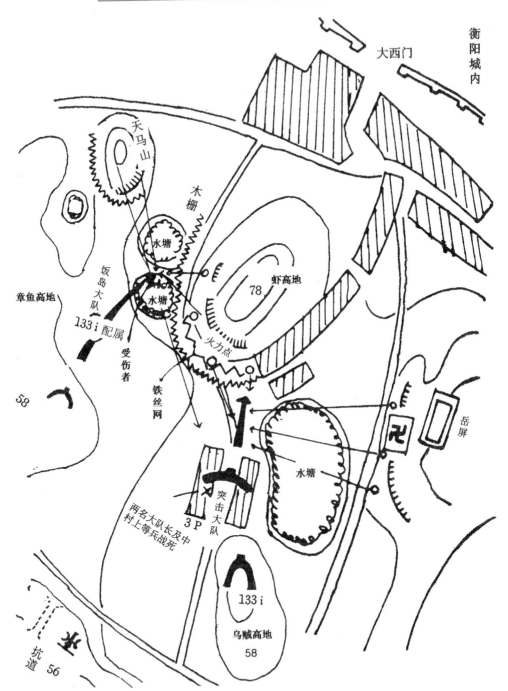

衡阳城内

大西门

天马山

木栅

虾高地

78

水塘

水塘

饭岛大队

章鱼高地

133 i 配属

受伤者

火力点

铁丝网

58

岳屏

卍

水塘

突击大队

两名大队长及中村上等兵战死

3 P

133 i

乌贼高地

58

坑道 56

▲第133联队"虾"高地攻击图。

作战中也曾在湘潭、湘乡附近以人力搬运分
解了的火炮而与第133联队共同行动，颇受

黑濑好评。

根据第133联队战史资料记载，在8月4

日半夜，师团曾打来电话命令第133联队：
"饭岛大队解除配属。"根据命令，饭岛大队改为师团直辖以派遣其前往击退已逼近至衡阳西方十公里处的中方解围军。8月5日拂晓，饭岛大队从两路口出发向西方转进。黑濑并以预备队第三大队一部接替左第一线饭岛大队的任务。

当时，衡阳外围中方解围军同日军的交战也达到了最高潮。中方解围军在8月1日到达了余田桥、新桥、四塘、洪山庙附近，2日更到达了三塘。2日以后，步兵第234联队（户田联队，第40师团所属）在二塘的雨母山附近对中方的第62军展开了孤军苦战，日军在手榴弹用尽后甚至投掷石块拼命抵抗。衡阳围攻战至此进入了生死关头。八月初，在骑马小队担任骑兵通信的获原祐曾出动受领过这样的命令："一、拥有战车之敌已逼近至距师团指挥部若干公里。师团辎重与病马厂现正在与其交战……"（命令通常分为两部分：一为敌情，二为要点。）

因此在这样的紧张形势下，将饭岛大队调去阻击中方解围军似乎合情合理。但是根据步兵第109联队的战史资料，在第三次总攻期间，饭岛大队始终在参加"虾"高地的攻击战斗，直到中国军队停止抵抗。显然饭岛大队至少并未全部撤走。

遗憾的是，关于第109联队在衡阳战役期间行动的完整记录目前尚未找到，笔者只能找到一些相关的片段记载。尽管如此，饭岛大队部分官兵始终留在攻城第一线是没有疑问的。

4日半夜，黑濑召来东条大队长以口头

向其下令从5日7时开始仅以右第一线大队再兴突击，对联队重武器中队、炮兵队和石崎部队则下令出其不意地实施两分钟的突击支援射击。

8月5日（晴），右第一线大队在6时前完成了突击准备。联队下令按照预定从7时开始突击支援射击。突如其来的突击支援炮火压倒了守军阵地，在两分钟的炮击结束的同时，右第一线发起了突击。然而，守军的侧防火力依然猛烈，突击部队突至两军中间的障碍物（位于通往五显庙的道路上，已经大部被破坏）近前再也无法向前进击，开始逐次后退。第133联队对"虾"高地的突击第三次受挫，所蒙受的损失为第二大队长东条公夫大尉以下九人战死，代理第一中队长铃木齐少尉、代理第二中队长沢田耕介少尉以下多人负伤。

东条大尉堪称一名运气很背的大队长。他是接替先前战死的关根大尉而担任第一大队指挥之职的，在尚未掌握部下、敌情亦不明的情况下便被卷入混战的旋涡中。第一大队虽说是"大队"，但战力不过一个中队程度而已，无法从后方进行指挥，因此东条大尉从"57"高地下来到达先前提到的泷本工兵小队侦察过的废墟村落附近，他就在这时成为了中国军队重机枪水平射击的目标并因此而丧命。

第133联队至此已经在衡阳攻略战中死去六名大队长（包括代理队长小野大尉），现在指挥大队的是藤田贞明中尉（第一机枪中队长）、堺靖男中尉（第二大队副官）和西口克己中尉（第三大队附）三名年轻的中尉。这三人迄今一直作为代理大队长指挥大队作战，深为黑濑所信赖，但黑濑还是深感有必要进行彻底的阵前指挥。

如前所述，据第133联队战史资料记载，黑濑在5日上午"仅以右第一线大队"实施了突击。但据第109联队战史资料记载，实际上饭岛大队也在当天对"虾"高地发起了第二次突击，应该是和第133联队同时发起攻击。在这第二次突击中，作为饭岛大队右第一线的第四中队在支援射击下，在早木中队长、小古军曹的带领下开始前进。早木中队长、小古军曹冲在中队最前方，通过池塘中间的两米宽的道路向守军阵地冲去。队员们也听天由命般地跟在后面。突然间，跟在后面的队员们遭到来自左右的猛烈侧射致使全员倒下，此外还有数百颗手榴弹飞来爆炸。冲在最前面的中队长和小谷军曹则躲在池塘中等待时机。但是火网却持续了数小时之久，两人只好在鱼篓遮掩下等待天黑，但最终也没能突入对方阵地。

5日傍晚，突然响起了巨大的炮弹爆炸声，正躺卧在壕中等待着下次攻击的联队官兵竖起耳朵仔细听着声音。接着又落下第二发、第三发……这是第11军直辖重炮队的十五榴开始试射了。炮击的轰鸣声十分惊人，简直连地轴也为之撼动，这声音自衡阳北方高地越过市街冲击着虾高地。然而弹着的修正看来并不顺利，第二、第三发炮弹的弹着点十分靠近第133联队的第一线，虽与前进观测所进行联系也不见效。

有一发炮弹击中了第133联队左第一线前方80米附近的池塘，而该池塘已在日前被步兵炮击毁堤防。日军侥幸未受损失，但池底的鱼儿却被一下子炸飞了，一瞬间水面便飘满了白花花的死鱼。这令连日来仅以盐饭充饥而渴望获得肉类的联队官兵因为用以庆祝衡阳陷落的鱼类被炸死而感到遗憾。这发炮弹爆炸后，黑濑要求暂时停止射击以免第一线陷入危险，但联队官兵在亲身体验了十五榴的威力的同时，为拥有这一有力的支援火力而受到鼓舞。

当野战重炮轰击"虾"高地之际，十五榴炮弹也飞到了速射炮中队阵地附近，数块炮弹破片发出令人毛骨悚然的声音扎进了速射炮近旁的地面中。田口少尉仔细看了看破片，发现其长度有30厘米，是像尖利的锯齿一般的金属片，用手拿起来还能感觉到它仍然是热的。他想到如果被这种东西击中头部的话，恐怕会把头颅给切掉，不由得冒出冷汗。田口少尉眼看着"虾"高地的外表随着每一次的炮弹爆炸而改变，为这种程度的威力深感震惊。而位于"57"高地堡垒内的第九中队官兵也在这阵炮击期间深受冲击，感到这样的炮击可以指望得上，同时也颇觉恐怖。

5日中午，接替东条大队长代理第一大队长职务的藤田贞明中尉和代理第二大队长堺靖男中尉共同陈述了如下内容的意见："今晚第一线大队拟于23时进行夜间强袭。"黑濑马上同意了此一企图，并立即召集重武器中队长、工兵中队长及其他配属部队的联络人员，为保证右大队夜袭成功而下达了相关命令、指示，令其开始着手准备，其要点如下：

一、右第一线大队于23时发起夜袭。夺取目标为台地南端之交通壕一线。为此应在突破重庆军第一线、一举占领并确保台地南端交通壕附近之同时，尽速整理态势，准备于黎明后扩张战果。

突击部队分为夺取重庆军第一线阵地之部队和突入台地之部队。

即将发起突击时，应以掷弹筒对五显庙村落与"虾"高地上预想中之重庆兵手榴弹投掷位置实施一分钟之手榴弹封杀射击。另在发起突击同时以机枪从突击部队侧面对重庆军最前线之堡垒实施连续两分钟之压制射击。为保证上述夜间射击成功须在日落前完成标定。为此应预先以掷弹筒实施试射。

二、左第一线大队应于右第一线大队开始射击之同时亦按本要领实施射击，压制当面"虾"高地上之阵地及最前线之重庆军堡垒以支援右大队。另随着右大队战况之进展，应于22时前完成突击准备以便随时可进入"虾"高地。但此一前进时机将另下命令。

占领"虾"高地之部队应对拂晓后重庆军迫击炮之集中射击充分保持警戒。

四、工兵中队应尽量多准备蛇腹形铁丝网，随时设置于占领"虾"高地部队之正面及侧面以支援其确保占领该阵地。

五、步兵炮中队应做好夜间射击之准备以能够随时应右大队之要求压制重庆军。

六、炮兵队及石崎部队特应做好射击准备以压制拂晓后重庆军之迫击炮射击及阻止其逆袭，以随时支援第一线部队。

黑濑为了确保突击的成功而采取了各种措施，在处理完这些之后，他于日落后走到"56"高地坑道北口，一边祈望右大队行动成功，一边注视着前线的情况。不久，岳屏高地也隐没在了暮色中。然而，就在黑濑等待攻击开始时，他突然接到噩耗：藤田中尉战死，堺中尉重伤。

事情发生在21时左右。当时为了进行攻击准备，两名大队长正在一座屋顶已经毁坏的大型建筑物的高墙背后进行协商。因为松川文吉少尉被命令爆破"虾"高地正面的鹿砦，为了商谈关于这次夜袭的事情而到达了代理第一大队长处，所以他也在现场。

松川少尉将中队刚派来代理分队长的中村陆彦上等兵作为担任联络的人员配置在代理长身边，商谈结束后开始返回小队。就在他刚离开七八米远时，突然迫击炮弹带着特有的恐怖声音飞来，直接击中藤田代理大队长并爆炸了。藤田中尉被炸得支离破碎，当场死亡。旁边的堺中尉也被炸成重伤。中村上等兵也在爆炸中被炸掉大腿，腹部被弹片剖开，倒在地上呻吟道："好疼、好疼……"他一边痛苦地喘着气，一边挤出两三句话便人事不省，约一个小时后便在松川少尉的臂中断了气。

中国军队的迫击炮弹落在两名大队长所在的地方，直接命中了他们，造成两名中尉一死一伤。

失去了代理大队长的第一大队只好中止了5日的夜袭。

黑濑听到两名大队长死伤的噩耗之后，

如同切断手足一般痛苦。现在，第133联队中拥有指挥大队经验的将校只剩下西口中尉一人而已。至于其他尚留在队伍中的将校，步枪中队全部加在一起也只有广野、三浦、胁田三名少尉，此外重武器队也只有中队长四名和小队长十名（包括大队炮三名）。第133联队的第四次突击就这样因为第一线大队失去了指挥中枢而流产。随后决定由第二

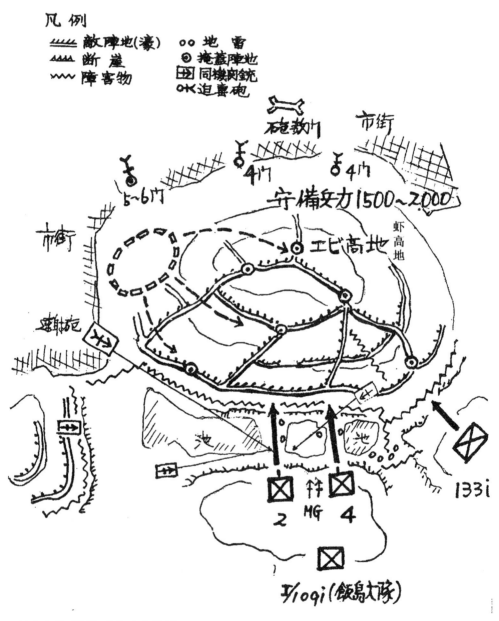

▲饭岛大队"虾"高地攻击要图。

机关枪中队长佐藤香中尉指挥右第一线部队。

5日傍晚，左翼饭岛大队发起了第三次突击，但该大队也被中国军队重机枪的水平射击死死盯住，攻击在池塘的堤防中间受挫，突击路上尸体枕藉。有数名日军被击中掉进池塘，但在对方的重机枪跟前，日军只能听着负伤者的呼救声，除此之外毫无办法。落水者不断喊道："好疼啊、好疼啊……"这一惨景深深地刺痛了松川文吉，使他悲愤难忍，不禁在心中合掌自问："神啊，您看到这惨状了吗？难道您就这样默认

▲衡阳近郊的池沼地带。

了吗？神创造人类究竟是为了什么啊？"落水士兵到了夜间才被救出。这一带的地形决定了任何一支日军都无法单独突入成功。

第二天，无计可施的栗冈中队长曾向松川少尉提出使用火焰喷射器："不能用火焰喷射器压制敌阵地中的武器吗？"但松川少尉拒绝了这一要求。因为连步兵部队都只能前进到池塘堤防的中间，背着30公斤重的火焰喷射器经过既没有死角也没有遮蔽物的地方前进到对方射程距离内是无法办到的。如果硬要去尝试的话，还没等进到池塘中间就会像昨夜的突击队一样眼看着变成尸体漂浮在池塘中。

在第一线大队决定于5日晚进行夜袭后，黑瀬也向速射炮中队下达了准备进行夜间射击的命令。但是在火炮前方的土堆妨碍着向"虾"高地山脚的枪眼射击，如果不将该土堆清除掉就无法射击，因此田口宗雄少尉联系了正在后方驮马部队中待命的松本清上等兵，让他带着一名士兵来到炮阵地。不久松本上等兵不知为何只身一人爬了上来。据松本解释是由于其他人因故不能前来，干脆就自己一个人急忙赶来了。

田口少尉无奈只好命令他在傍晚时清除掉炮阵地前面的土堆。不久周围逐渐暗了下来，松本上等兵准备开始作业，嘉户上等兵和铃木上等兵也表示要一起干，于是三人向火炮前方匍匐前进，开始趴在地上用军锹清除土堆。因为是趴着干活，所以作业进展很慢。嘉户上等兵可能是急得发了脾气，突然站起来进行作业。其余二人见状也站了起来一起作业。田口少尉见此情景感到十分担

心，喊道："喂，太危险了，快点趴下！"对方却回应道："什么，不要紧！"继续起劲儿地往交通壕里铲土。当作业快要完成时，突然一声枪响，随即传来了惨叫声："我被打中啦！"嘉户上等兵和铃木上等兵两人同时倒地，松本上等兵则迅速跳入壕中，并将受伤的两人收容进壕内。田口少尉也马上跑过来进入壕中察看两人的伤情，发现嘉户上等兵的脚腕处的骨头被击碎，铃木上等兵则在脚腕部受到贯通枪伤。田口少尉问道："喂，不要紧吗？"出乎意料的是，两个人都很精神地说道："没什么大不了的，不要紧。"但是嘉户上等兵由于骨折的关系无法走路，由松本上等兵背到后方进入了野战医院，然而数日后他便因伤死亡。由于当晚的夜袭流产，速射炮中队没能实施夜间射击。

在藤田中尉和堺中尉两人伤亡后，黑瀬从创痛中再次打起精神，于5日夜间10时左右命令西口第三大队于明6日黎明进行攻击，做了概要如下的部署：

一、第三大队仍以一部确保"58"高地，以主力尽速替换现在之右第一线大队（重武器部队除外）准备进行攻击，乘明六日黎明突入敌之第一线阵地，一举夺取"虾"高地。

二、佐藤中尉统一指挥现已进入攻击准备态势之右第一线部队之重武器部队，以支援明六日拂晓后第三大队之攻击。

三、第一、第二大队之步枪中队（占领"55"高地之部队除外）在广野少尉指挥下

190

集结于"56"高地西南侧地区，做好随时加入战斗之准备。

四、步兵炮中队仍位置于现阵地以支援拂晓后第三大队之攻击。

五、炮兵队及石崎部队特应做好射击准备以压制拂晓后之敌迫击炮及阻止敌之逆袭，随时支援第一线大队。

六、其余各队继续执行原任务。

关于第四次夜间攻击以流产告终后，黑濑何以在极度苦恼中又能够下定决心以第三大队于明六日黎明进行攻击，他对相关理由做了如下的回忆：

1. 第三大队现在位于"58"高地，对"虾"高地附近的敌情地形已经十分了解，因此为明6日的黎明攻击进行准备应是可行的。

2. 步兵炮中队、炮兵队等已经为第四次突击做好准备，以目前态势当可支援明日拂晓后的第三大队的战斗。

3. 现在敌我双方好像四对扭在一起的相扑选手一般完全没有机动的余地，处于进退维谷的状态中，如果现在攻势有所松懈，只会使敌方在精神上得以休整，而且我方也无望补充炮弹和增加兵力。

4. 军和师团的整体情况、战场的气氛等所引起的战场心理也有很大关系。

因此只要中国军队继续进行抵抗，就必须夺取岳屏高地和"虾"高地才能攻陷衡阳。而当时岳屏高地和天马山高地均尚未陷

落。担任第116师团的主攻方面的第133联队处于这两座高地上的中国军队的火力包围中，急需早日夺取虾高地以击破衡阳守军。然而第133联队已经陷入"刀折矢尽"的惨淡状况中，这次以第三大队进行的联队第五次突击将成为联队最后一次大队级别的突击。黑濑决定，如果这次突击也归于失败的话，就只有亲自擎举军旗带头突击了。军旗本来是在张家山的"25"山顶上的壕内供奉着，但在半夜里被秘密推进至位于两路口东侧台地上的大堡垒内。

军旗推进的消息像电波一样很快在整个联队中传播开来，全体官兵都得知联队最后突击的时刻即将到来，因此又增添了一分"悲壮的决意"。

由于第133联队在战术上处于不利的态势，负责支援该联队的师团炮兵在攻击"虾"高地战斗期间无法适时压制来自岳屏高地至天马山的宽大正面上的侧防火力，因此黑濑怀着抓住救命稻草的心理，在半夜向师团申请希望得到飞行队的支援，同时压制广阔地区以便一举攻占"虾"高地。

在战斗开始前，第三步兵炮小队奉命将阵地自"56"高地向"虾"高地方向推进。（此前，第三步兵炮小队自7月17日以来一直在萧家山"56"高地上进行阵地构筑和战斗准备，由于在张家山和"23"高地的激战中出现很多死伤者，该小队只剩下小队长以下十数人）该小队向西方移动了二百米，从萧家山高地的陡坡下到了公路上，不久到达了村落北端、穿过成排房屋的道路的稍上坡处。小队长间宫善一中尉判断如果从这里前

进的话就会成为中国军队的目标，因此他让队员们向道路斜面分散隐蔽开来，又和传令兵加藤上等兵一起上前进行敌情侦察和阵地选定。前方150－200米处的"虾"高地山麓处布满木栅，并可看见西北方70米的道路上筑有堡垒。道路两侧的房屋已因日军的炮击轰炸而半毁。西北方堡垒中的守军的抵抗十分顽强。间宫中尉监视敌情过了片刻之后，从代理第三大队长处发来了到队长本部集合的通知。随后间宫中尉受领了要点如下的命令："第三步兵炮小队应支援第十一中队攻击虾高地。"受领了该命令之后，间宫中尉离开本部返回，走了20米之后遭遇迫击炮弹爆炸，被破片击中右脸，但在进行了应急处理之后他仍然返回了部队，向分队长们指示了攻击要领。而中国军队的炮击也愈发猛烈起来，于是他命令第一分队匍匐前进至道路上的凹地处进入阵地，准备向堡垒的枪眼实施炮击。

8月6日（晴），从昨夜便开始做积极准备的第三大队在黎明前开始了行动。第三步兵炮小队在完成了以支援第11中队突击为目的的炮击准备后，开始在至近距离上（70米）炮击堡垒。阵地上响起了叫喊声："第一次发射！""放！"土保军曹、桥本分队长以下各名队员在弹雨硝烟中拼死战斗。接连发射了两发、三发之后，中国军队将石头塞进了枪眼。这样发射数发炮弹之后，中国军队便被压制住了。

在第三步兵炮小队的支援射击下，第11中队前田隆治中尉以下十余名突击队员向"虾"高地发起了攻击，他们首先利用池塘的死角逼近道路上的堡垒，然后将手榴弹掷入枪眼将其占领。但之后因为受到来自岳屏高地方向的侧防火力的猛烈射击，藤田秀典伍长等数人在敌前数米处战死。前田隆治中尉判断如果再进行突击的话将会蒙受较大损失，因此暂且停止攻击以等待时机。这时前田中尉被迫击炮弹击伤以至于无法走路，稍后被后送。前田中尉在战斗前原本正留在中队中接受治疗，在得知第三大队将要进行攻击后他拖着行动不便的伤体亲自指挥第三突击队战斗于最前方，结果再次身负重伤。这时，第11中队仅剩下坂间伍长以下数人。第五次突击也终于失败。当天，第11中队有藤田秀典伍长以下五人战死，第一中队也有西出福郎军曹以下四人战死。

如此，五次突击先后全部失败。黑濑正在整顿态势、策划下次的联队突击时，于9时左右接到师团的通知，内称当日下午可得到飞行队的支援。关于此一支援的预定时间和其他细节则不详。黑濑利用此一喜讯再次下定了决心，立即向各队传达了将得到飞行队支援的消息以鼓舞士气，并命令各队保持目前态势，准备实施陆空协同攻击。

右方的岳屏高地虽然从4日以来受到志摩旅团（步兵第57旅团）的攻击，但守军拼死抵抗，第一线仍然无法从市民医院一线向前推进。旅团长志摩源吉少将亲自到第一线指导士兵作战，终于饮弹身亡。

左方的西禅寺高地则前一天下午在儿玉部队（步兵第120联队）的死命攻击下陷落，但天马山仍在中国军队手中，正由针支队攻击中。

6日上午，第133联队各队虽然完成了攻击的各项准备，苦苦等待着友军飞机的到来，但直到傍晚也不见踪影。黑濑无奈，于傍晚下令暂时中止攻击，决定整顿态势以图后策，向各队下达了有关命令。

根据松川文吉的回忆，第133联队曾决定在8月7日凌晨由广野少尉为首的一队人员发动决死突击，并命令泷本工兵小队再次破坏敌前的鹿砦以开辟突击道路。不过第133联队资料中并无关于这次行动的记录。下面是根据松川文吉的回忆所整理的这次行动的过程：

8月7日3时，泷本小队的破坏班在警戒着正面之敌和右前方的岳屏之敌的同时秘密地匍匐前进。幸运的是对方并没有发觉。破坏班前进后将炸药点火，平安返回了。

一秒、两秒、三秒、四秒、五秒……炸药没有发火。八秒、九秒……松川少尉的祈祷也没能起作用，炸药终于以不发告终。

虽然前两次爆破都取得了成功，但在这最后关头却没能引爆炸药，令松川少尉切齿扼腕懊悔不已。

松川少尉向广野少尉报告了情况并在电话中嘱咐中队送来爆破筒而不是炸药。虽然炸药包是由中队指挥班制作的，但松川少尉自己也负有检查的责任。

爆破筒不大工夫便被送来了，但已经太迟，广野少尉没有再发动攻击。东方开始发白，攻击再次全线中止。

松川少尉为由于自己的疏忽导致第133联队停止攻击脚步而感到自责不已，他在向黑濑联队长表示非常抱歉时，感觉到联队长

正强忍着愤怒，身体在不住地抖动着。

7日当天，野战重炮队主力终于集结完毕，十加、十五榴共五门向衡阳西南侧阵地一带和市内主要建筑物集中炮击达两个小时。这天早晨开始的重炮队对"虾"高地的炮击较前次更加猛烈，"虾"高地上的堡垒、掩盖和建筑物被悉数破坏，高地的形状为之改变，爆炸声简直震天动地。

中午，针支队在重炮支援下终于突入天马山山顶，于15时占领并确保了该阵地。突入部队正是曾经增援第133联队的渡边大队。

天马山的陷落消除了第133联队左侧背的威胁，使战场态势发生了新的变化，不过已经为时太晚，第133联队要利用这一成果再兴攻击的话必须先充分整顿态势，而且只能在联队长的直接指挥下以联队全部力量实施突击才有望获胜。因此黑濑计划打破同儿玉联队之间的战斗地境线的限制，在8日早晨之前将炮兵队主力推进至和尔高地（虎形巢）北方，在8日下午或9日拂晓以联队全部力量实施攻击，攻击重点指向"虾"高地左正面（尽量远离岳屏高地）。

这时第133联队的残存总兵力包括轻伤者在内，共有331人。黑濑已决心于明日擎举军旗同联队全体官兵一起发起突击。此时正当夕阳西下，黑濑的双眼凝视着被映照得通红的"虾"高地西斜面。随着太阳西沉，热风变得稍稍凉爽了一些。

得到第133联队将要擎举军旗进行突击的消息后，工兵第三中队长栗冈大尉将金沢小队配属给第133联队以替代创伤累累的泷

本工兵小队。

　　配属给第二大队的泷本工兵小队已经损失大半人员，该小队在四月中旬从青山出发时的编成为50多名，在8月7日已经减少到小队长以下十数名。

　　松川文吉少尉自配属给第133黑濑联队以来，终于能够在没有敌弹飞来的情况下，在两路口的中队兵营中惬意地进行休息。

　　松川少尉向中队长栗冈大尉报告归队之后，栗冈大尉对他们在配属黑濑联队期间的劳苦和泷本小队的"善战奋斗"表示了感谢，随后打开了配给中队的仅有的一听蜜橘罐头，特意将四五粒蜜橘分给了松川少尉。

　　放在手掌中的蜜橘虽然只有几粒，但其味道有如甘露一般渗入舌中，令松川文吉终生难忘。

第二十三章　孤城陷落

今日军意想不到的是，这时战况忽然发生了转机。17时左右，第68师团右正面的中国军队阵地上打起了白旗，17时半左右在岳屏高地上也挂出了白旗。在第120联队正面，昨夜为了进行联系而被遣回城内的被俘中国军官打来了电话，称中国军队第十军参谋长以下已经提前告诉他将要向日军联络停战事宜。

第九中队阵地上，有人看到岳屏山顶升起白旗后喊道："可不得了了，投降了啊！"黑来平一也接到报告："联队长大人，岳屏高地上已升起白旗。"黑濑听取报告后流下了眼泪。

然而防守"虾"高地的中国军队好像不知道岳屏高地已经停止抵抗，丝毫也没有动摇的迹象，不时射来狙击弹。从6日开始自西北方突入衡阳市街、正在展开激烈战斗的第58师团方面仍然传来双方交战的激烈枪炮声。

第11军司令官横山勇命令野战重炮兵进行猛烈炮击直至耗尽全部预备弹药，并要求全体部队同时强行攻击。

"虾"高地上的中国军队守军不时地向日军反复射击着。黑濑判断此种射击是中国军队以惯用手段掩护阵地守军撤退的欺敌行动，遂命令第三大队利用黑夜以一部夜袭"虾"高地。

第三大队在半夜开始行动，突入了"虾"高地的第一线阵地，但中国军队已经放弃了"虾"高地，因此该大队得以在黎明前进入该高地北端。①

由于局势的突然变化，由少将亲自打头阵的第133联队总突击到底没能发生。不过话又说回来，这种事情即使只是想一想也足以让人感到非常凄惨。在实施总突击前黑濑还下令各队将战时名簿和马匹名簿全部烧掉，结果却是白忙一场。

第三大队夺取"虾"高地后，有一批人打着白旗自西方接近过来，这是奉命停止抵抗的中国军队。面对此情此景，间宫善一

---

① 据第109联队战史资料记载，8月5日饭岛大队第三次突击失败后，饭岛大队长又集中了残存兵力，准备进行第四次突击，还在准备中时，中国军队就在8月8日停止了抵抗。随后第四中队一残存的藤田伍长率部占领并扫荡了"虾"高地。饭岛大队在衡阳战役中也损失惨重，四名中队长三死一伤，小队长则全员战死。其第四中队在"虾"高地战斗中共死亡20多人，最后仅剩7人。

中尉感到无限感慨,其心情为笔墨所难以形容。

8日上午,衡阳守将第十军军长方先觉中将和四名师长,正式向日军接洽停战事宜。

8月7日中午左右,"敌人打出白旗投降"的传闻就在泷本工兵小队的士兵中间传播着。下午有消息说军长方先觉来到了学校高地。士兵们感到半信半疑,不过所谓战事结束的事情在夜间"被确定下来了"。

稍后小队士兵们得到了在战斗余暇间一直在谈论着的砂糖和香烟,他们就像小男孩一样高兴,似乎忘记了连续作战的疲劳。

▲停战后被日军拘押的第十军军长方先觉。

但是,士兵们脸颊消瘦,双眼凹陷,缺少血色,残破的军衣上还沾着泥土和战友的鲜血,显示了苦战留下的痕迹。

连续苦战四十多天后方才到来的衡阳陷落,对于松川文吉少尉来说意味着战斗告一段落,使他感到莫大的安心。但是对于曾有许多部下的尸体暴晒于红土高地上的小队长来说,还是难以像士兵们那样单纯地感到喜悦,而是像喝干了苦酒一样余味苦涩。

虽然中国军队最后奉命停止抵抗,但并不影响日军资料对于"猛将方先觉军长的统帅"和第10军官兵的"善战奋斗"表示佩服。对于衡阳守军的表现,日军资料中有这样的评价:"衡阳防卫军虽然战败,但他们连续四十五日的力战奋斗却是中国军队在大陆战线上所首次显现出来的强韧抵抗,堪称是体现了民族志气的奋战。"

当衡阳战役进入尾声时,战场上的壕沟已经被中日两军的战死者填满了。当时在第133联队中担任骑兵通信的荻原祐在回忆文章中这样描述当时的壕沟:"……所以要越过壕沟的话就必须在已经腐烂的尸体上行走。低着头走的话就会扑哧扑哧地溅上尸体的腐液。姿势有所抬高的话就会遭到敌人射击。"

8日晨,按照师团命令,第133联队分派第三大队和工兵中队在城内扫荡并担任警备。第九中队也配属了作业队、机关枪中队,在占领"虾"高地后进入衡阳市内,奉命在第116师团所占领的衡阳市街地带的南半部进行扫荡和警备。第九中队扫荡了市街直到湘江河岸，然后将本部设于中国银行衡阳分行的金库中担任警戒。

第九中队进入市内后，浦田幸一等几个人在进入中国银行和公共建筑物时发现里面挤满了中国军队的伤员，他们的哀鸣声及其凄惨。在中国银行前有一段20米左右的道路，大量中国士兵排成五列纵队，倒拿着枪经过那里。浦田幸一这一伙人只有五六人而已，被这突然涌出的大量停止抵抗的士兵吓了一跳，简直吓破了胆。

这时各队均已所剩无几。第九中队的健康者只有17名。第十中队已经由上等兵代理中队长。第11中队也只剩下十人。所以难怪浦田等人看到数以千计的停止抵抗的士兵时会感到害怕。

衡阳战役结束后，第九中队的玉木斋吉兵长等七人奉命监视俘虏。他们负责看守的俘虏多达数千人，简直没什么办法，只能在高岗上架起机枪，想逃跑的人就让他逃跑，玉木兵长偶尔会下令射击发出警告。中国军队的重伤员还接受了日军卫生兵的治疗。不久玉木兵长等人接到了返回中队的命令，至于那为数众多的俘虏后来情况如何，玉木兵长并不清楚。在市内，玉木兵长看到在大"缸"中有一些漂着鲜血的腌制品，据他回忆这些是猪血和蔬菜的腌制品。

虽然战事已经结束，但日军仍然受到盟军飞机的威胁。衡阳陷落后，第133联队各队经理班为收集物资而进入市内。第一大队也派出以前山会计少尉为首的数名士兵加

上当地人、民工以市内的大酱厂为据点进行物资的收集，老田诚一也在其中。在此期间，他们因为难以忍受酷热而找到凉快的地方睡起了午觉。在摆放着酱缸的空地的一隅建有一个防空洞，老田诚一把竹制的长椅拿进防空洞中打起盹来。在连日的疲劳和地下凉气的作用下，老田诚一香甜地进入了梦乡。在他睡着后发生了奇怪的事情，他忽然感觉到好像有凉水浇到脸上，马上从椅子上跳了下来。然而他身上并没有被水淋湿。虽然感到奇怪，不过因为时间已经不早了，他便叫起其他人出去搜寻物资。几分钟后，盟军轰炸机突然袭来，老田诚一抬头看见飞机正在陆续投下炸弹，赶紧躲进深深的排水沟里屏住呼吸，震动肺腑的爆炸声、呼啸声不断响起，简直把他吓得魂飞魄散。不久，地面随着巨大的轰鸣声震动起来，身体也被气浪掀离地面，弹片哗啦哗啦落了下来，有的落在裸露的肩膀上，使他感到像被火烧到一样灼热。他在为炸点之近感到吃惊的同时向周围望去，发现据点那边已被爆烟、烟尘所笼罩。他对前山会计和其他若干名士兵及民工的情况感到担心，但此时飞机尚未离去。等到爆炸声远去后，老田诚一返回一看，几分钟前他还在其中睡觉的防空洞已经形迹全无，取而代之的是一个大坑。如果他再多睡一会儿的话，现在已经命丧黄泉了，想到这里他感到格外恐怖。民工们受到相当损害，不过前山会计和士兵们并没有伤亡。正是由于先前睡觉时他感觉到有水泼到脸上才使得全体人员平安无事，这不能不说是个"奇迹"。

8月8日13时，第133联队官兵在"55"高地上迎来了军旗，举行了军旗奉拜仪式。当时盟军飞机仍然盘旋在晴朗的空中并袭击着地面目标，运输机所投下的迫击炮弹的捆包也不断通过打开的降落伞送到地上，似乎并不知道地面战斗已经结束。不久飞机总算离去。通常在下一拨飞机到来之前还有15分钟的时间。在此间隙中，堂少尉捧持联队旗登上了"55"高地。各队未集合即各自在原地排成队列迎接军旗。

自四月以来，第133联队的战死者合计达641名。[①]

---

① 此数字见《步兵第百三十三联队史》第294页。

第二十四章　残军余话

衡阳战役是八年中日战争期间，中国军队坚持时间最长的一次城市保卫战。日军在中国战场的攻城战通常至多花费数天时间，伤亡也相对较少。例如1938年5月14日第14师团的曹州城攻城战仅用了不到一天时间就成功占领该城，日军步兵付出的代价为战死45人、伤174名。这还被日军认为是"付出了重大牺牲"，而事实上这场战斗也确实相当激烈。类似的攻城战难以计数。相对于中国军队，日军拥有装备、技术和训练上的明显优势，对他们而言攻城并非难事，打成这样的结果实属正常。

但在这次的"衡阳攻略战"中，中国守军却在日军陆空攻击下坚持了一月有余，令日军深感震惊。对于中国军队的表现，日军资料中有这样的评价："敌军亦拥有顽强斗志，依凭坚垒实施了顽强抵抗。特别是预先修筑了为发扬其所擅长的手榴弹战的威力而准备的工事，以此种坚垒阻挡住了我军的肉弹攻击。"

中国军队的手榴弹战术在衡阳战役令日军大吃苦头，日军的伤亡中有很大比例为手榴弹所造成。例如，根据第133联队第六中队死亡者名簿的记录，该中队在7月14日的"22"高地攻击战斗和15日"33"高地攻击战斗中，其死亡人员的受伤原因为：

7月14日战死五人、战伤死一人之中，四人为手榴弹所伤；7月15日战死20人、战伤死16人、合计36人之中，为手榴弹所伤者达到20人。两日战斗合计造成42人死亡，其中弹种不明的炸伤为三人，其余39人中为手榴弹所伤者为24人（62%），枪伤六人（15%），为迫击炮弹所伤者五人（13%），此外炮弹和地雷各杀伤两人（各5%）。这虽然只是局部示例，但其他中队的情况也应该与之相似。手榴弹在衡阳保卫战中所发挥的重要作用可见一斑。

衡阳战役结束后，步兵第133联队及其配属部队被军司令官横山勇中将授予了感状（即"嘉奖状"）。

步兵第133联队在衡阳战役期间的配属部队包括：步兵第218联队第三大队；步兵第109联队第一大队；工兵第116联队第三中队；野炮第122联队；师团通信队无线一个分队；防疫给水部一部；中国派遣军化学部。支援部队则有独立山炮第二联队。

第133联队对于自身在战役中的表现做了这样的评论："就步兵第133联队来说，

在衡阳攻略战的四十天中，不顾生死以肉弹连续进行了殊死战斗的联队官兵的不断突进才是敌阵地全面崩坏的主要原因，这已在横山军司令官的感状中得到明确体现。"这未免有些自吹自擂，事实是在中国军队因第58师团的进攻而发生全面动摇之前，第133联队不仅未能攻入城内，对于眼前的"虾"高地都始终一筹莫展。不过，第133联队的自我评价倒也并非全无根据。第133联队在衡阳西南战场的战斗不仅严重消耗了中国军队的有生力量，而且确实在相当程度上破坏了中国军队的防御线，促使中国军队进一步收缩阵地。特别是在第一次总攻期间攻占了张家山高地，成为这次总攻中日军方面唯一的"亮点"。根据第133联队自身的总结，该联队在衡阳战役中的战斗特点是：1.缺乏支援火力；2.彻底实施筑城；3.联队重武器各队对第一线实施密接支援；4.步兵各中队即使失去指挥官也依然坚持突进。这如实地反映了第133联队在缺少炮兵与航空兵支援的情况下竭力发扬自身的火力和精神力，主要以步兵的肉弹突击攻夺阵地的情形。虽然第133联队最后顿挫于"虾"高地，不过能攻到此处已经十分不易，正如井崎易治所说，第133联队确已竭尽全力。但这种拼死的肉弹突击也使中国军队向他们索取了极其高昂的代价。第133联队在衡阳战役中蒙受了联队历史上最惨痛的损失，远远超过了去年的常德作战和下一年的芷江作战，事实上受到了歼灭性打击。

据《步兵第百三十三联队史》记载，步兵第133联队在"衡阳攻略战"期间的战死人数为：包括大队长五名和代理大队长两名在内共计战死427人（该数字不包括为数众多的战伤死和战病死者）。第133联队从1944年四月份到衡阳战役结束共计战死641人。至于第133联队在1944年全年的死亡人数则为：战死705人、战伤死321人、战病死1323人，合计2350人。这个数字占第133联队在中国期间全部死亡人员4538人（一说4536人）的半数以上。

该书中还提到：从1944年10月到1945年4月期间，第133联队共战死85人（其中仅1945年2月7日就战死25人）。据此可以估计出，从衡阳战役结束后到1944年底，第133联队应有几十人战死，这与前述的从4月到衡阳战役结束共战死641人、全年共战死705人的数字是大致吻合的（从1944年初到湘桂作战开始前，第133联队并无大的作战行动，损失甚微）。

又据第133联队第九中队老兵浦田幸一在《步兵第百三十三联队·衡阳攻略的死斗》一文中披露的数字，第116师团及第133联队在衡阳作战中的死亡人数为：

战死：计1588名（内第133联队563名）。

战伤死：计461名（内第133联队200名）。

战病死：计1420名（内第133联队506名）。

死亡：总计3469名

（内师团司令部14名，步兵第109联队492名，步兵第120联队1010名，步兵第133联队1269名，野炮兵第122联队252名，工兵第116联队147名，辎重兵第116联队122名，通信队、卫生队、第一、第二、第三野战医院、防疫给水部、病马厂、武器勤务队合计163名。）

又据《炮声万里·野炮兵第122联队的战斗回想录》一书中收入的1945年2月份的第116师团湘桂作战死亡调查表的记录，第133联队在湘桂作战中的战死、战伤死、战病死和生死不明的人数分别为573人、199人、496人、61人，合计1329人，这组死亡数字与浦田幸一披露的第133联队死亡人数十分接近。由此可以推断，浦田幸一所披露的死亡人数，并不仅仅是对第116师团和第133联队在衡阳战役期间死亡人数的统计，而是对整个湘桂作战期间出现的死亡者的统计。当然，其中大部分是衡阳战役所造成的。

但对比前述的《步兵第百三十三联队史》中记载的第133联队从四月份到衡阳战役结束的战死者数（641人）和1944年全年的战死、战伤死、战病死者数，《炮声万里》和浦田幸一提供的数字明显偏低，显然统计的并不完全。

笔者以为，第133联队战死427人的数字难免存在若干遗漏，但绝大部分衡阳战役期间的战死者肯定都已经被包括在内，与实际数字相差不会太大。

综合各种日军资料，笔者自己的估计认为：第133联队因衡阳战役而造成的战死和战伤死者合计在600人以上（不包括配属部队）。参加进攻衡阳的日军第116、68、34、58师团及各支援部队因战斗而死亡的人数大约为3000人（包括战死、战伤死），病

死者则远远多于此数。

在衡阳战役期间，第133联队中以军医为首的卫生下士官兵也和第一线步兵一起经历了损失惨重的近战，他们冒着弹雨不分昼夜地对日军官兵进行救护治疗。第一大队黑川登军医少尉（7月1日在张家山高地攻击战斗中战死）以下的众多卫生下士官兵战死于衡阳战场，但其实际数量不明。

第133联队的伤员中有许多人被送到设在月塘及铁炉冲的师团第二、第四野战医院，许多重伤员在野战医院中命丧黄泉，其惨状难以言表。第133联队在经过长途远征后，在弹药尚且无法充分补给的情况下，还要照顾为数众多的伤员，而卫生材料又严重不足，所急需的预防破伤风、坏疽等的药品彻底告罄，确实是勉为其难。野战医院系开设于各处的民房中，缺乏自卫兵力。医院方面为了搜集粮食以向伤患提供养给而付出了极大努力——当然付出了最大代价的是当地农民——却仍然不能满足所需。在严重缺乏绷带材料的情况下，面对不断抬进来的新伤患，军医简直忙得不可开交，而无暇顾及旧伤患。治疗也不过是两天、三天换一次绷带而已。由于时值盛夏，伤口会迅速腐烂，以至于脓汁渗出绷带，上面落满了苍蝇，并生出蛆虫来，在肮脏的绷带下，蠕动的蛆虫加剧了伤口的疼痛和恶化。

后送患者则是以卡车及通过湘江的水路经过衡山、长沙、湘阴、岳州等送到武昌、汉口的陆军医院，但所费时间依据情况竟需要两个月或者三个月。其中也有随着军队前进而被前送至柳州的。途中的患者疗养所、

野战预备医院、兵站医院等直到武昌、汉口的陆军医院，在给养和卫生材料方面差别不大。通常是由可以独自行走的伤患自行搜集粮食并帮助卫生兵照料其他伤患。因此，在第一线受伤后，即使暂时被野战医院收容，伤病较轻者和能够独力行走的伤患也热切盼望能够回到中队。

第133联队第九中队的玉木斋吉兵长也在野战医院中吃尽了苦头。7月16日他在"34"高地受伤之后随即被野战医院收容，这是他在中国战场上第三次负伤。住院后过了一周时间，这段时间内什么治疗都没有，吃饭方面也只是让能动的患者自己在附近找吃的而已。玉木兵长实在无法忍受这种生活，他觉得与其这样还不如待在中队里，于是便逃出医院回到中队。当他返回中队时，指挥班里只有主管人事的一个人还在，其他人都已经出去为攻击"56"阵地而奔忙了。这个人对他说：你就留在这吧。逃出医院活地狱的玉木斋吉总算活着熬过了衡阳战役。

关于第133联队中的发病情况，以第六中队的战病死者为例：痢疾（包括细菌性和阿米巴性）最初发病于7月9日，7月内共有三人发病，8月有11人发病。霍乱从8月7日开始发生，但死亡是在11月份，也有可能会在住院后罹患霍乱。营养不良患者有五人，其中四人系负伤后所同时发生的，纯粹的"战争营养不良症"只有一人。当然这只是一个局部例子。实际上营养不良对参战日军各部的影响都是非常严重的。由于许多日军同时遭受战伤、营养不良和传染病等的折磨，要完全准确地划分其死亡原因并不容

易。1944年下半年、衡阳战役结束后，日军因战伤、营养不良和传染病而继续大量死亡，其中衡阳战役的影响甚巨。衡阳战役就像幽灵一样，在战事结束后仍继续给日军带去死亡。

衡阳战役结束后，第116师团在衡阳西北侧地区努力恢复战力，第133联队也在大眼附近集结，接受人员物资的补充以为下期作战做准备。8月21日，第133联队从大眼出发，向第116师团新的集结地渣港前进，准备以后的作战。

联队长黑濑平一少将本应于8月15日转任第68师团的步兵第57旅团长，但其赴任被延期，本人率领联队到达了渣港。23日第133联队在高山庙（渣江附近）集结，一边整理态势一边为下期作战（洪桥会战）做准备。28日新任联队长加川胜永大佐到达后同黑濑完成了交接，29日黑濑少将到新任地点衡阳上任。

加川胜永大佐于8月中旬在长沙第11军战斗指挥所得知自己被任命为第133联队长。在赴任途中，横山勇对他训示道："联队在衡阳立下了卓越功勋，但也遭受了毁灭性的的损失。不过相信传统精神仍然保存着，请尽快重整部队。"

到达第133联队后，加川发现联队明显正处于蒙受了极大损失后的状态，并注意到本应作为战力来源的将校们的精神意外地低落。

第133联队的补充人员在衡阳战役期间赶往战场并停留在衡山附近，在战役结束后才陆续到达联队。到8月下旬为止，联队的

兵力已经有所恢复。在8月21日，联队各中队平均有100名人员。

不过，虽然从数量上来看第133联队的战力是比较充实的，但是补充兵的质量却很难让人感到乐观。补充队里尽是些从三十四五岁到40岁左右的第二国民兵的年长士兵，有的还未受过教育，补充进来的将校中也是以老龄者较多，战力的恢复尚需时日。士兵的枪支是五人一支三八式，而且是简陋的代用品，维修用的通条也没有。牛蒡剑的剑鞘是竹子做的，水壶也是用的竹筒，老兵们对此感到十分吃惊，不禁为这场战争的前途感到担忧。

在大队长的任命方面，8月14日末永丰大尉（第二大队长）、17日黑泽重治大尉（第三大队长）、25日乌谷通泰大尉（第一大队长）陆续到任。

8月末，第11军开始进行"洪桥会战"。8月30日，第133联队开始行动，参加第116师团对金兰寺附近的攻势。第116师团驱逐了金兰寺附近的中国军队后，第133联队又进一步向水东江前进。9月4日，第133联队继续向荷公殿进攻，在此处遭到中国军队的顽强抵抗，经数次攻击后才占领了守军阵地。不久第133联队奉命向金兰寺附近撤退从事修复衡（阳）宝（庆）道路。

第11军的"洪桥会战"由于中国军队主动撤退而变成了追击战。日军于9月2日占领洪桥，4日占领祁阳，7日占领零陵，终于突破了湖南省境进入广西省内。在中国军队已主动放弃各处要冲的情况下，第11军于9月8日晨命令各师团占领有利位置以为占领全县

做准备。湘桂作战第一阶段至此结束，随即开始为第二期作战进行准备。

9月下旬，为配合宝庆攻略，第133联队在九公桥、余津渡附近渡过资江，向长阳铺前进，继而逼近宝庆县城北侧，协助第37师团攻击宝庆。9月27日，第37师团突入宝庆市内，但由于防守县城的中国军队第57师利用房屋进行顽强抵抗，该师团经过激烈巷战后到29日才完全占领宝庆。

值得一提的是，这个57师正是在1943年末防守常德城的部队，第133联队曾在常德与其进行了激烈的市街战。

9月30日，由于第37师团南下追赶第11军主力，宝庆附近的警备被移交给第116师团。第133联队作为师团的东北地区队，将联队本部设在宝庆东北半边街附近的早谷冲，担任衡宝地区的警备，第一大队和第三大队分别将本部设在田家栗山、雀塘铺，第二大队则仍作为师团的永丰地区队，本部也仍位于永丰。到1945年4月参加湘西作战（芷江作战）前，第133联队一直在宝庆东北侧和永丰地区从事警备、阵地构筑、训练、讨伐、收集粮食等，不时同中国军队和当地游击队发生交战。特别是1945年2月7日，第二大队的联络队（由各队混成的一个小队）在从永丰的大队本部向早谷冲的联队本部移动途中遭遇"有力之敌"，一举战死25人。

除游击战造成的伤亡外，盟军飞机的活动也依然活跃。包括空袭造成的损失在内，从1944年10月到1945年4月期间，第133联队的战死者共有85人，病死者则远远超过

此数。

进入宝庆地区后不久，第133联队又在10月末得到了第二次补充，这次来的是比较"出色"的军人，都是被召集的预备役的兵长、上等兵。原本处于全灭状态的中队也好像突然苏醒过来一样，为准备下期作战而开始了强力训练。

第116师团于10月16日脱离第11军改为由新设立的第六方面军直辖，然后于11月8日进入第六方面军隶下的第20军（于10月19日重新编成）的战斗序列，第20军司令官为坂西一良中将。

10月中旬，第133联队从早谷冲派出一队人员出发前往衡阳整理并移交遗骨。每队各出一人共约23名，由联队本部池田曹长率领。速射炮中队由大石千太郎（军衔未详）参加，大石将离开衡阳一个多月期间出现的战病死者的战病地名和遗物目录抄写、制作完毕后，将其和中队所保管的十多名死者的遗骨、遗物一起放在白色布袋中带走。池田曹长首先带领这队人员花费七天时间经两市塘－演波桥－西渡道公路徒步走到铜钱渡东方两公里的东家湾，这里是师团残留队驻地。大石在这里接收了残留队所保管的30多名死者的遗骨，并领到了死者的遗物。这些遗骨将连同其他死者的遗骨一起移交给负责整理送还遗骨的部队。

残留队的生活极为惨淡艰苦，整理遗骨的队伍到达后，有人死乞白赖地向他们索求一片猪肉。附近一带的田地已经荒芜，没有蔬菜可吃，池塘中的鱼也已全部被手榴弹炸死，一点都不剩。就连这一带的野狗也感到

害怕，完全不见了踪影。大石等人在这里处理遗骨相关事务时深为办公用品的不良与不足所苦。复写纸是已经用过的旧物，用铅笔写字后发现根本就没留下黑色印迹，必须要用力下笔才可能留下字迹。至于普通纸张则是在当地收集到的中国特有的黄色竹纸，很容易弄破。如果铅笔的笔芯太粗，在复写时就不容易留下印迹。如果笔芯削得太细又往往会把纸戳破。就这样，处理一份文件就不知道要重写多少遍，只能一遍又一遍地反复誊写。幸而不久就有人想出了好主意：放平铅笔一点一点地横着写字，写的时候一定要小心翼翼，这样就不会弄破纸张，虽然很费时间，但是用不着重写。不过这样写下的字很不工整，有时如果不是本人写的字简直就认不出来。这样花了大约十天时间才算处理完毕。

大石在残留队受领的30多人的遗骨中，按战死（含战伤死）地点来分，除了在新墙河战死的德田嘉吉上等兵、在汨水渡河战中战死的本重正彦伍长、在保革亭战死的山本集之上等兵等人之外，绝大部分都是在衡阳西南丘陵阵地战死的，地名被记作"衡阳县衡阳两路口东南侧高地"。遗物包括头发、指甲、腰包、钢笔、手表等，其中有一名中年补充兵的遗物数量尤其多，可以想象他在酷暑下还带着孩子的照片和妻子的家信行走在山野中，实在令人断肠。

大石所在的第二平射分队在从武昌出发到占领张家山途中未出现一名战伤死或病死者。但离开张家山进入"第二阵地"后便开始出现损失。首先在7月8日左右，福井保

一等兵在"35"高地山脚中弹倒下（8月18日在月塘死亡）；7月10日，山冈忠一等兵在两路口西侧道路上被迫击炮弹破片击中，当场死亡；20日左右，小林正二一等兵在同大石一起警戒"35"高地时突然落下迫击炮弹，正在壕内入口处的大石安然无恙，小林虽然位于更加安全的内部，但还是被破片击中胸部两处地方。8月4日，分队和饭岛大队一起参加了对"虾"高地的攻击，在此期间水谷秀男一等兵遭到狙击，大腿受到贯通枪伤，被大石和冈本十四生一等兵背到数里外的野战医院，那里已经挤满了伤员，充斥着呻吟声。由于卫生兵不足，不知何时才能轮到用绷带包扎。水谷说道："我已经不行了"，大石一边安慰他，一边为这里的冷淡感到愤怒，认为即使人手不足，也不应该在人命关天时无动于衷。几天后，水谷终于在8月8日衡阳陷落那天死去。分队长饭田八伍长在向宝庆出发前一天住院，之后因病情恶化而死。分队在衡阳战役中失去了半数炮手。

11月10日，各队集合完毕，出发到衡阳城内移交遗骨。由于衡阳战役时的破坏和衡阳陷落后来自芷江的定期轰炸，市区已经大半被毁，在衡阳陷落时尚存的宏伟建筑也已消失不见。街上行人稀少，一片萧条景象。这时突然响起了激烈的高射炮声，应是有飞机来袭。存放骨灰的地方设在市区西部的山腰处、曾是弹药库的大洞窟中。入口处香烟缭绕，内部点着昏暗的电灯，在大厅中堆着几百个盒子，一直堆到顶部，遗骨就装在盒内。看到这一景象，大石等人深感震惊，随即低头合掌为死者祈祷。

一个月后，大石才开始返回早谷冲。大石回到驻地早谷冲时已经是12月末了。

1945年4月，第20军发起芷江作战，第133联队也作为第116师团的中央纵队参加了作战，但在中国军队激烈抵抗下前进受阻。5月上旬，日军因攻势全线受挫，被迫开始撤退，第133联队也进行了艰苦的撤退作战和对泷寺联队（第116师团步兵第109联队）的救援作战。在这次战役中，第133联队再一次蒙受了严重损失，连同死在后方的伤患，第133联队在作战期间的死亡人数多达290人。日军在芷江作战中遭到了诺门罕会战般的惨败，泷寺联队和小笠原大队（第68师团独立步兵第115大队）遭到歼灭性打击，兵员所剩无几，其他各部也受创严重。

芷江作战结束后，第133联队仍然在宝庆东北地区担任警备，为防备预想中的中国军队的进攻而从事洞窟式阵地的构筑。在此期间，美机仍然频繁活动，在用机枪扫射第133联队士兵之余还扔下传单，上面印着向美国兵露出笑容的冲绳儿童的照片，还有用中文书写的关于国际形势的介绍，显然是为了鼓舞中国民众的抗日热情。在联队中还发生了担任翻译的台湾出身的军属（在军队中服务的平民）突然下落不明的事件。关于波茨坦公告、广岛落下新型炸弹和苏联参战的消息陆续传来。

阵地大致构筑完毕后，第133联队在加川联队长的指挥下在第一大队的阵地实施了内容为"针对拥有优势机场和坦克并使用瓦斯之敌的大队防御"的教育演习，菱田师团长也亲临现场观看。这一天是8月14日。

1945年8月15日，日本宣布无条件投降。第133联队在8月17日才开始了解到日本战败的事情。士兵们听到消息后一时茫然不知所措。29日夜，第133联队在邵阳县山塘冲东侧山中举行了军旗奉烧仪式。9月上旬，第133联队作为第116师团的最后尾部队从宝庆出发前往葛店附近的集结地（后改为在洞庭湖畔集结）。9月27日，第133联队到达荣家湾地区，联队本部位于张吴冲。在荣家湾设有"第六战区第八日本官兵收容所"。10月下旬，第133联队被解除武装。

经过长期的俘虏生活后，第133联队于1946年5月离开洞庭湖畔，经汉口－郑州－徐州－浦口－南京－上海开始复员返回日本，至7月中旬全部复员完毕。

自1938年到达中国战场以来，第133联队共死亡官兵4500余人。

1945年8月日本投降后，中国政府实行了"以德报怨"政策，指示中国军民善待日军俘虏。当时中国国内的物质条件极为艰苦，中国军队自己也过着艰苦的生活，供给各处收容所内日军俘虏的粮食很少，俘虏们普遍为饥饿所苦，许多人因营养不良而死。正是由于中国民众的主动接济，才使许多日军官兵免于死亡。许多日军官兵都对"以德报怨"政策和中国民众的热心照料怀有感激之情。

战后，原第133联队第一大队辎重兵老田诚一参加了日中友好协会奈良县本部（后改名为奈良县日本中国友好协会），先后任事务局长、理事长等职。他还参加了国内的

工人运动和反对日美安保条约的斗争。1975年和2000年，老田两次访问中国，同中国人结下了深厚的友谊。

老田诚一原本作为普通一兵从1942年开始随第133联队转战中国各地。日本投降后，他随第一大队在洞庭湖畔的新傅智冲过着俘虏生活。当时日军分散住在各家民房中。房东的夫人看到老田分到的食物极少，便经常拿出家中本不丰裕的粮食招待他。在女儿的婚礼上，夫人更是热情款待了老田一番。她曾对老田说道："战争不好，下次带着中国没有的东西来做买卖吧。"夫人还曾热心劝说老田同已故甲长的女儿结婚，留在当地生活。老田只好婉言拒绝说："在日本已经有订婚的女性了。"

还在第133联队在到达洞庭湖畔的收容地之前，联队官兵们就在行军途中看到所行经的村镇上张贴着将"以德报怨"作为标题的布告，布告中写道："日军业已全面无条件投降。然吾等本为同文同种之民族，在不久之将来吾等必会携手共进，对于昔日敌人之撤退应保持友爱之精神伸出热情之手。""日军经过之村庄，应腾出一半房间供其住宿，绝不可使其露宿于外"，等等。在收容地的长期生活中，官兵们都能与中国民众和平相处，战争的仇恨似乎一去不复返。

老田认为，日本战败后中国领导人对日军实行以德报怨政策，使自己得以平安回国，这是"不念旧恶，与人为善"的中国传统美德的体现。

老田对于中国人民的和善深为感动，对

日军侵略给中国人民带来的灾难感到悔恨。2000年第二次访问中国时，老田回到了昔日作为俘虏时的收容地（岳阳县鹿角镇），并找到了房东夫妇的孙子付雄章。老田笑着对他说："当年我还参加了你爸爸的婚礼呢。"在离开时，老田悄悄给他留下了2000元钱。据中国媒体报道："在鹿角镇老田流下了热泪，他说：'中国人真是太好了，以德报怨，对当年的行为我真是无地自容，更恨我们当时的军国政府。'"老田还来到洞口县江口镇找到了建在当地的抗日纪念塔。

他矗立在纪念碑前缅怀阵亡的中国将士并对记者说道："中国军人是好样的。"2009年，老田出版了自己的个人回忆录，书名就叫"以德报怨"。

老田在1975年第一次访问中国时，中日友好协会会长廖承志曾对他说道："……中日之间发生问题时，解决问题的方法是存在的。这就是中日两国政府发表的共同声明，只要遵守共同声明的精神，再多的问题也是能够解决的。"

这些话至今依然掷地有声。

后　记

中日战争结束几十年后，从20世纪80年代开始陆续有一些日本老兵飘洋过海来到中国访问衡阳的旧战场。但是衡阳一带的地貌已经发生了巨大变化，当年的阵地已经很难辨认出来。2013年10月，我曾在衡阳进行实地考察，但是几乎找不到任何战争遗迹。新中国成立后，在张家山上建起了气象观测站，张家山也改名为"胜利山"。当我亲自寻找张家山时，这一带的居民甚至连"气象站"的名字也几乎忘记了。1946年，预10师师长葛先才在张家山上埋葬了约3000名中国将士遗骨。12年后，埋有3000具忠骸的大墓被拆除，似乎在那之前人们就已经忘记了墓中埋葬的是何人。直到80年代有日本老兵来到张家山祭奠，才有居民想到这里可能跟战争有关。

我也曾寻找当年第133联队曾经苦战过的苏仙井高地（"虾"高地），结果发现高地已经完全被削平，一点痕迹也没有留下，只在附近找到了名为"苏眼井"的居民小区。

虽然战争遗迹难以寻觅，但我通过实地考察深刻感受到了衡阳战场的狭小。从苏仙井走到张家山在感觉上差不多只是一条街的距离，但第133联队竟然在这一狭小地带苦战了40天。我考察衡阳时正值秋季，气温并不算太高。可是在当年的衡阳战场上中日两军却在酷暑下、尸臭中、污水旁战斗、对峙达一月有余，其艰难困苦之状实在令人难以想象，难怪日军参战者一再用"地狱"、"修罗场"来形容这一战场。在这片狭小的战场上双方伤亡合计至少接近两万人，每一寸土地都吸收了太多的鲜血。

我自幼即对战争史深感兴趣。但相对于宏大叙事，我更愿意关注战场上的一寸土。这些年来，我读遍和衡阳保卫战相关的中文资料，痛感留下的详细记录太少太少，这样一场惊天动地的惨烈战役，其每一天的事迹都足以写成厚厚一册，结果却只在史书上留下了薄薄几页记载，不知道有多少故事湮没在了衡阳的红土地下。也许正是因为史料的缺乏，一些作家才不得不以历史小说的形式来书写这段悲壮历史。

幸而并非只有中国人留下了衡阳战役的历史记录。战后的日本社会在政治上较为安定，经济发展也比较顺利，因此复员军人和战史研究者能够在黄金时间整理出大量太平洋战争和中日战争的战史资料，官方战史、私人回忆录、部队历史、研究专著等等如雨后春笋般出现。参加过衡阳战役的日军老兵对这场战役终生难忘，因此也留下了丰富的记录，从战斗过程到个人心理感受无所不包。可以说，日文资料不仅是研究衡阳战役，也是研究整个中日战争史的重要的参考资源。但是迄今为止，除了《战史丛书》系列外，与中日战争军事史相关的日文资料鲜有被译介至国内或被国内学者作家所利用者，这使得国内对于抗日战争军事史的研究仍然在极大程度上受到资料匮乏的限制。不过，近年来一些研究者已经开始着重收集和利用日文资料对抗日战争史进行再发掘，我也因为命运的奇妙安排，在不知不觉间走上了这条道路。本书就是我主要利用日文资料还原抗日战争军事史的一次尝试，书中描写的日军官兵的苦战情形，正从另一面表现了中国军人的勇气和智慧。在抗日战争最黑暗的日子里，在中国几乎被战争拖垮的时刻，这些中国军人用自己的血肉之躯创造了战争史上的奇迹，不仅在当时令国人深受感动，也赢得了日军官兵的钦佩与敬畏。但愿本书能够帮助衡阳保卫战重新回到国人的记忆中，使这段历史离我们不再十分遥远。

著 者

2014年6月

附录一　旧日本陆军
军人军衔一览

将官：大将→中将→少将

佐官：大佐→中佐→少佐

尉官：大尉→中尉→少尉→准尉

下士官：曹长→军曹→伍长

士兵：兵长→上等兵→一等兵→二等兵

附录二　第116师团简介

第116师团于1938年5月15日在日本京都编成。初建时下辖师团司令部、步兵第119旅团（辖步兵第109联队、步兵第120联队）、步兵第130旅团（辖步兵第133联队、步兵第138联队）、骑兵第120大队、野战炮兵第122联队、工兵第116联队、辎重兵第116联队、通信队、卫生队，和第1、第2、第3、第4野战医院等。

1938年6月该师团在上海登陆后即隶属于第13军，1943年秋开始加入第11军的战斗序列。

第116师团原为乙装备的警备师团（特设师团），1943年5月该师团奉陆甲第36号命令改编，成为甲装备的作战师团。改编后下辖三个步兵联队，即步兵第109、第120、第133联队。经过改编，步兵联队的定员、马匹定数都有增加，装备也得到改善。从

1943年6月10日至1945年3月9日，岩永汪中将任师团长。

该师团所属步兵联队由三个大队、步兵炮中队（装备联队炮）、通信中队、骑马小队等编成，大队之下设有四个步兵中队、一个机关枪中队和一个步兵炮小队。一个步兵中队包括指挥班和三个小队，一个小队包括四个分队。师团所属炮兵联队由三个大队、野战炮兵六个中队、榴弹炮三个中队编成。工兵联队由三个中队和一个器材小队编成。辎重兵联队由两个挽马中队、两个车辆中队编成。1944年春，所属联队的兵力状况为：包括1944年2月15日据陆甲机密第78号命令所增配的人员在内，步兵联队计有4218人、马匹752匹；炮兵联队计有人员1959人、马匹1518匹。师团总兵力为人员16373人、马匹3228匹、汽车19辆。

附录三 湘桂作战发起时步兵第218联队第三大队的编成

第三大队本部：

大队长加治屋克郎少佐（1944.6.5战死）

副官八百谷万藏中尉（1944.7.2战死）

附中谷荣一军医中尉

附中井源治军医少尉

附岸浩平会计中尉

附和木衫夫曹长

附寺谷忠孝曹长

第九中队：

中队长渡边直喜中尉

指挥班长梅本清曹长（1944.8.8战死）

第一小队长石井禧八郎少尉

第二小队长本胁义秋少尉

第三小队长笹崎正平曹长（1944.8.8战死）

第十中队：

中队长藤堂俊良中尉（1944.6.5战死）

指挥班长植田友三曹长

第一小队长木村董中尉

第二小队长山田泰弘少尉

第三小队长羽根金次见习士官

第十一中队：

中队长村木敏行中尉

指挥班长中畑正治曹长（1944.10.18病死）

第一小队长山村治朗少尉（1944.5.29战死）

第二小队长鹤丸一郎少尉

第三小队长福山庄一郎曹长

附今津雅夫曹长（九江捆包监视留守）

第十二中队：

中队长山口林作中尉（1944.8.2战死）

指挥班长大谷久雄准尉

第一小队长赤松修一少尉

第二小队长西尾正彰少尉

第三小队长桃田河久里曹长

附藤本治曹长（1944.6.5战死）

附御前一郎曹长

第三机关枪中队：

中队长前田正夫中尉

指挥班长北风善八准尉

第一小队长巽善之中尉

第二小队长富冈恭三曹长

第三小队长加藤久明曹长

大队炮小队长高柳常三少尉

附石上演央曹长

附录四 步兵第218联队
第十中队编成

1944年4月末：

中队长 藤堂俊良中尉

指挥班长植田友三曹长、笹内昊军曹、

久保田己代治军曹、泰地经治伍长

第一小队长木村董中尉

　第一分队长堀本贞次军曹

　第二分队长山本岩雄伍长

　第三分队长宇惠富次伍长

　第四分队长坂本康次伍长

　联络员广濑茂一军曹

第二小队长山田泰弘少尉

　第一分队长西山昇军曹

　第二分队长藤原春一伍长

　第三分队长大野正二兵长

　第四分队长东田龙一伍长

　通信员服部久吉伍长

第三小队长羽根金次见习士官

　第一分队长山内纯一军曹

第二分队长山本诚十郎伍长

第三分队长坂本正晴伍长

第四分队长古久保龙伍长

联络员尾上昌三伍长

中队通信员下士官樋口省三军曹

1944年6月6日：

代理中队长羽根金次见习士官

指挥班长笹内昊军曹

第一小队长堀本贞次军曹

第二小队长西山昇军曹

1944年6月12日以后：

中队长井崎易治中尉

指挥班长笹内昊军曹

第一小队长羽根金次见习士官

第二小队长堀本贞次军曹

附录五　日军使用的军队记号和符号说明

军队记号：

HA：方面军

CGA：中国派遣军

A：军

D：师团

G：近卫师团

TKD：战车师团

B：旅团

MB：混成旅团

Bs：独立混成旅团

iB：步兵旅团

iBs：独立步兵旅团

KB：骑兵旅团

HB：野战补充队

K：骑兵（骑兵联队）

R：联队

MR：混成联队

i：步兵及步兵联队（步兵大队用罗马数字表示，例：第Ⅱ大队）

ibs：独立步兵大队

c：步兵中队

pt：小队

MG：重机枪

LG：轻机枪

MW：掷弹筒

TA：速射炮

iA：步兵炮

BiA：大队炮（九二式步兵炮）

RiA：联队炮（四一式山炮）

Mot：迫击炮

LM：轻迫击炮

TK：坦克（战车联队）

So：搜索部队（搜索联队）

A：野炮兵（野炮兵联队）

BA：山炮兵（山炮兵联队）

SA：野战重炮兵（野战重炮兵联队）

AA：高射炮（高射炮联队）

M：臼炮

K：加农炮

P：工兵（工兵联队）

E：铁道兵（铁道联队）

T：辎重兵（辎重兵联队）

TL：通信队

s：独立部队

S：卫生队（患者收容所）

FL：野战医院

MA：机关炮

Zid：自动炮

BO：防疫给水部

Sep：船舶工兵及船舶工兵联队

TR：汽车部队（汽车联队）

军队符号：

符号	说明	符号	说明
	军司令部		重机枪
	军战斗指挥所		步兵炮
	师团司令部		野 炮
	师团战斗指挥所		山 炮
	旅团司令部		十厘米榴弹炮
	步兵联队本部		十厘米加农炮
	步兵大队本部		迫击炮
	坦 克		轻机枪
	机 场		中队长

参考文献

日文部分

著作:

步兵第百三十三联队史编纂委员会编:『步兵第百三十三聯隊史』,一三三会1973。

松川文吉著:『湖南への回顧』,松香堂1975。

老田诚一著:『以徳報怨·日中戦争慰霊の旅』,宇多出版企画2009。

森金千秋著:『悪兵』,丛文社1978。

森金千秋著:『攻城』,丛文社1979。

星野博著:『衡陽最前線』,丛文社1986。

读卖新闻大阪社会部著:『中国慰霊』,角川书店1985。

防卫厅防卫研修所战史室著:『戦史叢書·一号作戦<2>湖南の会戦』,朝云新闻社1968。

武田登司雄著:『檜第六十八師団史』,桧第六十八师团史编纂委员会1980。

武田登司雄编:『桧と共に』,桧第六十八师团史编纂委员会1979。

武田登司雄编:『桧第百十五大隊史』,桧一一五战友会1986。

独立步兵第六十一大队战史委员会编纂:『独立步兵第六十一大隊戦史』,独立步兵第六十一大队战史委员会1980。

椿二一八会联队史编纂委员会编著:『步兵第二百十八聯隊史』,椿二一八会1983。

步兵第二百十八联队第十中队史刊行委员会编纂:『步兵第二百十八聯隊第十中隊史』,椿二一八·十中队战友会1986。

岚六二一三部队写真集编纂委员会编:『嵐六二一三部隊写真集』,国书刊行会1979。

岚兵团步兵第百二十联队史编纂委员会编:『血涙の記録(下巻)』,1977。

尾崎三好著:『独立步兵第百十五大隊機関銃中隊の足跡』,1979。

『大東亜戦史-5·中国編』,富士书苑1973。

文章:

浦田幸一:『步兵第百三十三連隊·衡陽攻略の死闘』,『平和の礎(恩欠編)』

第1卷，网址：http://www.heiwakinen.jp/shiryokan/heiwa/04onketsu/O_04_324_1.pdf

萩原祐：『衡陽攻略戦は屍を越えて』，『平和の礎（恩欠編）』第1卷，网址：http://www.heiwakinen.jp/shiryokan/heiwa/01onketsu/O_01_296_1.pdf

玉木斎吉：『常徳、衡陽、シ江作戦従軍記』，『平和の礎（恩欠編）』第3卷，网址：http://www.heiwakinen.jp/shiryokan/heiwa/03onketsu/O_03_360_1.pdf

中文部分

著作：

李岳平主编：《衡阳抗战铸名城》，中国文史出版社2005年版。

蒋洪熙著：《血泪忆衡阳》，凤凰出版传媒集团·江苏文艺出版社2005年版。

邹容、周志刚著：《发现另一个湖南·抗战纪》，湖南科学技术出版社2009年版。

萧培著：《血战衡阳四十七天·抗战史上最壮烈的城市保卫战》，武汉大学出版社2014年版。

全国政协《湖南四大会战》编写组编：《湖南四大会战：原国民党将领抗日战争亲历记》，中国文史出版社1995年版。

徐勇著：《征服之梦——日本侵华战略》，广西师范大学出版社1993年版。

王辅著：《日军侵华战争》，辽宁人民出版社1990年版。

苏真、肖石忠、刘平安编著：《长空飞虎：飞虎队在中国》，九州图书出版社1995年版。

陈纳德著：《飞虎将军陈纳德回忆录》，浙江文艺出版社1998年版。

武育文、单富粮、刘焯著：《陈纳德将军传》，沈阳出版社1993年版。

张明金、刘立琴主编：《侵华日军历史上的105个师团》，解放军出版社2009年版。